读古人书 友天下士
昌明国学 弘扬文化

崇文国学普及文库

庄子

[战国]庄子 著

陈业新 评析

总序

现代意义的"国学"概念,是在19世纪西学东渐的背景下,为了保存和弘扬中国优秀传统文化而提出来的。1935年,王缁尘在世界书局出版了《国学讲话》一书,第3页有这样一段说明:"庚子义和团一役以后,西洋势力益膨胀于中国,士人之研究西学者日益众,翻译西书者亦日益多,而哲学、伦理、政治诸说,皆异于旧有之学术。于是概称此种书籍曰'新学',而称固有之学术曰'旧学'矣。另一方面,不屑以旧学之名称我固有之学术,于是有发行杂志,名之曰《国粹学报》,以与西来之学术相抗。'国粹'之名随之而起。继则有识之士,以为中国固有之学术,未必尽为精粹也,于是将'保存国粹'之称,改为'整理国故',研究此项学术者称为'国故学'……"从"旧学"到"国故学",再到"国学",名称的改变意味着褒贬的不同,反映出身处内忧外患之中的近代诸多有识之士对中国优秀传统文化失落的忧思和希望民族振兴的宏大志愿。

从学术的角度看,国学的文献载体是经、史、子、集。崇文书局的这一套国学经典普及文库,就是从传统的经、史、子、集中精选出来的。属于经部的,如《诗经》《论语》《孟子》《周易》《大学》《中庸》《左传》;属于史部的,如《战国策》《史记》《三国志》《贞观政要》《资治通鉴》;属于子部的,如《道德经》《庄子》《孙子兵法》《鬼谷子》《世说新语》《颜氏家训》《容斋随笔》《本草纲目》《阅微草堂笔记》;属于集部的,如《楚辞》《唐诗三百首》《豪放词》《婉约词》《宋词三百首》《千家诗》《元曲三百首》《随园诗话》。这套书内容丰富，而分量适中。一个希望对中国优秀传统文化有所了解的人，读了这些书，一般说来，犯常识性错误的可能性就很小了。

崇文书局之所以出版这套国学经典普及文库，不只是为了普及国学常识，更重要的目的是，希望有助于国民素质的提高。在国学教育中，有一种倾向需要警惕，即把中国优秀的传统文化"博物馆化"。"博物馆化"是20世纪中叶美国学者列文森在《儒教中国及其现代命运》中提出的一个术语。列文森认为，中国传统文化在很多方面已经被博物馆化了。虽然中国传统的经典依然有人阅读，但这已不属于他们了。"不属于他们"的意思是说，这些东西没有生命力，在社会上没有起到提升我们生活品格的作用。很多人阅读古代经典，就像参观埃及文物一样。考古发掘出来的珍贵文物，和我们的生命没有多大的关系，和我们的生活没有多大关系，这就叫作博物馆化。"博物馆化"的国学经典是没有现实生命力的。要让国学经典恢复生命力，有效的方法是使之成为生活的一部分。崇文书局之所以强调普及，深意在此，期待读者在阅读这些经典时，努力用经典来指导自己的内外生活，努力做一个有高尚的人格境界的人。

国学经典的普及，既是当下国民教育的需要，也是中华民族健康发展的需要。章太炎曾指出，了解本民族文化的过程就是一个接受爱国主义教育的过程："仆以为民族主义如稼穑然，要以史籍所载人物制度、地理风俗之类为之灌溉，则蔚然以兴矣。不然，徒知主义之可贵，而不知民族之可爱，吾恐其渐就萎黄也。"（《答铁铮》）优秀的传统文化中，那些与维护民族的生存、发展和社会进步密切相关的思想、感情，构成了一个民族的核心价值观。我们经常表彰"中国的脊梁"，一个毋庸置疑的事实是，近代以前，"中国的脊梁"都是在传统的国学经典的熏陶下成长起来的。所以，读崇文书局的这一套国学经典普及读本,虽然不必正襟危坐,也不必总是花大块的时间,更不必像备考那样一字一句锱铢必较,但保持一种敬重的心态是完全必要的。

期待读者诸君喜欢这套书,期待读者诸君与这套书成为形影相随的朋友。

陈文新

(教育部长江学者特聘教授,武汉大学杰出教授)

前言

春秋战国时期，风云际会，既出现了一些所谓的"乱臣贼子"，也诞生了诸多影响深远的文化巨人，庄子乃其中之一。作为战国时期思想文化领域内的一颗璀璨的巨星，庄子及其所著《庄子》在中国思想文化史上占有重要的地位，因此一直是学术界关注的对象。

关于庄子其人，囿于现有史料，人们对其了解相对较少。仅有的一点文字记载见于司马迁的《史记·老子韩非列传》，然仅二百余字。即使将其与诸如《庄子》等其他文献结合起来，呈现庄子基本面貌的可能性也是微乎其微的。

庄子姓庄名周，战国时期宋国蒙（今河南省商丘市东北）人，具体生卒年月不详，主要生活在战国中期。早年的庄子曾经是个从事漆园管理的小吏，但任职时间不长，后来隐退不仕，逍遥游历于自然山川。

庄子一生非但不仕，而且鄙视富贵荣禄。楚庄王闻庄子贤，派遣使者带厚礼去聘请庄子，并许以相位，孰料庄子笑着对使者说：千金，礼金丰厚；相位，尊崇之位。难道你看不见祭祀用的牛吗？吃的和住的都可谓是最好的了。它之所以会有这样丰厚的待遇，就是因为主人需要它来祭祀。到那时，即使它想做一个无父无母的小牛犊，也已经不可能了。你赶快离开吧！不要亵渎了我。我情愿终身做一个快乐的人，也不愿意去当官！

虽然生活穷困，但庄子有着高尚的精神境界。据《庄子》记载，庄子家住在穷街僻巷中，生活极为穷困，靠编织草鞋为生，甚至有时还得靠向人借米来过活。有一次，他穿着破衣敝屣去见魏惠王，被魏惠王以疲惫相讥笑。而庄子却坦然地说：我虽贫穷，但不疲惫。士人衣衫虽破，属于贫穷，而不是疲惫。可见，庄子不以贫穷为耻。豁达、淡泊的生活态度，使庄子不为外物所困，能够逍遥地周游山川，以及与惠施等辩论斗智。

《庄子》一书犹如一泓池水，可供众多的学者和《庄子》追随者畅游于其间。从古至今，研究《庄子》的学者层出不穷，大家一致认为它是一部优秀的作品。不过对其中的一些具体问题研究，诸家评骘不一，仁者见仁，智者见智。

《庄子》一书同先秦诸子百家作品一样，不是庄子一人所作，而是庄子学派著作总集，其中有的出自庄子手笔，有的是其弟子根据庄子的日常谈话整理而成，还有的是庄子的后学所撰写，甚至有的还是与庄子学派无关的其他人的作品。

汪洋恣肆的《庄子》作为一部著作，在先秦时期就已基本问世。荀子在其著作中就曾对当时包括庄周之学在内的六家主要学说的缺陷进行了批评，其后的《吕氏春秋》中又有"庄子曰"等引文。由此足见《庄子》一书问世较早。但那时的《庄子》与现在我们所见到的《庄子》绝不是同一作品。今本《庄子》由内、外、杂篇三部分组成，计三十三篇，其中内篇七、外篇十五、杂篇十一。班固的《汉书·艺文志》是最早著录《庄子》一书的典籍，说它是由西汉初年刘安编辑、后经刘向校订的，篇数为五十二。此后，校注《庄子》者络绎不绝，篇数也十分混乱。因此对其篇数和作者、成书时间等众说纷纭，莫衷一是。现在在有些问题上已取得了基本一致的看法，即《庄子》内篇肯定为庄子所作，外篇和杂篇为庄子后学续貂。外篇和杂篇基本上是阐述或发挥内篇的思想观点，但也具有明显不同于内篇的特征：其一，在思想观点方面，明显地吸收了儒家等学派的思想，重视君主的统治术，主张臣子"有为"、君"无为"；其二，在对现实批判的基础上，追求个性的彻底解放，幻想有一个没有君臣之分、无等级压迫的"至德之世"。然而，这些区别只是《庄子》浑然庞体中的细小分子，它们的存在，丝毫不影响《庄子》一书的整体性。

《庄子》的自然哲学突出地表现在"道"说上。他说："恢恑憰怪，道通为一。"意即世界万物表面上看去是离奇神异的，但从"道"的标准审视，都是相通为一的。"道"是庄子自然哲学体系中最高的也是最基本的哲学范畴，它是实在的而不是虚幻的，是自然存在的而不是派生的，是世界万物产生的渊源和根据。它无时（无论是远古还是当今）无处（无论是宇宙还是深渊）不在，而且是永恒的。没有"道"，也就没有世界，更不会有色彩斑斓的万事万物。

《庄子》的人生哲学决定于其对自然的认识。在庄子看来，既然"道"决定社会上的一切，人的命运自然也取决于"道"，人对自己生死富贵等也就无可奈何了，应安时顺命，无所作为，"游乎四海之外"。超脱现实生活中的一切，无心于世俗红尘，无情于人世间是非恩怨，无几无待、逍遥自在地遨游于喧嚣尘世之外，获得精神上的绝对自由。

庄子不满于现实社会，有时对人类社会文明以来的君主政治和各种礼数制度也极为厌烦。因此，他将自己的"道"用于社会，认为既然产生包括政治在内的万事的"道"是虚无的，那么，帝王之道就宜顺应"道"的要求，实行"无为"之治。所以他认为，现实生活中的君主政治都是逆"道"而动，结果导致人间社会出现了人心叵测、战争连绵和智诈等恶相。《庄子》的社会哲学是极力主张返璞归真，回归大自然，回归到鸡犬之声相闻、民老死不相往来的原始状态，这就是他一再鼓吹的"至德之世"。

庄子不仅是一位伟大的思想家，而且也是一位杰出的文学家。对于庄子的文学天才，古今学者无不众口一词地推崇有加，清代杰出文学批评家金圣叹就称《庄子》为"天下第一奇书"，将其和《离骚》、

《史记》、"杜诗"、《西厢记》、《水浒传》相提并论，誉之为"六才子之书"。首先，《庄子》一书"荒唐之言，无端崖之辞"，有着极高的文学价值，开中国文学史上散文文学的先河。鲁迅先生曾说《庄子》"大抵寓言，人物土地，皆空言无事实，而其文则汪洋捭阖，仪态万方，晚周诸子之作，莫能先之也"。其次，庄子是中国文学史上第一个以寓言的形式来进行文学创作的人，古代学者就称《庄子》为"千万世诙谐小说之祖"。该书近二百个寓言随心所欲地运用，使庄子的思想和主张得以酣畅淋漓地表达。最后，《庄子》浪漫主义的创作风格是其最为显著的特色。从其诞生、流传至今，《庄子》一书以其怪诞神异的人物形象、变幻莫测的故事情节、汪洋恣肆的行文风格和浑然天成的艺术境界，赢得了无数文人雅士的交口称赞，可以说，《庄子》是中国古代浪漫主义文学的杰出代表。

总之，庄子其人及《庄子》其书，都是中华民族传统文化宝库中的菁华，值得华夏儿女继承和弘扬。然而，由于时代相距较为久远，加之《庄子》一书创作风格等客观原因的存在，致使我们今天在阅读该书时会有不少困难。为了帮助广大读者更好地领略庄子和《庄子》一书的风采，应邹华清博士之邀，笔者编写了这本小册子。在本书的编写过程中，笔者曾参考了诸多文献，只因该书的性质与篇幅所限，无法在文中一一注明，兹将主要者附于书后，笔者在此谨向这些文献的作者致以真挚的谢意！由于水平有限，书中定有不少错讹之处，敬请各位专家、学者以及广大读者批评指正！

目 录

逍遥游第一	1
齐物论第二	10
养生主第三	25
人间世第四	29
德充符第五	42
大宗师第六	52
应帝王第七	68
骈拇第八	74
马蹄第九	79
胠箧第十	83
在宥第十一	89
天地第十二	101
天道第十三	119
天运第十四	131
刻意第十五	143
缮性第十六	146
秋水第十七	150
至乐第十八	162

达生第十九……169
山木第二十……183
田子方第二十一……195
知北游第二十二……206
庚桑楚第二十三……219
徐无鬼第二十四……231
则阳第二十五……249
外物第二十六……262
寓言第二十七……272
让王第二十八……278
盗跖第二十九……289
说剑第三十……302
渔父第三十一……306
列御寇第三十二……313
天下第三十三……323

主要参考文献……337

逍遥游第一

北冥①有鱼，其名为鲲。鲲之大，不知其几千里也。化而为鸟，其名为鹏。鹏之背，不知其几千里也。怒②而飞，其翼若垂天③之云。是鸟也，海运④则将徙于南冥。南冥者，天池也。

《齐谐》者，志怪者也。《谐》之言曰："鹏之徙于南冥也，水击三千里，抟扶摇⑤而上者九万里，去以六月息者也。"野马⑥也，尘埃也，生物之以息相吹也。天之苍苍⑦，其正色邪？其远而无所至极邪？其视下也，亦若是则已矣。

且夫水之积也不厚，则其负大舟也无力。覆杯水于坳堂⑧之上，则芥⑨为之舟。置杯焉则胶⑩，水浅而舟大也。风之积也不厚，则其负大翼也无力。故九万里则风斯在下矣，而后乃今⑪培风⑫；背负青天而莫之夭阏⑬者，而后乃今将图南。

【注释】

① 北冥：北海。与之相对应，下文"南冥"即为南海。

② 怒：振动翅翼。

③ 垂天：天际，天边。

④ 海运：海水振荡。

⑤ 抟：缠卷，环绕。扶摇：上行风谓之扶摇，即骤然往上翻卷的大风。

⑥ 野马：野外流动的气息如同狂奔的野马。

⑦ 苍苍：天之正色，即深蓝色。

⑧ 坳堂：堂庭凹陷之地。

⑨ 芥：小草。

⑩ 胶：粘住，指杯子沉入坳堂之地，形同胶粘。

⑪ 而后乃今：从今以后。

⑫ 培风：乘着风力。

⑬ 夭阏：阻拦，阻挡。

【评析】

　　本章描写鲲鹏海运南徙的故事，文中以"不知其几千里""水击三千里""抟扶摇而上者九万里"等句子，重在渲染北冥之鱼、鸟之巨之大。然而，就是这样世之罕见的一鱼一鸟，也非任意而为：若夫北冥海水之积也不厚，巨鲲之体无所匿；若夫积风不厚，大鹏也因之而无法展其大翼。由此说来：事物虽至大，然皆有所待。

　　蜩与学鸠①笑之曰："我决②起而飞，抢榆枋③，时则不至而控④于地而已矣，奚以之⑤九万里而南为？"适莽苍⑥者，三餐而反，腹犹果然⑦；适百里者，宿舂粮⑧；适千里者，三月聚粮。之⑨二虫，又何知！

　　小知⑩不及大知，小年⑪不及大年。奚以知其然也？朝菌不知晦朔⑫，蟪蛄⑬不知春秋，此小年也。楚之南有冥灵⑭者，以五百岁为春，五百岁为秋；上古有大椿者，以八千岁为春，八千岁为秋。而彭祖乃今以久特⑮闻，众人匹⑯之，不亦悲乎！

【注释】

① 蜩：寒蝉，即秋蝉。学鸠：小鸟名。

② 决：迅疾。

③ 抢：突过。枋：檀木。

④ 控：投，降落。

⑤ 奚以：为什么。之：到。

⑥ 适：到。莽苍：近郊的颜色，指郊野。

⑦ 果然：饱饱的样子。
⑧ 宿舂粮：准备够一天吃的粮食。
⑨ 之：这。
⑩ 知：智。
⑪ 年：寿命。
⑫ 晦朔：月终为晦，月始为朔。一种朝生暮死的菌类自然不知何为月初、月末。
⑬ 蟪蛄：寒蝉。据称春生夏死，或夏生秋死。
⑭ 冥灵：一种长寿树名。
⑮ 特：独特，非同一般。
⑯ 匹：比。

【评析】

蜩与学鸠以己之陋而讥斥大鹏"奚以之九万里而南为"，究其因，缘于其"小"，足见"小"之局限性。庄子以此为引端，阐发"小知不及大知""小年不及大年"之别，表现出对"大"的钟爱。

汤之问棘也是已：穷发①之北，有冥海者，天池也。有鱼焉，其广数千里，未有知其修②者，其名为鲲。有鸟焉，其名为鹏，背若太山，翼若垂天之云，抟扶摇羊角③而上者九万里，绝④云气，负青天，然后图南，且⑤适南冥也。

斥鴳⑥笑之曰："彼且奚适也？我腾跃而上，不过数仞⑦而下，翱翔蓬蒿⑧之间，此亦飞之至也，而彼且奚适也？"此小大之辩也。

【注释】

① 穷发：不生草木的荒漠地带。
② 修：长。
③ 羊角：风曲向上，形如羊角。

④ 绝：超过……高度。
⑤ 且：将要。
⑥ 斥：小泽池。鴳：雀名。
⑦ 仞：长度度量单位，或以七尺或以八尺为一仞。
⑧ 蓬蒿：荒野草丛。

【评析】

本章所讲故事乃故有神话传说（见《文选》卷四十五《对楚王问》），庄子援用此说，主要是说明"小大之辩"这一问题。"辩"者，别也。所谓"小大之辩"，乃强调小与大的差别。然而，庄子向来主张万物齐一，对妄加区别者持批评、否定态度，只是世俗之人不能如此超凡脱俗，庄子于此处遂姑且随波逐流而论之。

故夫知效①一官，行比②一乡，德合一君，而征③一国者，其自视也，亦若此矣。而宋荣子犹然④笑之。且举世而誉之而不加劝⑤，举世而非之而不加沮⑥，定乎内外⑦之分，辩乎荣辱之境，斯已矣。彼其于世，未数数⑧然也。虽然，犹有未树也。

夫列子御风⑨而行，泠然⑩善也，旬有五日而后反。彼于致福者，未数数然也。此虽免乎行，犹有所待者也。

若夫乘天地之正⑪，而御六气⑫之辩⑬，以游无穷者，彼且恶乎待哉！故曰：至人无己，神人无功，圣人无名。

【注释】

① 知：智。效：胜任。
② 行：品行。比：符合。
③ 而：才能。征：取得信任。
④ 犹然：笑的样子。
⑤ 劝：劝勉，勉励。

⑥ 沮：沮丧。
⑦ 内外：自我与外物。
⑧ 数数：迫切。
⑨ 御风：驾风。
⑩ 泠然：轻盈美妙的样子。
⑪ 正：指自然规律。
⑫ 六气：阴、阳、风、雨、晦、明。
⑬ 辩：变化。

【评析】

庄子以鄙夷的态度对世人所钦美的"知效一官，行比一乡，德合一君，而征一国者"加以批斥，纵若宋荣子、列子之流，也不免于与"斥鴳"同流，因为他们皆"有所待者"。庄子所孜孜追求的，乃与天地自然浑然融为一体的至人、神人。他们全无"所待"，可以畅游于无穷尽，这才是庄子理想中的"逍遥游"，因此庄子对至人、神人等的境界多加褒扬。

尧让天下于许由，曰："日月出矣，而爝火①不息，其于光也，不亦难乎！时雨降矣，而犹浸灌②，其于泽也，不亦劳乎！夫子立而天下治，而我犹尸③之，吾自视缺然④。请致天下。"许由曰："子治天下，天下既已治也，而我犹代子，吾将为名乎？名者，实之宾也。吾将为宾乎？鹪鹩⑤巢于深林，不过一枝；偃鼠⑥饮河，不过满腹。归休乎君，予无所用天下为！庖人⑦虽不治庖，尸祝⑧不越樽俎⑨而代之矣。"

【注释】

① 爝火：火把。
② 浸灌：灌溉。

③ 尸：主持。

④ 缺然：不足。

⑤ 鹪鹩：一种小鸟名。

⑥ 偃鼠：一种大鼠。

⑦ 庖人：掌厨之人，即厨师。

⑧ 尸祝：古代祭祀时任尸和祝的人。

⑨ 樽：酒器。俎：盛放肉的几案。

【评析】

　　此章重在说明"圣人无名"，但又兼及"无己""无功"。"名者，实之宾也。"许由不愿意领受尧所让的天下，是因为他没有非分之想，摒弃身外之"名"。"鹪鹩巢于深林，不过一枝；偃鼠饮河，不过满腹。"许由因此而颇感自足，否则"一枝"之地，"满腹"之饱也将失之殆尽。由此而说，庄子所言"无名""无己""无功"，并不排斥个人利己主义，相反却恰恰是维护个人既得利益，显然是失落者的利己主义。

　　肩吾问于连叔曰："吾闻言于接舆，大而无当①，往而不返。吾惊怖其言犹河汉而无极②也，大有径庭③，不近人情焉。"连叔曰："其言谓何哉？""曰'藐姑射④之山，有神人居焉。肌肤若冰雪，绰约⑤若处子；不食五谷，吸风饮露；乘云气，御飞龙，而游乎四海之外；其神凝，使物不疵疠⑥而年谷熟。'吾以是狂而不信也。"连叔曰："然，瞽者⑦无以与乎文章之观，聋者无以与乎钟鼓之声。岂唯形骸有聋盲哉？夫知亦有之。是其言也，犹时女⑧也。之⑨人也，之德也，将旁礴⑩万物以为一，世蕲乎乱⑪，孰弊弊⑫焉以天下为事！之人也，物莫之伤，大浸⑬稽天⑭而不溺；大旱，金石流、土山焦而不热。是其尘垢秕糠⑮将犹陶铸⑯尧舜者也，孰肯以物为事！"

宋人资章甫⑰而适诸越，越人断发文身，无所用之。

尧治天下之民，平海内之政。往见四子藐姑射之山、汾水之阳，窅然⑱丧其天下焉。

【注释】

① 无当：不实。

② 河汉：银河。极：边际。

③ 径庭：过分；悬殊。

④ 藐：遥远。姑射：传说中神仙所居之山。

⑤ 绰约：姿色柔美。

⑥ 疵疠：疾疫灾害。

⑦ 瞽者：盲人。

⑧ 犹时女：就像你一样。

⑨ 之：那些。

⑩ 旁礴：混同。

⑪ 蕲：同"祈"，祈望。乱：治，即得到治理。

⑫ 弊弊：辛苦经营的样子。

⑬ 大浸：洪水为患。

⑭ 稽：至。稽天即洪水滔天。

⑮ 尘垢秕糠：意言糟粕。

⑯ 陶铸：比喻造就人才。

⑰ 资：贩卖。章甫：殷商时期的一种冠。

⑱ 窅然：怅然自失。

【评析】

本章说明"神人无功"。庄子所塑造的神人形象，不仅貌美、清高、神灵、伟大，而且还是个"得道"之人，不囿于物质世界。她既"不食五谷，吸风饮露；乘云气，御飞龙，而游乎四海之外"，又不为天下事而"弊弊焉",更谈不上"肯以物为事"。显而易见,这是庄子人生观神化的形象。事实上,这是现实中穷困潦倒的庄子其思想走向极端悲观的产物。

惠子谓庄子曰:"魏王贻①我大瓠②之种,我树之成而实五石。以盛水浆,其坚不能自举也。剖之以为瓢,则瓠落③无所容。非不呺然④大也,吾为其无用而掊之。"庄子曰:"夫子固拙于用大矣。宋人有善为不龟⑤手之药者,世世以洴澼絖为事⑥。客闻之,请买其方百金。聚族而谋曰:'我世世为洴澼絖,不过数金。今一朝而鬻技百金,请与之。'客得之,以说吴王。越有难,吴王使之将。冬,与越人水战,大败越人,裂地而封⑦之。能不龟手一也,或以封,或不免于洴澼絖,则所用之异也。今子有五石之瓠,何不虑以为大樽而浮乎江湖,而忧其瓠落无所容?则夫子犹有蓬⑧之心也夫!"

惠子谓庄子曰:"吾有大树,人谓之樗⑨。其大本拥肿而不中绳墨⑩,其小枝卷曲而不中规矩⑪。立之涂⑫,匠者不顾。今子之言,大而无用,众所同去也。"庄子曰:"子独不见狸狌⑬乎?卑身而伏,以候敖者⑭;东西跳梁,不辟高下;中于机辟⑮,死于罔罟⑯。今夫斄牛⑰,其大若垂天之云。此能为大矣,而不能执鼠。今子有大树,患其无用,何不树之于无何有⑱之乡、广莫⑲之野,彷徨乎无为其侧,逍遥乎寝卧其下。不夭斤斧,物无害者,无所可用,安所困苦哉!"

【注释】

① 贻:赠送。

② 瓠:葫芦。

③ 瓠落:形容非常之大。

④ 呺然:空虚巨大。

⑤ 龟：通"皲"，皮肤受冻开裂。

⑥ 洴澼：漂洗。絖：丝絮。事：职业。

⑦ 裂地：分割土地。封：册封，赏赐。

⑧ 蓬：草名，其状弯曲不直。

⑨ 樗：树种名，即臭椿。

⑩ 绳墨：木匠画直线的工具。

⑪ 规矩：木匠工具，"规"画圆，"矩"定方。

⑫ 涂：道路。

⑬ 狸狌：动物名。

⑭ 以候敖者：等候遨游之物出现而食之。

⑮ 机辟：捕捉动物工具上的触发机关。

⑯ 罔罟：捕捉动物的网。

⑰ 犛牛：即牦牛。

⑱ 无何有：什么也没有。

⑲ 广莫：广大。

【评析】

　　本章阐明"无用"为"用"且"大用"的道理。"无用"乃"大用"是庄子重要的哲学思想之一，而这一观点的阐述，则通过庄子与惠施这二位辩友的争辩来展开。世俗的惠子以常人的观点认为，不能用者即"无用"，因此惠子之流被庄子斥为"东西跳梁"的"狸狌"辈；庄子以超凡脱俗之姿，认真地从"无用"之中寻觅出"大用"之宝。其辩论狡黠，悖于情理，然其才智不可低估。在与惠施的辩说中，庄子这位辩论高手还是露出了破绽，即至大犛牛的"不能"，这或许是庄子"无用""大用"之说的矛盾之处吧。

齐物论第二

　　南郭子綦隐机①而坐，仰天而嘘，荅焉②似丧其耦。颜成子游立侍乎前，曰："何居③乎？形固④可使如槁木，而心固可使如死灰乎？今之隐机者，非昔之隐机者也？"子綦曰："偃⑤，不亦善乎，而问之也！今者吾丧我，汝知之乎？女闻人籁⑥而未闻地籁，女闻地籁而未闻天籁夫！"

　　子游曰："敢问其方⑦。"子綦曰："夫大块噫气⑧，其名为风。是唯无作⑨，作则万窍怒呺⑩。而独不闻之翏翏⑪乎？山林之畏佳⑫，大木百围之窍穴，似鼻，似口，似耳，似枅，似圈，似臼，似洼者，似污者。激者、謞者、叱者、吸者、叫者、譹者、宎者、咬者⑬，前者唱于而随者唱喁⑭，泠风⑮则小和，飘风则大和，厉风济⑯则众窍为虚。而独不见之调调、之刁刁⑰乎？"

　　子游曰："地籁则众窍是已，人籁则比竹⑱是已，敢问天籁。"子綦曰："夫吹万不同⑲，而使其自已也。咸其自取，怒者其谁邪？"

【注释】

① 隐：倚靠。机：同"几"，几案。
② 荅焉：形体死寂的样子。
③ 居：故，原因。
④ 固：岂。
⑤ 偃：颜成子游，姓颜，名偃。
⑥ 籁：从孔穴中发出的声音，也指一般的声响。
⑦ 方：道术，道理。

⑧ 大块：大地。噫气：呼气；嘘气。
⑨ 作：起。
⑩ 窍：洞穴。呺：同"号"。
⑪ 翏翏：长风之声。
⑫ 畏佳：山林高大的样子。
⑬ 激：流水湍急声。謞（xiāo）：飞箭声。叱：叱喝声。譹（háo）：哭号声。宎（yǎo）：沉吟声。咬：哀切声。
⑭ 前者：指代风。随者：指代洞穴。于、喁：表相互应和的声音。
⑮ 泠风：小风。后文中"飘风""厉风"分别为疾风、大风。
⑯ 济：止。
⑰ 调调：摇动的样子。"刁刁"同。
⑱ 比竹：笙竽之类的乐器。
⑲ 吹万不同：吹众多不同的洞穴，所发出的声音也不同。

【评析】

　　南郭子綦是一个得"道"之人的化身，他通过"隐机而坐"的求"道"形式，尽管是形"如槁木"、心"如死灰"，但他终于还是达到了"丧其耦""吾丧我"的得"道"境界。为使颜成子游理解得"道"这一高度隐秘而又无比抽象的精神境界，南郭子綦巧妙而又形象地设计了"人籁""地籁""天籁"。人籁、地籁犹如一管一洞，而一管一洞之所以独成其声，因为有个"怒者"在主宰着。然"怒者其谁邪"？于是，庄子在下文慢慢道来。

　　大知闲闲①，小知间间②。大言炎炎③，小言詹詹④。其寐也魂交⑤，其觉也形开⑥。与接为构⑦，日以心斗。缦者、窖者、密者⑧。小恐惴惴，大恐缦缦⑨。其发若机栝⑩，其司⑪是非之谓也；其留如诅盟⑫，其守胜之谓也；其杀若秋冬，以言其日消也；其溺之所为之，不可使复之也；其厌也如缄⑬，以言其老洫⑭也；

死之心，莫使复阳也。喜怒哀乐，虑叹变慹[15]，姚佚启态[16]。乐出虚[17]，蒸[18]成菌。日夜相代乎前而莫知其所萌。已乎，已乎！旦暮得此，其所由以生乎！

非彼无我，非我无所取。是亦近矣，而不知其所为使。若有真宰[19]，而特不得其眹[20]。可行已信，而不见其形，有情而无形。百骸、九窍、六藏，赅而存焉，吾谁与为亲？汝皆说[21]之乎？其有私焉？如是皆有为臣妾乎？其臣妾不足以相治乎？其递相为君臣乎？其有真君存焉！如求得其情与不得，无益损乎其真。一受其成形，不亡以待尽。与物相刃相靡[22]，其行尽如驰而莫之能止，不亦悲乎！终身役役[23]而不见其成功，苶然[24]疲役而不知其所归，可不哀邪！人谓之不死，奚益！其形化[25]，其心与之然，可不谓大哀乎？人之生也，固若是芒[26]乎？其我独芒，而人亦有不芒者乎？

夫随其成心而师之[27]，谁独且无师乎？奚必知代？而心自取者有之？愚者与有焉！未成乎心而有是非，是今日适越而昔[28]至也。是以"无有"为"有"。"无有"为"有"，虽有神禹且不能知，吾独且奈何哉！

夫言非吹[29]也，言者有言。其所言者特未定也。果有言邪？其未尝有言邪？其以为异于鷇音[30]，亦有辩乎？其无辩乎？道恶乎隐而有真伪？言恶乎隐而有是非？道恶乎往而不存？言恶乎存而不可？道隐于小成[31]，言隐于荣华[32]。故有儒墨之是非，以是其所非而非其所是。欲是其所非而非其所是，则莫若以明[33]。

【注释】

① 闲闲：悠然自得的样子。
② 间间：对事物斤斤分辨的样子。
③ 炎炎：气势凌人的样子。
④ 詹詹：说话烦琐，喋喋不休的样子。

⑤ 魂交：心神不定。

⑥ 形开：肢体不安。

⑦ 与接为构：与人交接往来。

⑧ 缦：宽心。窖：内心深沉。密：内思隐秘。

⑨ 缦缦：沮丧的样子。

⑩ 机栝：射箭。

⑪ 司：同"伺"，窥伺。

⑫ 留：留守。诅盟：誓约。

⑬ 厌：闭藏。缄：封闭。

⑭ 洫：败坏。

⑮ 蛰（zhé）：蛰伏不动。

⑯ 姚：轻浮躁动。佚：放纵。启态：发出不同的情态。

⑰ 乐出虚：音乐出自于虚空的箫管。

⑱ 蒸：湿气蒸发。

⑲ 真宰：自然界的主宰，即"真君""道"。

⑳ 眹：征兆，迹象。

㉑ 说：同"悦"。下文多同此。

㉒ 相刃：相互残杀。相靡：相互摩擦。

㉓ 役役：劳苦不休。

㉔ 苶（nié）然：困顿疲病的样子。

㉕ 形化：形体变化。

㉖ 芒：愚昧。

㉗ 成心：成见，偏见。师：取法。

㉘ 昔：昨日。此句意谓今日与昔日无差别。

㉙ 言非吹：言论不同于风吹，意即言论出于成见，而吹风则出于自然。

㉚ 鷇（kòu）音：初生小鸟的叫声，比喻不含任何成见或意义的话语。

㉛ 小成：初步的成就。

㉜ 荣华：浮华（指虚华的言辞）。
㉝ 莫若以明：不如用空明的心境去洞察事物的本来面目。

【评析】

　　本章中，庄子对战国时"百家争鸣"的后果及原因进行了剖析。开头庄子以"大知闲闲，小知间间。大言炎炎，小言詹詹"等极为形象而又生动的文字，对百家所谓的"大知""小知""大言""小言"予以漫画般的勾勒与鞭挞。指出其"与接为构，日以心斗"的结果，必然是"终身役役而不见其成功，苶然疲役而不知所归"，悲哀莫大焉！争鸣之起，源于人们评判标准的不一。因此庄子认为，与其对事物以己之见而妄加评判，莫若对事物的本性以空明的自然心境来观察，这就是他在本章末所言的"莫若以明"。如何"以明"来观察"百家争鸣"呢？庄子下文将作明析。

　　物无非彼，物无非是。自彼则不见，自知则知之。故曰：彼出于是，是亦因彼。彼是方生之说也。虽然，方生方死，方死方生；方可方不可，方不可方可；因是因非，因非因是。是以圣人不由而照之于天，亦因是也。是亦彼也，彼亦是也。彼亦一是非，此亦一是非，果且有彼是乎哉？果且无彼是乎哉？彼是莫得其偶①，谓之道枢②。枢始得其环中③，以应无穷。是亦一无穷，非亦一无穷也。故曰：莫若以明。

　　以指喻④指之非指，不若以非指喻指之非指也；以马喻马之非马，不若以非马喻马之非马也。天地一指也，万物一马也。

　　可乎可，不可乎不可。道⑤行之而成，物谓之而然。恶乎然？然于然。恶乎不然？不然于不然。恶乎可？可于可。恶乎不可？不可于不可。物固有所然，物固有所可。无物不然，无物不可。故为是举莛与楹⑥，厉与西施⑦，恢恑憰怪⑧，道通为一。

　　其分也，成也；其成也，毁也。凡物无成与毁，复通为一。

唯达者⑨知通为一，为是不用而寓诸庸⑩。庸也者，用也；用也者，通也；通也者，得也。适得而几矣。因是已，已而不知其然谓之道。劳神明⑪为一而不知其同也，谓之"朝三"。何谓"朝三"？狙公赋芧⑫，曰："朝三而暮四。"众狙皆怒。曰："然则朝四而暮三。"众狙皆悦。名实未亏而喜怒为用，亦因是也。是以圣人和之以是非而休乎天钧⑬，是之谓两行⑭。

【注释】

① 偶：事物的对立面。
② 枢：枢纽，关键。
③ 环中：古人注释说"环中、空矣。今以是非为环，而得其中者，无是无非也。无是无非，故能应夫是非"。
④ 喻：说明。
⑤ 道：道路。
⑥ 举：全，都。莛：小草茎。楹：柱子，与"莛"相连用，其言小、大之比。
⑦ 厉：病丑之人，与"西施"相连用，言美、丑之比较意。
⑧ 恢恑憰怪：各种奇怪的形状。
⑨ 达者：掌握"道"，臻于"莫若以明"的人。
⑩ 庸：事物的功用。
⑪ 神明：心神，精神。
⑫ 狙公：养猴子的人。赋：分发。芧：一种果实。
⑬ 天钧：天循环运转的自然规律。
⑭ 两行：听任天下是非。本文中的"两行"，即上文"因是因非，因非因是"，不分是非，无可无不可。

【评析】

从"道"的观点出发，庄子认为战国时的"百家争鸣"就是一场闹剧。

诸家所是所非之论，皆类"马非马""指非指"之属，系一管之见，因为任何事物都不是定准的，都是相对的，且相互依存。如取消彼此的对立，任其自然，二者就没有什么区别了。这是用"道"来分析事物的方法。

任何事物都是绝对性与相对性的统一体，既有相对的同一性，又有绝对的斗争性。否认斗争性而片面夸大同一性，或取消同一性而把斗争性片面地、无限地绝对化，都是错误的。庄子"彼""此"之论是一种相对主义，是唯心主义的宇宙观，须剔除的精神糟粕。

古之人，其知有所至①矣。恶乎至？有以为未始②有物者，至矣，尽矣，不可以加矣！其次以为有物矣，而未始有封③也。其次以为有封焉，而未始有是非也。是非之彰也，道之所以亏也。道之所以亏，爱之所以成。果且有成与亏乎哉？果且无成与亏乎哉？有成与亏，故昭氏之鼓琴也；无成与亏，故昭氏之不鼓琴也。昭文之鼓琴也，师旷之枝策④也，惠子之据梧⑤也，三子之知，几乎皆其盛者也，故载之末年⑥。唯其好之也以异于彼，其好之也欲以明之。彼非所明而明之，故以坚白之昧终⑦。而其子又以文之纶⑧终，终身无成。若是而可谓成乎，虽我亦成也；若是而不可谓成乎，物与我无成也。是故滑疑之耀⑨，圣人之所图也。为是不用而寓诸庸，此之谓以明。

【注释】

① 知：知识，认识。至：达到一定的高度。
② 未始：未尝。
③ 未始有封：还没有彼此的界限。
④ 枝策：拄杖。
⑤ 据梧：依靠在梧桐树上。

⑥ 载之末年：从事于此，以到晚年。
⑦ 坚白：即"坚白论"，战国时著名的辩题之一。庄子认为关于"坚白论"之辩无助于明"道"，只能加深其受蒙骗的程度，所以他批评惠施"以坚白之昧终"。
⑧ 纶：绪，此处指昭文的琴弦，实喻其琴技。
⑨ 滑疑之耀：用混乱疑似的言论向世人炫耀。

【评析】

　　庄子认为，由于人们认识的局限性，社会上才有成亏、爱憎、是非、彼此等相互对立的观念。为了说明事物原本是一体的，庄子这里引导人们上溯其本，他说：爱憎出于是非，是非出于界限，界限源于物的形成，而物却产生于不曾有物——"无"。看来，如此缤纷斑斓的世界原来都是虚无的、浑然一体的"道"。既然如此，用"道"来看世界，又怎么会有不齐同的道理呢？这里，庄子否认了事物间的矛盾斗争，是不足取的；但他主张圆通视物，反对偏执与虚妄分别，则是应当予以肯定的。

　　今且①有言于此，不知其与是类乎？其与是不类乎？类与不类，相与为类，则与彼无以异矣。虽然，请尝②言之：有始也者，有未始有始也者，有未始有夫未始有始也者；有"有"也者，有"无"也者，有未始有"无"也者，有未始有夫未始有"无"也者。俄而③有"无"矣，而未知有"无"之果孰"有"孰"无"也。今我则已有谓④矣，而未知吾所谓之其果有谓乎？其果无谓乎？

　　天下莫大于秋毫⑤之末，而太山为小；莫寿于殇子⑥，而彭祖为夭。天地与我并生，而万物与我为一。既已为一矣，且得有言乎？既已谓之一矣，且得无言乎？一与言为二，二与一为三。自此以往，巧历⑦不能得，而况其凡乎！故自"无"适"有"，以至于三，而况自"有"适"有"乎！无适焉，因是⑧已！

【注释】

① 今且：假设之言。
② 尝：尝试。
③ 俄而：忽然之间。
④ 谓：言语。
⑤ 秋毫：秋天鸟兽换新毛，新毛极为细微，喻指非常细小之物。
⑥ 殇子：夭折的婴儿。
⑦ 巧历：善于计算的人。
⑧ 因是：因此。"是"指自然。

【评析】

　　本章所述为庄子哲学的本体论，他开始探求宇宙的起源，窥其本来面目，为其《齐物论》寻求依据。庄子认为，天地万物，皆源于"无"。一切事物的对立和分歧，如探其本，尽源于"无"，因此是同体同生的，既然如此，世上还会有什么不齐之物呢？

　　夫道未始有封①，言未始有常②，为是而有畛③也。请言其畛：有左有右，有伦有义④，有分有辩，有竞有争，此之谓八德。六合⑤之外，圣人存而不论⑥；六合之内，圣人论而不议；春秋经世先王之志⑦，圣人议而不辩。

　　故分也者，有不分也；辩也者，有不辩也。曰："何也？""圣人怀之⑧，众人辩之，以相示⑨也。故曰：辩也者，有不见也。"夫大道不称⑩，大辩⑪不言，大仁不仁，大廉不嗛⑫，大勇不忮⑬。道昭而不道，言辩而不及，仁常而不成，廉清而不信，勇忮而不成。五者圆而几向方矣，故知止其所不知，至矣。孰知不言之辩，不道之道？若有能知，此之谓天府⑭。注焉而不满，酌焉而不竭，而不知其所由来，此之谓葆光⑮。

　　故昔⑯者尧问于舜曰："我欲伐宗、脍、胥敖，南面而不释然⑰。

其故何也？"舜曰："夫三子⑱者，犹存乎蓬艾⑲之间。若不释然，何哉！昔者十日并出，万物皆照，而况德之进乎⑳日者乎！"

【注释】

① 封：疆域，界限。
② 常：定准。
③ 畛：界限。
④ 伦：等第次序。义：评判的标准。
⑤ 六合：天地四方，即天下、宇宙。
⑥ 存而不论：保留态度。
⑦ 志：记载。
⑧ 怀之：存于心中而不发表意见。
⑨ 相示：相互夸耀。
⑩ 称：称颂。
⑪ 大辩：高明的理论。
⑫ 嗛：同"谦"。
⑬ 忮：伤害。
⑭ 天府：天然的府库，比喻圣人宽阔的胸怀能容纳一切。
⑮ 葆光：隐藏着光芒不露。
⑯ 故昔：古昔。
⑰ 南面：古之君位背北面南，此处引作上朝。释然：怡悦的样子。
⑱ 三子：三国的君主。
⑲ 蓬艾：草名。此处喻指三国地位卑小不屑一提。
⑳ 进乎：超过。

【评析】

本章重在说明一切事物的本原是统一而不可分割的。庄子认为，由于人们对事物的硬性分辨，并为之划出众多的界限，才会产生物与物论的不齐。为打破人为界限,突破精神樊囿,庄子提出"不言""不道",宽大为怀,胸怀万物。这种与"道"合一的开放性心灵犹若"天府","注焉而不满,酌焉而不竭","此之谓葆光"。

啮缺问乎王倪曰:"子知物之所同是乎?"曰:"吾恶乎知之!""子知子之所不知邪?"曰:"吾恶乎知之!""然则物无知邪?"曰:"吾恶乎知之!虽然,尝试论之:庸讵①知吾所谓知之非不知邪?庸讵知吾所谓不知之非知邪?且吾尝试问乎汝:民湿寝则腰疾偏死②,鳅③然乎哉?木处则惴栗恂惧④,猿猴然乎哉?三者孰知正处?民食刍豢⑤,麋鹿食荐⑥,蝍蛆甘带⑦,鸱⑧鸦耆鼠,四者孰知正味?猿猵狙以为雌,麋与鹿交,鳅与鱼游。毛嫱丽姬,人之所美也,鱼见之深入,鸟见之高飞,麋鹿见之决骤⑨,四者孰知天下之正色哉?自我视之,仁义之端,是非之涂,樊然⑩淆乱,吾恶能知其辩!"啮缺曰:"子不知利害,则至人固不知利害乎?"王倪曰:"至人,神矣!大泽焚而不能热,河汉冱⑪而不能寒,疾雷破山、飘风振海而不能惊。若然者,乘云气,骑日月,而游乎四海之外,死生无变于己,而况利害之端乎!"

【注释】

① 庸讵:何以,怎么。

② 偏死:偏瘫。

③ 鳅:泥鳅。

④ 木处:居住在树上。惴栗恂惧:害怕恐惧的样子。

⑤ 刍豢:指动物。

⑥ 荐:丰美的草。

⑦ 蝍蛆甘带:蜈蚣吃蛇。

⑧ 鸱:猫头鹰。

⑨ 决骤：疾速奔跑。
⑩ 樊然：杂乱的样子。
⑪ 冱：冻冰。

【评析】

此章以寓言的形式，庄子借王倪之口道出了人与其他动物对处所、食味、美色等各种不同的态度或反应，以此论证所谓的仁义、是非都是没有定准的，而是人为制定、鼓吹的。鉴于此，"至人"应顺应自然，无动于是非、利害。

诚如庄子所论，人与其他动物的爱好是决不相一的；纵然同为人，由于历史时代、社会地位和经济等客观条件的不同，其好恶和对事物的取舍、评议也有一定的差别，但这并不能否定其间客观规律的存在。庄子据人之是非之异而一概否认是非评判的标准，无疑是荒谬的。

瞿鹊子问乎长梧子曰："吾闻诸夫子：圣人不从事于务①，不就利，不违害②，不喜求，不缘道③，无谓有谓，有谓无谓，而游乎尘垢之外。夫子以为孟浪④之言，而我以为妙道之行也。吾子以为奚若⑤？"

长梧子曰："是黄帝之所听荧⑥也，而丘也何足以知之！且汝亦大早计⑦，见卵而求时夜⑧，见弹而求鸮炙⑨。予尝为汝妄言之，汝以妄听之。奚？旁日月，挟宇宙，为其吻合，置其滑涽⑩，以隶相尊⑪？众人役役，圣人愚芚，参万岁而一成纯⑫。万物尽然，而以是相蕴。予恶乎知说生之非惑邪！予恶乎知恶死之非弱丧而不知归者邪！

"丽之姬，艾封人之子也。晋国始得之也，涕泣沾襟。及其至于王所，与王同筐床⑬，食刍豢，而后悔其泣也。予恶乎知夫死者不悔其始之蕲⑭生乎？梦饮酒者，旦而哭泣；梦哭泣者，旦而田猎。方其梦也，不知其梦也。梦之中又占其梦焉，觉而后知其梦也。

且有大觉而后知此其大梦也，而愚者自以为觉，窃窃然知之。君[15]乎！牧[16]乎！固哉！丘也与汝皆梦也，予谓汝梦亦梦也。是其言也，其名为吊诡[17]。万世之后而一遇大圣知其解者，是旦暮遇之也。

"既使我与若辩矣，若胜我，我不若胜，若果是也？我果非也邪？我胜若，若不吾胜，我果是也？而果非也邪？其或是也？其或非也邪？其俱是也？其俱非也邪？我与若不能相知也。则人固受其黮暗[18]，吾谁使正之？使同乎若者正之，既与若同矣，恶能正之？使同乎我者正之，既同乎我矣，恶能正之？使异乎我与若者正之，既异乎我与若矣，恶能正之？使同乎我与若者正之，既同乎我与若矣，恶能正之？然则我与若与人俱不能相知也，而待彼也哉？化声之相待，若其不相待。和之以天倪[19]，因之以曼衍[20]，所以穷年也。

"何谓'和之以天倪'？"曰："是，不是；然，不然。是若果是也，则是之异乎不是也亦无辩；然若果然也，则然之异乎不然也亦无辩。忘年忘义[21]，振于无竟[22]，故寓诸无竟。"

罔两[23]问于景曰："曩[24]子行，今子止；曩子坐，今子起。何其无特操[25]与？"景曰："吾有待[26]而然者邪？吾所待又有待而然者邪？吾待蛇蚹、蜩翼邪？恶识所以然？恶识所以不然？"

昔者庄周梦为胡蝶，栩栩然[27]胡蝶也。自喻适志[28]与！不知周也。俄然觉，则蘧蘧然[29]周也。不知周之梦为胡蝶与？胡蝶之梦为周与？周与胡蝶则必有分矣。此之谓物化[30]。

【注释】

① 务：人世间的俗事。

② 违害：回避祸害。

③ 缘道：害道。

④ 孟浪：荒诞不实。

⑤ 奚若：如何。

⑥ 荧：疑惑。

⑦ 大早计：谋划太早。

⑧ 时夜：此处指鸡，此句意为见到鸡蛋就想要鸡。

⑨ 炙：烤肉。

⑩ 滑涽：昏乱。

⑪ 以隶相尊：对低贱的和尊长者一视同仁。

⑫ 参万岁而一成纯：和万年共往来，和太一相和同。

⑬ 筐床：方正而安适的床。

⑭ 蕲：企求。

⑮ 君：代指尊贵。

⑯ 牧：代指低贱。

⑰ 吊诡：奇异。

⑱ 黮暗：黑暗。

⑲ 天倪：喻是非之初无是非。

⑳ 因：凭借。曼衍：变化。

㉑ 忘年：忘却性命的长短。忘义：忘却是非。

㉒ 振于无竟：遨游于无穷的境界。

㉓ 罔两：影子的影子。

㉔ 曩：以前。

㉕ 特操：独立的操守。

㉖ 有待：有所依赖。

㉗ 栩栩然：生动活泼的样子。

㉘ 适志：心满意足。

㉙ 蘧蘧然：惊疑的样子。

㉚ 物化：物我融为一体。

【评析】

此章为四则寓言：第一则"瞿鹊子问乎长梧子"描写的"旁日月，挟宇宙""而游乎尘埃之外"的神人，反映了庄子汲汲以求的精神境界的理想；第二则"丽之姬"是教人们如何摆脱生与死所给人们带来的困扰问题；第三则"罔两问于景"表达了庄子顺乎自然的观点；第四则"庄周梦为胡蝶"写的是庄子主张的物我融一、物我两忘的理想境界。

庄子认为，生死、祸福、物影、梦觉、是非等种种相对的现象，表面上是不同的，但本体上是一致的，即皆为"道"的具体物化形式。只有圣人能在主观认识上不存在所谓的物物对立关系，能够顺其自然，随变而动。本章以影子不知其然而然和"庄周梦为胡蝶"作结尾，与本篇开端"吾丧我"遥相呼应，共同表现了庄子"物化"的思想与过程，使得本篇《齐物论》成为一篇完文。

养生主第三

吾生也有涯①,而知也无涯。以有涯随无涯,殆②已!已而为知③者,殆而已矣!为善无近名,为恶无近刑,缘督以为经④,可以保身,可以全生,可以养亲,可以尽年⑤。

【注释】

① 涯:边际。
② 殆:极为疲困。
③ 为知:追求知识。
④ 缘督以为经:把遵循自然之理作为永恒的法则。
⑤ 尽年:享尽天年。

【评析】

本篇开端,庄子向我们提出了一个极为迫切而我们又十分熟悉的问题:"吾生也有涯,而知也无涯。以有涯随无涯,殆已!"以此来衬出为人处世要"缘督以为经"的必要性,这是整个《养生主》篇的宗旨。

庖丁为文惠君解①牛,手之所触,肩之所倚,足之所履②,膝之所踦③,砉然④响然,奏刀⑤騞然,莫不中音⑥,合于《桑林》之舞,乃中《经首》之会⑦。

文惠君曰:"嘻,善哉!技盖⑧至此乎?"庖丁释刀对曰:"臣之所好者,道也,进乎⑨技矣。始臣之解牛之时,所见无非全牛者;三年之后,未尝见全牛也;方今之时,臣以神⑩遇而不以目视,官知止而神欲行。依乎天理⑪，批大郤⑫，导大窾⑬，因其固然。技经肯綮⑭之未尝，而况大軱⑮乎！良庖岁更刀，割也；族⑯庖月更刀，折也；今臣之刀十九年矣，所解数千牛矣，而刀刃若新发于硎⑰。彼节者有间而刀刃者无厚，以无厚入有间，恢恢⑱乎其于游刃⑲必有余地矣。是以十九年而刀刃若新发于硎。虽然，每至于族⑳，吾见其难为，怵然㉑为戒，视为止㉒，行为迟，动刀甚微，謋然㉓已解，如土委地。提刀而立，为之四顾，为之踌躇满志，善刀㉔而藏之。"文惠君曰："善哉！吾闻庖丁之言，得养生焉。"

【注释】

① 解：宰割，分解。

② 履：踏踩。

③ 踦：同"倚"，抵住。

④ 砉然：皮肉相离时发出的响声。下文"騞然"乃骨肉分离时发出的声音。

⑤ 奏刀：进刀。

⑥ 中音：合乎音乐之声。

⑦ 会：音乐节奏。

⑧ 盖：同"盍"，何以。

⑨ 进乎：超过于。

⑩ 神：心神。

⑪ 天理：自然的腠理。

⑫ 批大郤：在筋骨间的空隙中割劈。

⑬ 导大窾：把刀引入骨节间的空处。

⑭ 技：应为"枝"。枝经：经络集结之处。肯：依附在骨头上的肉。綮：筋骨相连的地方。

⑮ 大軱：大骨。

⑯ 族：一般。

⑰ 新发于硎：刚刚磨过的一样锋利。

⑱ 恢恢：宽大富绰的样子。

⑲ 游刃：刀口运转。

⑳ 族：筋骨交错聚结的地方。

㉑ 怵然：小心谨慎的样子。

㉒ 视为止：眼神专注。

㉓ 謋然：骨肉相离的声音。

㉔ 善刀：擦拭刀。

【评析】

这是一则我们耳熟能详的"庖丁解牛"的寓言故事，其中心寓意乃养生法的核心：行事、为人、处世皆要"依乎天理"，"以无厚入有间"，亦即开篇所云之"缘督以为经"，只不过"缘督"稍嫌抽象一些罢了。

公文轩见右师而惊曰："是何人也？恶乎介①也？天与？其人与？"曰："天也，非人也。天之生是使独也，人之貌有与也。以是②知其天也，非人也。"

泽雉③十步一啄，百步一饮，不蕲畜乎樊中④。神虽王⑤，不善也。

【注释】

① 介：一足。

② 是：此。

③ 泽雉：生活在草泽中的野鸡。

④ 不蕲畜乎樊中：不希望被人畜养在鸟笼中。

⑤ 王：同"旺"，旺盛。

【评析】

庄子认为,养神甚于养身,纵有如右师单足之患,也不必在意,因为那是天命,关键是要做到"依乎天理"。只要能修得"养神"正果,获得精神上的自由,虽如泽雉那样生活艰难又有何妨?

老聃死,秦失吊之,三号①而出。弟子曰:"非夫子之友邪?"曰:"然。""然则吊焉若此可乎?"曰:"然。始也吾以为其人也,而今非也。向吾入而吊焉,有老者哭之,如哭其子;少者哭之,如哭其母。彼其所以会之,必有不蕲言而言,不蕲哭而哭者。是遁天倍情②,忘其所受,古者谓之遁天之刑③。适④来,夫子时⑤也;适去,夫子顺也。安时而处顺,哀乐不能入也,古者谓是帝之县解⑥。"

指穷于为薪⑦,火传也,不知其尽也。

【注释】

① 号:大声地哭。
② 遁天:不合乎自然的本性。倍情:违背常情。
③ 遁天之刑:因违背自然之情而受到惩罚。
④ 适:应该。
⑤ 时:应时。
⑥ 帝之县解:解除自然束缚。以生为县,以死为解。
⑦ 指:木棒。薪:烧柴。

【评析】

养生固然是为了存身全命,但仍无法避免死亡。庄子认为,对于生与死,应该采取一切听乎自然、豁达面对之的超然态度,因为人的形体总会消失的,但精神却是永存的,这就是他在《养生主》篇末所讲的"指穷于为薪,火传也,不知其尽也"。

人间世第四

颜回见仲尼,请行。曰:"奚之^①?"曰:"将之卫。"曰:"奚为焉?"曰:"回闻卫君,其年壮,其行独。轻用其国而不见其过。轻用民死,死者以国,量乎泽^②,若蕉^③,民其无如^④矣!回尝闻之夫子曰:'治国去之,乱国就之。医门多疾。'愿以所闻思其则^⑤,庶几其国有瘳^⑥乎!"

仲尼曰:"嘻,若殆^⑦往而刑耳!夫道不欲杂,杂则多,多则扰,扰则忧,忧而不救^⑧。古之至人,先存^⑨诸己而后存诸人。所存于己者未定,何暇至于暴人之所行!且若亦知夫德之所荡^⑩,而知之所为出^⑪乎哉?德荡乎名,知出乎争。名也者,相轧也;知也者,争之器也。二者凶器,非所以尽行也。

"且德厚信矼^⑫,未达人气;名闻不争,未达人心。而强以仁义绳墨之言术^⑬暴人之前者,是以人恶有其美也,命之曰灾人。灾人者,人必反灾之。若殆为人灾夫。

"且苟为人悦贤而恶不肖,恶^⑭用而求有以异?若唯无诏^⑮,王公必将乘人而斗其捷^⑯。而目将荧^⑰之,而色将平之,口将营^⑱之,容将形之,心且成^⑲之。是以火救水,以水救水,名之曰益多。顺始无穷,若殆以不信厚言,必死于暴人之前矣!

"且昔者桀杀关龙逢,纣杀王子比干,是皆修其身以下伛拊^⑳人之民,以下拂^㉑其上者也,故其君因其修以挤^㉒之。是好名者也。

"昔者尧攻丛枝、胥敖,禹攻有扈。国为虚厉^㉓,身为刑戮。

其用兵不止，其求实无已，是皆求名实者也，而独不闻之乎？名实者，圣人之所不能胜也，而况若乎！虽然，若必有以也，尝以语我来。"

颜回曰："端而虚㉔，勉而一㉕，则可乎？"曰："恶！恶可！夫以阳为充孔扬，采色不定㉖，常人之所不违，因案㉗人之所感，以求容与㉘其心，名之曰日渐之德㉙不成，而况大德乎！将执而不化，外合而内不訾㉚，其庸讵可乎！

"然则我内直而外曲，成而上比㉛。内直者，与天为徒㉜。与天为徒者，知天子之与己皆天之所子，而独以己言蕲乎而人善之，蕲乎而人不善之邪？若然者，人谓之童子，是之谓与天为徒。外曲者，与人之为徒也。擎跽曲拳，人臣之礼也。人皆为之，吾敢不为邪？为人之所为者，人亦无疵焉，是之谓与人为徒。成而上比者，与古为徒。其言虽教㉝，讁㉞之实也，古之有也，非吾有也。若然者，虽直不为病，是之谓与古为徒。若是则可乎？"仲尼曰："恶！恶可！大多政法而不谍㉟。虽固㊱，亦无罪。虽然，止是耳矣，夫胡可以及化！犹师心㊲者也。"

颜回曰："吾无以进矣，敢问其方。"仲尼曰："斋，吾将语若。有心而为之，其易邪？易之者，皞天不宜㊳。"颜回曰："回之家贫，唯不饮酒不茹荤者数月矣。如此则可以为斋乎？"曰："是祭祀之斋，非心斋也。"

回曰："敢问心斋。"仲尼曰："若一志㊴，无听之以耳而听之以心；无听之以心而听之以气。听止于耳，心止于符㊵。气也者，虚而待物者也。唯道集虚。虚者，心斋也。"

颜回曰："回之未始得使㊶，实自回也；得使之也，未始有回也，可谓虚乎？"夫子曰："尽矣！吾语若；若能入游其樊而无感其名，入则鸣，不入则止。无门无毒㊷，一宅而寓于不得已㊸则几矣。绝迹㊹易，无行地难。为人使易以伪，为天使难以伪。闻以有翼飞者矣，未闻以无翼飞者也；闻以有知知者矣，未闻以无知知者也。瞻彼阕[45]者，虚室生白[46]，吉祥止止[47]。夫且不止，是之谓坐驰[48]。夫徇[49]耳目内通而外于心知，鬼神将来舍[50]，而况人乎！是万物之化也，禹、舜之所纽[51]也，伏羲、几蘧之所行终[52]，而况散焉者[53]乎！"

【注释】

① 奚之：到哪里去。

② 量乎泽：可以用泽池来装盛，形容死者甚多。

③ 蕉：干枯的乱草。

④ 无如：无所归依。

⑤ 则：方法，准则，意即从孔子那里得来的教诲。

⑥ 瘳：病愈，治理好国家。

⑦ 殆：恐怕。

⑧ 不救：无法挽救。

⑨ 存：省问，省察。

⑩ 荡：崩坏。

⑪ 所为出：所以产生的原因。

⑫ 矼：憨厚实在。

⑬ 术：同"述"，即在暴君面前陈述仁义绳墨之言。

⑭ 恶：何必。

⑮ 诏：告诫。

⑯ 捷：辩捷，巧辩。

⑰ 荧：炫惑。

⑱ 营：为自己辩解而不暇。

⑲ 成：妥协，让步。

⑳ 伛拊：怜爱。

㉑ 拂：违逆。
㉒ 挤：排挤、陷害。
㉓ 虚厉：废丘墟。
㉔ 端而虚：外表端庄而谦虚。
㉕ 勉而一：努力而又专一。
㉖ 夫以阳二句：指卫君内心充满着刚愎自用之气，而且尽情地向外发作，神色不定。
㉗ 案：压制。
㉘ 容与：放纵。
㉙ 日渐之德：每天在德的方面都有所进步。
㉚ 訾：提出指责。
㉛ 成而上比：以古人为依据。
㉜ 与天为徒：效法天地。
㉝ 教：教育引导之辞。
㉞ 谪：指责，斥责。
㉟ 政法：正常的法度。谍：多言。
㊱ 固：如此。
㊲ 师心：自以为是。
㊳ 暖天不宜：与广漠自然之道不合。
㊴ 若一志：使你的心志纯一。
㊵ 心止于符：心的作用仅限于感受外界。
㊶ 得使：受到教诲。
㊷ 无门无毒：既不要固闭，又不要暴躁。
㊸ 一宅而寓于不得已：完全安处而将心意寄托于无可奈何的境地。
㊹ 绝迹：走路不留下痕迹。
㊺ 瞻：观望。阒：事毕关起门。
㊻ 虚室：虚寂的内心。生白：生出纯白。

㊼ 止止：前一"止"为"聚集"的意思，后一"止"乃语助词。
㊽ 坐驰：形体安坐而心神飞驰。
㊾ 徇：使。
㊿ 舍：停留，逗留。
㉛ 纽：关键。
㉜ 所行终：一生所奉行的准则。
㉝ 散焉者：没有成就的人，即一般人。

【评析】

卫君专横跋扈，黎民处于水深火热之中，颜回欲匡正时势，解民于倒悬，试图游说卫君。临行前，颜回向孔子告别，并将自己的意图向老师一一道来。孔子认为，颜回此行将是凶多吉少，并分析其中之由和出谋划策。师徒二人对话中，孔子用"心斋"之法告诫颜回。所谓"心斋"，就是通过内心深处的修炼，荡涤心中的一切欲望、杂念，进而达到一种空明的精神状态。孔子要颜回通过"心斋"之修，随机应变，"入则鸣，不入则止"，随遇而安，"一宅而寓于不已则几矣"，尽力求得内心的寂虚静止。此处庄子借孔子师生之言，表述了自己的"心斋"之见，后世之人从中获益者良多。

叶公子高将使于齐，问于仲尼曰："王使诸梁也甚重。齐之待使者，盖将甚敬而不急。匹夫犹未可动，而况诸侯乎！吾甚栗之。子常语诸梁也曰：'凡事若小若大，寡不道以欢成①。事若不成，则必有人道之患②；事若成，则必有阴阳之患③。若成若不成而后无患者，唯有德者能之。'吾食也，执粗而不臧④，爨无欲清⑤之人。今吾朝受命而夕饮冰，吾其内热与！吾未至乎事之情而既有阴阳之患矣！事若不成，必有人道之患，是两也。为人臣者不足以任之，子其有以语我来！"

仲尼曰："天下有大戒二：其一命也，其一义也。子之爱亲，命也,不可解于心;臣之事君,义也,无适而非君也,无所逃于天地之间。是之谓大戒。是以夫事其亲者,不择地而安之,孝之至也;夫事其君者,不择事而安之,忠之盛也;自事其心者,哀乐不易施乎前,知其不可奈何而安之若命,德之至也。为人臣子者,固有所不得已。行事之情而忘其身,何暇至于悦生而恶死!夫子其行可矣!

"丘请复以所闻:凡交,近则必相靡⑥以信,远则必忠之以言。言必或传之。夫传两喜两怒之言,天下之难者也。夫两喜,必多溢美之言;两怒,必多溢恶之言。凡溢之类妄,妄则其信之也莫,莫则传言者殃。故法言⑦曰:'传其常情⑧,无传其溢言,则几乎全。'

"且以巧斗力者,始乎阳⑨,常卒乎阴⑩,大至则多奇巧⑪;以礼饮酒者,始乎治,常卒乎乱,大至则多奇乐⑫。凡事亦然,始乎谅⑬,常卒乎鄙⑭;其作始也简,其将毕也必巨。夫言者,风波也;行者,实丧⑮也。夫风波易以动,实丧易以危。故忿设⑯无由,巧言偏辞。兽死不择音⑰,气息勃然,于是并生心厉⑱。剋核⑲大至,则必有不肖之心应之而不知其然也。苟为不知其然也,孰知其所终!故法言曰:'无迁⑳令,无劝㉑成。'过度益也。迁令劝成殆㉒事。美成在久,恶成不及改,可不慎与!且夫乘物以游心,托不得已以养中㉓,至矣。何作为报也!莫若为致命㉔,此其难者?"

【注释】

① 寡不道以欢成:很少不是因为喜欢它而取得最终成功的。
② 人道之患:人为的祸难,即刑罚。
③ 阴阳之患:疾病。意即事成则大喜,大喜则导致阴阳失调,阴阳失衡则引起疾病。
④ 执粗而不臧:选择粗茶淡饭而不求精细。

⑤ 欲清：试图清凉散热。

⑥ 靡：维系。

⑦ 法言：先圣的格言。

⑧ 常情：基本内容。

⑨ 阳：明争。

⑩ 阴：暗斗。

⑪ 大至：即泰至，太过分。奇巧：阴谋诡计。

⑫ 奇乐：淫乐。

⑬ 谅：诚信。

⑭ 鄙：险恶。

⑮ 实丧：失掉真实。

⑯ 设：出现。

⑰ 不择音：狂嚎乱叫。

⑱ 厉：恶毒。

⑲ 剋核：克切责核，逼迫太甚。

⑳ 迁：更改，变更。

㉑ 劝：劝勉。

㉒ 殆：有害于。

㉓ 养中：调养心中的精气。

㉔ 莫若：不如。致命：传达国君的命令。

【评析】

　　上一章庄子提出要做到"心斋"的境界；而本章庄子则以孔子回答叶公子高如何担任使者的问题说明怎样才能做到"心斋"："乘物以游心，托不得已以养中"。将世间诸如人道之患、阴阳之患等等，全都抛到九霄云外，不思虑这些。在自己的主观方面，对一切事物均要持无可奈何而又顺乎天命的态度；具体到某些事情，如工作任务等，谨记"无迁令，无劝成"，应付了事，得过且过。显然，这还是保命混世的人生哲学。

本章中庄子所言的"乘物以游心",比之于《逍遥游》里所说的"乘云气,御飞龙,而游乎四海之外",二者颇为神似。唯不同者,《人间世》中"乘物以游心"乃优游于现实社会;而《逍遥游》要求人们"游乎四海之外",逃避世俗社会。

颜阖将傅①卫灵公太子,而问于蘧伯玉曰:"有人于此,其德天杀②。与之为无方③则危吾国,与之为有方则危吾身。其知适足以知人之过,而不知其所以过。若然者,吾奈之何?"蘧伯玉曰:"善哉问乎!戒之,慎之,正④女身也哉!形莫若就⑤,心莫若和⑥。虽然,之二者有患。就不欲入⑦,和不欲出⑧。形就而入,且为颠⑨为灭,为崩为蹶⑩;心和而出,且为声为名,为妖为孽⑪。彼且为婴儿,亦与之为婴儿;彼且为无町畦,亦与之为无町畦⑫;彼且为无崖⑬,亦与之为无崖;达之,入于无疵。

"汝不知夫螳螂乎?怒⑭其臂以当车辙,不知其不胜任也,是其才之美者也。戒之,慎之,积伐⑮而美者以犯之,几⑯矣!

"汝不知夫养虎者乎?不敢以生物与之,为其杀之之⑰怒也;不敢以全物与之,为其决之之怒也。时⑱其饥饱,达⑲其怒心。虎之与人异类,而媚⑳养己者,顺也;故其杀者,逆也。

"夫爱马者,以筐盛矢㉑,以蜄盛溺㉒。适有蚊虻仆缘㉓,而拊㉔之不时,则缺衔毁首碎胸㉕。意有所至而爱有所亡㉖。可不慎邪?"

【注释】

① 傅:当老师。
② 德:品性。天杀:天生就好杀戮。
③ 方:方法,道术。

④ 正：端正。
⑤ 形莫若就：表面上不如主动亲近。
⑥ 心莫若和：内心不如存有调和、诱导之意。
⑦ 就不欲入：主动接近但不要深入。
⑧ 和不欲出：心存诱导之意，但不可显露。
⑨ 颠：坠灭。
⑩ 崩：垮溃。蹶：坏败。
⑪ 妖、孽：灾难。
⑫ 町畦：威仪。
⑬ 无崖：无拘束。
⑭ 怒：奋力举起。
⑮ 积：多次，屡屡。伐：自矜，夸耀。
⑯ 几：危险。
⑰ 之：导致。下同。
⑱ 时：窥伺。
⑲ 达：疏引。
⑳ 媚：依顺，取悦。
㉑ 矢：同"屎"。
㉒ 蜃：大蛤的壳。溺：尿。
㉓ 仆缘：叮咬。
㉔ 拊：拍打。
㉕ 缺衔毁首碎胸：咬断勒口，撞毁笼头，挣碎胸饰。
㉖ 亡：丢失。

【评析】

本章是身逢乱世的庄子在迫不得已的情境下提出的"全身"之计策。文中庄子借蘧伯玉之口表达了对当局者不满之情。但个人力单势孤，与之对抗犹如螳臂当车，显属不自量力。庄子发现：虎性虽暴，但"媚养己者,顺也",马虽驯服,偶逆之亦会暴怒。正反总结,庄子发现一要字"顺"也。用之于事,施之于颜阖傅卫灵公太子。庄子通过蘧伯玉传达了自己的声音:首先,凡事务必小心、谨慎;其次,对权势者"形莫若就""就不欲入",表面上亲近,但务必要保持一定的距离;复次,对太子"心莫若和""和不欲出",既要教育,但又不可外露,否则将引祸上身;最后,要与太子保持一致,如此便于交流、沟通。所有之法,皆概之以"顺",其循循善诱的教导方法可资鉴取。

匠石之齐,至于曲辕,见栎社树[1]。其大蔽数千牛,絜[2]之百围,其高临山十仞而后有枝,其可为舟者旁[3]十数。观者如市,匠伯不顾[4],遂行不辍[5]。弟子厌观[6]之,走及匠石,曰:"吾自执斧斤以随夫子,未尝见材如此其美也。先生不肯视,行不辍,何邪?"曰:"已矣,勿言之矣!散木[7]也。以为舟则沉,以为棺椁则速腐,以为器则速毁,以为门户则液樠[8],以为柱则蠹,是不材之木也。无所可用,故能若是之寿。"匠石归,栎社见梦曰:"汝将恶乎比予哉?若将比予于文木[9]邪?夫柤梨橘柚果蓏之属,实熟则剥,剥则辱。大枝折,小枝泄[10]。此以其能苦其生者也。故不能终其天年而中道夭,自掊击[11]于世俗者也。物莫不若是。且予求无所可用久矣!几死,乃今得之,为予大用。使予也而有用,且得有此大也邪?且也若与予也皆物也,奈何哉其相[12]物也?而几死之散人,又恶知散木!"匠石觉而诊[13]其梦。弟子曰:"趣[14]取无用则为社,何邪?"曰:"密[15]!若无言!彼亦直[16]寄焉!以为不知己者诟厉[17]也。不为社者,且几有翦[18]乎!且也彼其所保与众异,而以义喻[19]之,不亦远乎!"

南伯子綦游乎商之丘,见大木焉,有异:结[20]驷千乘,隐,将芘其所藾[21]。子綦曰:"此何木也哉!此必有异材夫!"仰而视其细枝,则拳曲而不可以为栋梁;俯而视其大根,则轴解[22]而不可以为棺椁；舐[23]其叶，则口烂而为伤；嗅之，则使人狂酲[24]三日而不已。子綦曰："此果不材之木也，以至于此其大也。嗟乎，神人以此不材。"

宋有荆氏者，宜楸柏桑。其拱把而上者，求狙猴之杙者[25]斩之；三围四围，求高名之丽者[26]斩之；七围八围，贵人富商之家求樿傍[27]者斩之。故未终其天年而中道之夭于斧斤，此材之患也。故解[28]之以牛之白颡[29]者，与豚之亢鼻[30]者，与人有痔病者，不可以适[31]河。此皆巫祝以知之矣，所以为不祥也。此乃神人之所以为大祥也。

支离疏者，颐[32]隐于脐，肩高于顶，会撮指天[33]，五管在上[34]，两髀为胁[35]。挫针治繲[36]，足以糊口；鼓筴播精[37]，足以食十人。上征武士，则支离攘臂[38]而游于其间；上有大役[39]，则支离以有常疾不受功；上与病者粟，则受三钟与十束薪。夫支离其形者，犹足以养其身，终其天年，又况支离其德者乎！

孔子适楚，楚狂接舆游其门曰："凤兮凤兮，何如德之衰也。来世不可待，往世不可追也。天下有道，圣人成焉；天下无道，圣人生焉。方今之时，仅免刑焉！福轻于羽，莫之知载；祸重于地，莫之知避。已乎，已乎！临人以德。殆乎，殆乎！画地而趋[40]。迷阳[41]，迷阳，无伤吾行。吾行郤曲，无伤吾足。"

山木，自寇[42]也；膏火，自煎也。桂可食，故伐之；漆可用，故割之。人皆知有用之用，而莫知无用之用也。

【注释】

① 栎社树：神庙坛上长着的栎树。
② 絜：用绳子测量。
③ 旁：树的旁枝。
④ 顾：回头看。

⑤ 辍：停止脚步。

⑥ 厌观：看够。

⑦ 散木：无用的树木。

⑧ 液樠：腐烂。

⑨ 文木：有用的树木。

⑩ 泄：牵扯。

⑪ 掊击：遭受打击。

⑫ 相：看待。

⑬ 诊：告诉。

⑭ 趣：旨趣。

⑮ 密：闭口。

⑯ 直：只是。

⑰ 诟厉：辱骂和讥刺。

⑱ 翦：砍伐。

⑲ 以义喻：用常理来说明。

⑳ 结：集结。

㉑ 籁：树荫。

㉒ 轴解：树心开裂。

㉓ 舐：舔。

㉔ 狂酲：酒后撒疯。

㉕ 求狙猴之杙者：寻找拴猴木桩的耍猴人。

㉖ 求高名之丽者：寻觅高屋栋梁的人。

㉗ 椁傍：整块棺材板。

㉘ 解：为解除水灾而祭河神。

㉙ 颡：额。

㉚ 豚：小猪。亢鼻：鼻子上仰。

㉛ 适：投进。

㉜ 颐：下巴。

㉝ 会撮指天：发髻向天。

㉞ 五管在上：指严重驼背。

㉟ 两髀为胁：大腿与两肋紧靠在一起。

㊱ 挫针治繲：指从事缝纫工作。

㊲ 鼓筴播精：为人卜卦算命。

㊳ 攘臂：卷起上衣袖子，露出手臂。

㊴ 役：劳役。

㊵ 画地而趋：意自我束缚。

㊶ 迷阳：一种带刺的荆棘。

㊷ 寇：劫取，即砍伐。

【评析】

　　本章从待人接物的方面，分析处世要安、要顺、要不得已。庄子连续罗列几个寓言，分别以物（树木）、人为例，阐述如何自处的原则。庄子认为，有用、有为必为害，无用、无为才是福。因此，为了保全身体与性命，人必须和"不材"树木一样，不求闻达于权势，如支离疏就因为自己的畸形残躯而免于赋役之征，且得到了君王的救济。庄子如此立论是因为当时人世的险恶，而"人皆知有用之用，而莫知无用之用"，汲汲于求用于世，庄子认为那是十分危险的，因此他才发出了有别于他人的"异音"。

德充符第五

鲁有兀者①王骀，从之游者与仲尼相若②。常季问于仲尼曰："王骀，兀者也，从之游者与夫子中分③鲁。立不教，坐不议。虚而往，实而归。固有不言之教，无形而心成者邪？是何人也？"仲尼曰："夫子，圣人也，丘也直后而未往耳！丘将以为师，而况不若丘者乎！奚假④鲁国，丘将引⑤天下而与从之。"

常季曰："彼兀者也，而王⑥先生，其与庸⑦亦远矣。若然者，其用心也，独若之何？"仲尼曰："死生亦大矣，而不得与之变；虽天地覆坠，亦将不与之遗⑧；审乎无假⑨而不与物迁，命物之化⑩而守其宗也。"

常季曰："何谓也？"仲尼曰："自其异者视之，肝胆楚越也；自其同者视之，万物皆一也。夫若然者，且不知耳目之所宜，而游心乎德之和⑪。物视其所一而不见其所丧，视丧其足犹遗土也。"

常季曰："彼为己⑫，以其知⑬得其心，以其心得其常心⑭。物何为最之哉⑮？"仲尼曰："人莫鉴于流水而鉴于止水。唯止能止众止。受命于地，唯松柏独也正⑯，冬夏青青；受命于天，唯尧、舜独也正，幸能正生⑰，以正众生⑱。夫保始之征⑲，不惧之实⑳，勇士一人，雄入于九军。将求名而能自要者而犹若是，而况官㉑天地、府㉒万物，直寓六骸，象㉓耳目，一知㉔之所知而心未尝死者㉕乎！彼且择日而登假㉖，人则从是也。彼且何肯以物为事㉗乎！"

【注释】

① 兀者：被施以砍足的人。

② 相若：差不多。

③ 中分：各分一半。

④ 奚假：岂止。

⑤ 引：引导。

⑥ 王：超过。

⑦ 庸：一般的人。

⑧ 遗：失去，失掉。

⑨ 审：审视。无假：无已，即不停止。

⑩ 命物之化：明察万物的变化。

⑪ 和：和谐。

⑫ 彼为己：王骀完善自己。

⑬ 知：智。

⑭ 常心：永恒不变的心境。

⑮ 物：外物，指到王骀那里求学的人。最：聚集。

⑯ 正：自然本性。

⑰ 正生：修正心性，使心性纯正。

⑱ 以正众生：使众人效仿而心性归于纯正。

⑲ 保始之征：考验那些保全人的初始本性的人。

⑳ 实：事实。

㉑ 官：执掌，主宰。

㉒ 府：包容。

㉓ 象：虚象。

㉔ 一知：天赋的聪明智慧。

㉕ 心未尝死者：心志还从未丧失的人。

㉖ 登假：登高升远。

㉗彼且何肯以物为事：他怎么又能把聚集弟子当回事呢！

【评析】

  王骀是本篇中的第一个形骸不全者，但庄子视之为一个理想的道家人物典型形象，关键在于他真正地领悟到了永恒不变的大道，善于用齐一的观点去看待万事万物。虽然他无意于吸纳弟子讲学传道，然其个人执著于道的魅力使他赢得了学人之心，学者趋而往之，就连孔子也"将以为师"。庄子此举无外乎是想用残疾者得道后的反应来向正常人宣传自己的学说与主张。

  申徒嘉，兀者也，而与郑子产同师于伯昏无人。子产谓申徒嘉曰："我先出则子止，子先出则我止。"其明日，又与合堂同席而坐。子产谓申徒嘉曰："我先出则子止，子先出则我止。今我将出，子可以止乎？其未邪？且子见执政而不违①，子齐执政乎？"申徒嘉曰："先生之门固有执政焉如此哉？子而说子之执政而后人②者也。闻之曰：'鉴明③则尘垢不止，止则不明也。久与贤人处则无过。'今子之所取大者④，先生也，而犹出言若是，不亦过乎！"

  子产曰："子既若是⑤矣，犹与尧争善。计子之德，不足以自反⑥邪？"申徒嘉曰："自状其过以不当亡⑦者众；不状其过以不当存者寡。知不可奈何而安之若命，唯有德者能之。游于羿之彀中⑧。中央者，中地也；然而不中者，命也。人以其全足笑吾不全足者众矣，我怫然⑨而怒而适先生之所，则废然而反⑩。不知先生之洗我以善⑪邪？吾与夫子游十九年矣，而未尝知吾兀者也。今子与我游于形骸之内⑫，而子索我于形骸之外⑬，不亦过乎！"子产蹴然⑭改容更貌⑮曰："子无乃称⑯！"

【注释】

① 违：回避。

② 后人：以他人为后，即认为别人不如自己。

③ 鉴明：镜子明亮。

④ 所取大者：取得显贵权位的原因。

⑤ 既若是：既然是这种样子（指申徒嘉受刑断足的事实）。

⑥ 自反：自我反省。

⑦ 状：陈述，表白。不当亡：不应该失去，不该没有。

⑧ 游于羿之彀中：活动在后羿弓箭射程范围之内。

⑨ 怫然：发怒的样子。

⑩ 废然而反：怒气全消而恢复原来的自然常态。

⑪ 洗我以善：用善的性德教育，使我的心灵得到了洗涤。

⑫ 形骸之内：内在的道德。

⑬ 索：要求。形骸之外：形体外貌方面。

⑭ 蹴然：惊悚而不安的样子。

⑮ 改容更貌：改变脸色。

⑯ 无乃称：不要再说下去了。

【评析】

　　历史上真实的子产虽然是个出色的政治家和外交家，但在本章寓言里，他成了庄子讲述道德思想的反面人物。为了突出子产，庄子推出了两个道家理想人物：伯昏无人和申徒嘉。伯昏无人是庄子万般推崇的人物，但他始终没有登场露面；申徒嘉则与王骀相类似，虽然被施刖刑而失去一条腿，但他道德充实完满。子产羞与刑余之人申徒嘉同坐，反映了执政者重视名位、难以平等之心接人待物的虚伪形象；而申徒嘉虽遭刑处，然他不以此为耻辱，而是安之若命，追求内在生命的充实。两类不同人物的较量，终以子产自愧弗如而收场，折射了庄子对当局者的憎恨，也可说明庄子人生哲学之所源。

鲁有兀者叔山无趾,踵①见仲尼。仲尼曰:"子不谨②,前既犯患若是矣。虽今来,何及矣!"无趾曰:"吾唯不知务而轻用吾身③,吾是以亡足。今吾来也,犹有尊足者存④,吾是以务全之也。夫天无不覆,地无不载,吾以夫子为天地,安知夫子之犹若是也!"孔子曰:"丘则陋⑤矣!夫子胡不入乎?请讲以所闻。"无趾出。孔子曰:"弟子勉之!夫无趾,兀者也,犹务学以复补前行之恶⑥,而况全德⑦之人乎!"

无趾语老聃曰:"孔丘之于⑧至人,其未邪?彼何宾宾以学子为⑨?彼且蕲以諔诡幻怪之名闻⑩,不知至人之以是为己桎梏邪?"老聃曰:"胡不直使彼以死生为一条⑪,以可不可为一贯者,解其桎梏,其可乎?"无趾曰:"天刑之,安可解!"

【注释】

① 踵:用脚后跟行走。
② 谨:谨慎。
③ 务:世务,事势。轻用吾身:轻率地做一些不值得做的事。
④ 尊足者存:比脚更尊贵的东西存在着,即性命之德。
⑤ 陋:寡陋,浅薄。
⑥ 恶:过错,毛病。
⑦ 全德:身体健全。
⑧ 之于:和……相比较。
⑨ 宾宾:频繁,常常。以学子为:教授学生。
⑩ 彼且蕲以諔诡幻怪之名闻:他总是企求以奇怪虚妄的名声闻名天下。
⑪ 一条:把……连在一起,把……当作一回事,即相互贯通。下文"一贯",同。

【评析】

本章中,庄子又设计了一个表述道家思想的殉葬者——儒家学说创始人、"圣人"孔子，借孔子之鄙陋却追求名声反衬出兀者叔山无趾追求全德的高尚境界。

鲁哀公问于仲尼曰："卫有恶人焉，曰哀骀它。丈夫与之处者，思而不能去也；妇人见之，请于父母曰：'与为人妻，宁为夫子妾'者，十数而未止也。未尝有闻其唱①者也，常和②人而已矣。无君人之位以济③乎人之死，无聚禄以望人之腹④，又以恶⑤骇天下，和而不唱，知不出乎四域，且而雌雄合乎前⑥，是必有异乎人者也。寡人召而观之，果以恶骇天下。与寡人处，不至以月数，而寡人有意乎其为人也；不至乎期年⑦，而寡人信之。国无宰，而寡人传国焉。闷然⑧而后应，氾然⑨而若辞。寡人丑⑩乎，卒授之国。无几何也，去寡人而行。寡人恤焉⑪若有亡也，若无与乐是国也。是何人者也！"

仲尼曰："丘也尝使于楚矣，适见豚子⑫食于其死母者。少焉眴若⑬，皆弃之而走。不见己焉尔⑭，不得其类焉尔⑮。所爱其母者，非爱其形也，爱使其形者⑯也。战而死者，其人之葬也不以翣资⑰；刖者之屦⑱，无为爱之。皆无其本⑲矣。为天子之诸御⑳：不爪翦㉑，不穿耳；取妻者止于外㉒，不得复使。形全犹足以为尔，而况全德之人乎！今哀骀它未言而信，无功而亲，使人授己国，唯恐其不受也，是必才全而德不形者也。"

哀公曰："何谓'才全'？"仲尼曰："死生、存亡、穷达、贫富、贤与不肖、毁誉、饥渴、寒暑，是事之变、命之行㉓也。日夜相代㉔乎前，而知不能规㉕乎其始者也。故不足以滑和㉖，不可入于灵府㉗。使之和豫㉘，通而不失于兑㉙。使日夜无郤，而与物为春㉚，是接而生时㉛于心者也。是之谓才全。""何谓'德不形'？"曰："平者，水停之盛也。其可以为法也，内保之而外不荡㉜也。

德者,成和之修也。德不形[33]者,物不能离也。"

哀公异日以告闵子曰:"始也吾以南面而君天下,执民之纪而忧其死,吾自以为至通矣。今吾闻至人之言,恐吾无其实,轻用吾身而亡吾国。吾与孔丘非君臣也,德友而已矣!"

闉跂、支离、无脤[34]说卫灵公,灵公说之,而视全人:其脰肩肩[35]。瓮㼜大瘿说齐桓公,桓公说之,而视全人:其脰肩肩。故德有所长而形有所忘。人不忘其所忘而忘其所不忘,此谓诚忘。

【注释】

① 唱:同"倡",倡导。
② 和:附和。
③ 济:救济。
④ 聚禄:粮食。望人之腹:使他人肚子吃饱。
⑤ 恶:丑陋。
⑥ 雌雄合乎前:男人和女人围绕在他的周围。
⑦ 期年:一整年。
⑧ 闷然:无动于衷的样子。
⑨ 氾然:漠然。
⑩ 丑:自愧。
⑪ 恤焉:忧伤的样子。
⑫ 豚子:小猪仔。
⑬ 眴若:惊慌而眨动眼睛。
⑭ 不见己焉尔:不再看顾自己才这样子。
⑮ 不得其类焉尔:不能和自己一样了才这样子。
⑯ 使其形者:主宰其形体的精神。
⑰ 翣资:棺材装饰品。
⑱ 屦:鞋子。

⑲ 本：物之所依的本体。
⑳ 诸御：所有侍从人员。
㉑ 翦：同"剪"。
㉒ 止于外：留在宫外。
㉓ 命之行：天道的运行。
㉔ 相代：相互交替。
㉕ 规：窥，洞察。
㉖ 滑和：扰乱和顺。
㉗ 灵府：心灵。
㉘ 和豫：和顺安乐。
㉙ 不失于兑：不从道穴流走。
㉚ 与物为春：随顺万物，变成同春天一样朝气蓬勃。
㉛ 生时：随顺四季变化。
㉜ 内保之而外不荡：内部保持平衡而外表也就不动荡。
㉝ 形：外露。
㉞ 闉跂、支离、无脤：瘸腿、驼背而且没有嘴唇。
㉟ 其脰肩肩：他的颈脖细小。

【评析】

庄子通过哀骀它奇丑的面貌与其具有的无限魅力间不可理喻的矛盾现象的烘托，向世人阐述自己的道德修养观。庄子认为，有道德的人是"才全而德不形"的，世人重形而不重德是本末倒置、大错特错的。

所谓"才全"，就是人的本性不因外物的影响有所改变，而是得以完美地保持和发展。所谓的"德不形"，就是人的德行不要反映在外表上，而是"内保之而外不荡也"，这一主张是针对社会上普遍认为的"有诸内必形诸外"即重视人的外貌而提出的。在庄子看来，纵如一般世人以为鲁哀公"执民之纪而忧其死"是有德行之人，仍不能与"至人"相比，可以说他尚未进入道德之门；反观卫灵公和齐桓公，不以外貌取人，而是以德视人，"德有所长而形有所忘"，推而概括之，得出了一句千古至理名言："人不忘其所忘而忘其所不忘，此谓诚忘。"我们必须注意，庄子大肆宣扬的道德标准始终是反映其阶级本性的混同自然、齐一生死、淡漠无为等一套陈旧之说，显然不宜过高评价。

故圣人有所游①，而知为孽②，约为胶③，德为接④，工为商。圣人不谋，恶用知？不斲⑤，恶用胶？无丧⑥，恶用德？不货⑦，恶用商？四者，天鬻⑧也。天鬻者，天食也。既受食于天，又恶用人！

有人之形，无人之情。有人之形，故群于人；无人之情，故是非不得于身⑨。眇乎小哉，所以属于人也；謷⑩乎大哉，独成其天。

惠子谓庄子曰："人故无情乎？"庄子曰："然。"惠子曰："人而无情，何以谓之人？"庄子曰："道与之貌，天与之形，恶得不谓之人？"惠子曰："既谓之人，恶得无情？"庄子曰："是非吾所谓情也。吾所谓无情者，言人之不以好恶内伤其身，常因自然而不益生⑪也。"惠子曰："不益生，何以有其身？"庄子曰："道与之貌，天与之形，无以好恶内伤其身。今子外乎子之神⑫，劳乎子之精，倚树而吟，据槁梧而瞑⑬。天选子之形，子以坚白鸣。"

【注释】

① 有所游：有遨游所在。
② 知为孽：智慧为妖孽。
③ 约为胶：盟约如同粘胶。
④ 德为接：德行为人与人交接的工具。
⑤ 斲：砍。
⑥ 丧：失去。
⑦ 货：卖。
⑧ 鬻：赋予。

⑨ 是非不得于身：是非不会侵扰他。
⑩ 謷：伟大。
⑪ 益生：增加寿命。
⑫ 外乎子之神：追求身外之物而消耗心神。
⑬ 据槁梧而瞑：靠着干枯的柱子睡觉。

【评析】

　　道德修养必须身心清静，潇然无所累，不仅形体完缺不必介于心，就是智慧、情感乃至自己进行道德修养的动机也不要有，力求做到荡涤是非好坏，和顺自然，否则难以成为一个有道德的人。庄子一再极力否定人在为事时的主观能动性，降低了人在认识世界、改造世界中的能动作用，完全屈服于神秘而又不可抗拒的"天命"，显然是错误的。

大宗师第六

　　知天之所为、知人之所为者，至矣！知天之所为者，天而生①也；知人之所为者，以其知之所知以养其知之所不知，终其天年而不中道夭者，是知之盛②也。虽然，有患：夫知有所待③而后当，其所待者特未定④也。庸讵⑤知吾所谓天之非人乎？所谓人之非天乎？且有真人而后有真知。

　　何谓真人？古之真人，不逆寡⑥，不雄成⑦，不谟士⑧。若然者，过而弗悔，当而不自得也。若然者，登高不栗⑨，入水不濡⑩，入火不热，是知之能登假⑪于道者也若此。

　　古之真人，其寝不梦，其觉无忧，其食不甘，其息深深。真人之息以踵⑫，众人之息以喉。屈服者⑬，其嗌言若哇⑭。其耆欲深者，其天机⑮浅。

　　古之真人，不知说生，不知恶死。其出不䜣⑯，其入不距⑰。翛然⑱而往，翛然而来而已矣。不忘其所始，不求其所终。受而喜之，忘⑲而复之。是之谓不以心捐⑳道，不以人助天，是之谓真人。若然者，其心志㉑，其容寂，其颡頯㉒。凄然似秋，暖然似春，喜怒通四时，与物有宜而莫知其极㉓。故圣人之用兵也，亡国而不失人心。利泽施乎万世，不为爱人。故乐通物，非圣人也；有亲㉔，非仁也；天时㉕，非贤也；利害不通，非君子也；行名失己㉖，非士也；亡身不真㉗，非役人也。若狐不偕、务光、伯夷、叔齐、箕子、胥余、纪他、申徒狄，是役人之役，适㉘人之适，而不自适其适者也。

　　古之真人，其状㉙：义而不朋㉚，若不足而不承㉛；与乎其觚而不坚也,张乎其虚而不华也;邴邴乎㉜其似喜乎,崔崔乎㉝其不得已乎,滀乎进我色㉞也,与乎止我德㉟也,厉乎其似世㊱也、謷㊲乎其未可制也,连㊳乎其似好闭也,悗㊴乎忘其言也。以刑为体,以礼为翼,以知为时,以德为循㊵。以刑为体者,绰乎其杀㊶也;以礼为翼者,所以行于世也;以知为时者,不得已于事㊷也;以德为循者,言其与有足者至于丘也,而人真以为勤行者也。故其好之也一,其弗好之也一。其一也一,其不一也一。其一与天为徒㊸,其不一与人为徒,天与人不相胜㊹也,是之谓真人。

【注释】

① 天而生:自然地产生,即天生。

② 盛:顶点。

③ 有所待:对认识的本体有所依赖。

④ 特未定:只是还不能确定。

⑤ 庸讵:凭什么。

⑥ 逆寡:违背天道而强行地促进本来有所不足的事物。

⑦ 雄成:夸耀自己的成功。

⑧ 士:同"事"。谟士:谋划事情。

⑨ 栗:恐惧。

⑩ 濡:湿润。

⑪ 登假:升到、达到。

⑫ 息以踵:以脚后跟呼吸。

⑬ 屈服者:屈服于别人的人。

⑭ 嗌言若哇:言语哽塞就像要吐出来的一样。

⑮ 天机:人的天赋灵机。

⑯ 䜣:同"欣"。其出不䜣:对于他的出生也不感到欢喜。

⑰ 距:同"拒"。其入不距:对于死亡也不拒绝。

⑱ 儵然：自然超脱的样子。
⑲ 忘：同"亡"，失却。
⑳ 捐：损害，损伤。
㉑ 心志：心藏而不外露。
㉒ 颡颓：额头宽大。
㉓ 极：准则。
㉔ 有亲：有所亲厚。
㉕ 天时：等候天时来成事。
㉖ 行名失己：追求名声而丧失身份。
㉗ 不真：失去真性。
㉘ 怡：快乐，安逸。
㉙ 状：情态，表现。
㉚ 义而不朋：适应万物而不偏私。
㉛ 不足而不承：顺应因乏而不接受补救。
㉜ 邴邴乎：明朗焕发的样子。
㉝ 崔崔乎：运动的样子。
㉞ 滀乎进我色：他那和蔼的样子使我眉开眼笑。
㉟ 与乎止我德：德行宽厚让我倾心以归。
㊱ 厉乎其似世：辽阔犹如宽广的世界。
㊲ 謷：高大。
㊳ 连：悠闲。
㊴ 悗：心不在焉。
㊵ 循：遵循的依据。
㊶ 绰乎其杀：尽量地减省刑罚。
㊷ 不得已于事：在遇事不得已的情况下才使用智慧。
㊸ 徒：同类。
㊹ 相胜：对立，矛盾。

【评析】

本章四说"古之真人"：一说真人忘怀于物；二说真人无情无欲，天机深；三说真人不计生死，通于物、时，随物而变，应时而行；四说真人臻于天人合一之境。所谓的"古之真人"，是庄子笔下"道"的人物形象化。因为庄子之"道"是有情又有信、无形又无为、可传而不可受、可得而不可见的抽象化但又有人的品性的东西，只有把"道"抽象化特征以具体人物来反映，才能被其追随者所理解和接受，从而达到布"道"的目的。否则，再完美的哲理也只能束之高阁，枉费心机。

死生，命也；其有夜旦之常①，天也。人之有所不得与②，皆物之情③也。彼特以天为父④，而身犹爱之，而况其卓⑤乎！人特以有君为愈乎己，而身犹死之，而况其真乎！

泉涸，鱼相与处于陆，相呴⑥以湿，相濡以沫，不如相忘于江湖。与其誉尧而非桀也，不如两忘⑦而化其道。

夫大块载我以形，劳我以生，佚我以老，息我以死。故善吾生者，乃所以善吾死也。夫藏舟于壑，藏山于泽，谓之固⑧矣！然而夜半有力者负之而走，昧者⑨不知也。藏小大有宜，犹有所遁。若夫藏天下于天下而不得所遁，是恒物之大情⑩也。特犯人之形⑪而犹喜之。若人之形者，万化而未始有极者也，其为乐可胜计邪？故圣人将游于物之所不得遁而皆存⑫。善夭善老，善始善终，人犹效⑬之，而况万物之所系而一化之所待⑭乎！

【注释】

① 常：永恒的现象。
② 与：参与，干预。
③ 情：常情。
④ 彼特以天为父：世人只把天当做生育万物的根本。

⑤ 卓：卓越，指真人。

⑥ 响：开口吐气。

⑦ 两忘：忘记尧功、桀过。

⑧ 谓之固：认为如此该牢靠了吧。

⑨ 昧者：睡觉的人。

⑩ 恒物之大情：通常事物的根本情形。

⑪ 特犯人之形：只是有了人的形体。犯：同"范"，铸造。

⑫ 物之所不得遁而皆存：万物都不会丧失而保存完好的境界，亦即"天道"。

⑬ 效：效仿，效法。

⑭ 系：维系，依附。一化：一切变化。待：依据。

【评析】

死生由命，夜旦在天，人是不能干预的，世上任何事物都不例外。人们应任由天道的支配，安心于大自然造化的安排，看透人生盛衰、毁誉，无所谓得失、生死。这是庄子在本章中所强调的中心内容。

夫道有情有信①，无为无形②；可传而不可受③，可得④而不可见；自本自根，未有天地，自古以固存；神⑤鬼神帝，生天生地；在太极⑥之先而不为高，在六极之下而不为深，先天地生而不为久，长于上古而不为老。狶韦氏⑦得之，以挈⑧天地；伏羲氏得之，以袭气母⑨；维斗得之，终古不忒⑩；日月得之，终古不息；堪坏⑪得之，以袭⑫昆仑；冯夷⑬得之，以游大川；肩吾⑭得之，以处大山；黄帝得之，以登云天；颛顼得之，以处玄宫⑮；禺强⑯得之，立乎北极；西王母得之，坐乎少广⑰，莫知其始，莫知其终；彭祖得之，上及有虞，下及五伯；傅说得之，以相武丁，奄有⑱天下，乘东维、骑箕尾而比⑲于列星。

【注释】

① 有情有信：言"道"是客观实在的。情：实在，真实。信：信验。

② 无为无形：言"道"是非物质的。

③ 传：通过心灵传导。受：同"授"。

④ 得：心得，心领神会。

⑤ 神：孕育。

⑥ 太极：代指"天"。

⑦ 狶韦氏：传说中的上古帝王名。

⑧ 挈：开辟。

⑨ 袭气母：调和阴阳之气。

⑩ 不忒：不会出现差错。

⑪ 堪坏：昆仑山神名。

⑫ 袭：进入。

⑬ 冯夷：河神名。

⑭ 肩吾：泰山神。

⑮ 玄宫：北方帝宫。

⑯ 禺强：北方水神名。

⑰ 少广：山穴名。

⑱ 奄有：覆盖，包括。

⑲ 东维、箕尾：皆星宿名。比：并列。

【评析】

　　本章是《庄子》一书论"道"最重要最完整的文字。在上述诸篇中，庄子主要讲的是得"道"后的……而在本章中，庄子对"道"的实质性特征及作用重点作了阐述……"道"是客观存在的，且"有情有信"；其二，"道"……自我的，"自本自根"；其三，"道"是世界的本源，它比……要古，天地万物皆生于"道"；其四，"道"在时间和空间……限的，无所不在，无时不有。庄子此论，具有相当的迷惑性：此"道"虽无形无为，不是某一具体物质，但它却客观存在，"有情有信"，且历史悠久，将来犹存。乍看起来，此"道"似属唯物的范畴；然其"道""自本自根"，自我产生自我，显属唯心主义的范围。阅读时，我们应注意这个问题。

　　南伯子葵问乎女偊曰："子之年长矣，而色若孺子①，何也？"曰："吾闻道矣。"南伯子葵曰："道可得学邪？"曰："恶！恶可！子非其人也。夫卜梁倚有圣人之才而无圣人之道②，我有圣人之道而无圣人之才。吾欲以教之，庶几其果为圣人乎？不然，以圣人之道告③圣人之才，亦易矣。吾犹守而告之④，参日而后能外天下⑤；已外天下矣，吾又守之，七日而后能外物；已外物矣，吾又守之，九日而后能外生；已外生矣，而后能朝彻⑥；朝彻而后能见独⑦；见独而后能无古今；无古今而后能入于不死不生。杀生者不死，生生者不生。其为物无不将也，无不迎也，无不毁也，无不成也⑧。其名为撄宁⑨。撄宁也者，撄而后成者也。"

　　南伯子葵曰："子独恶乎闻之？"曰："闻诸副墨之子⑩，副墨之子闻诸洛诵之孙⑪，洛诵之孙闻之瞻明⑫，瞻明闻之聂许⑬，聂许闻之需役⑭，需役闻之於讴⑮，於讴闻之玄冥⑯，玄冥闻之参寥⑰，参寥闻之疑始⑱。"

【注释】

① 色若孺子：脸色像小孩一样。
② 道：修行道术的方法。
③ 告：传授。
④ 守而告之：坚持传授给他。
⑤ 参：同"三"。外：遗忘。
⑥ 朝彻：如朝阳般明彻。

⑦ 见独：见常人所不见的境界，即"大道"。
⑧ 以上四句意：对天下事物，任其各自发展。
⑨ 撄宁：经扰动后复归寂静。撄，扰动。
⑩ 副墨之子：指书册。
⑪ 洛诵之孙：指传诵。
⑫ 瞻明：观察。
⑬ 聂许：听闻。
⑭ 需役：行为，实践。
⑮ 於讴：歌谣。
⑯ 玄冥：渺茫。
⑰ 参寥：空旷。
⑱ 疑始：迷惘之始。

【评析】

本章主要论述修"道"的过程和"道"的传授，其关键在于一个"悟"字。有学者把女偊所言的悟"道"过程归纳为两大方面，即"破三关""四悟"。

"破三关"就是"外天下""外物"和"外生"。"外天下"就是遗忘身处的大千世界，将它置之度外；"外物"就是不为物所累、所役；"外生"乃无生死之念，如此方能达到"忘我"之境。所谓"四悟"分别为：一曰"朝彻"，一旦觉悟而豁然贯通，心灵如同朝阳，照彻万物；二曰"见独"，亦即见"道"；三曰"无古今"，即无古往今来时间概念；四曰"不死不生"。

"破三关""四悟"是悟"道"的过程，但并非每个人都可以从此得"道"，其中还有一些要件，女偊在文中为我们作了细致的分析。

子祀、子舆、子犁、子来四人相与语①曰："孰能以无为首，以生为脊，以死为尻②；孰知死生存亡之一体者，吾与之友矣！"

四人相视而笑，莫逆于心③，遂相与为友。俄而④子舆有病，子祀往问之。曰："伟哉，夫造物者将以予为此拘拘⑤也。"曲偻发背⑥，上有五管，颐隐于齐，肩高于顶⑦，句赘⑧指天，阴阳之气有沴⑨，其心闲而无事，胼𨇻⑩而鉴于井⑪，曰："嗟乎！夫造物者又将以予为此拘拘也。"

子祀曰："女恶之乎？"曰："亡，予何恶！浸假而⑫化予之左臂以为鸡，予因以求时夜⑬；浸假而化予之右臂以为弹，予因以求鸮炙；浸假而化予之尻以为轮，以神为马，予因以乘之，岂更驾哉！且夫得者，时也；失者，顺也。安时而处顺，哀乐不能入也，此古之所谓县解⑭也，而不能自解者，物有结之⑮。且夫物不胜天久矣，吾又何恶焉！"

俄而子来有病，喘喘然⑯将死。其妻、子环而泣之。子犁往问之，曰："叱！避！无怛化⑰！"倚其户与之语曰："伟哉造化！又将奚以汝为？将奚以汝适？以汝为鼠肝乎？以汝为虫臂乎？"子来曰："父母于子，东西南北，唯命之从。阴阳于人，不翅⑱于父母。彼近吾死而我不听，我则悍⑲矣，彼何罪焉？夫大块载我以形，劳我以生，佚我以老，息我以死。故善吾生者，乃所以善吾死也。今之大冶铸金，金踊跃曰：'我且必为镆铘⑳！'大冶必以为不祥之金。今一犯人之形而曰：'人耳！人耳！'夫造化者必以为不祥之人。今一以天地为大炉，以造化为大冶，恶乎往而不可哉！"成然寐㉑，蘧然觉㉒。

子桑户、孟子反、子琴张三人相与友，曰："孰能相与㉓于无相与，相为㉔于无相为？孰能登天游雾，挠挑㉕无极，相忘以生，无所穷终㉖？"三人相视而笑，莫逆于心，遂相与为友。

莫然㉗有间，而子桑户死，未葬。孔子闻之，使子贡往侍事㉘焉。或编曲，或鼓琴，相和而歌。歌曰："嗟来㉙桑户乎！嗟来桑户乎！而已反其真，而我犹为人猗㉚！"子贡趋而进曰："敢问临尸而歌，礼乎？"二人相视而笑曰："是恶知礼意！"子贡反，以告孔子曰："彼何人者邪？修行无有而外其形骸，临尸而歌，颜色不变，无以命之。彼何人者邪？"孔子曰："彼游方㉛之外者也，而丘游方之内者也。外内不相及，而丘使女往吊之，丘则陋矣！彼方且与造物者为人㉜，而游乎天地之一气。彼以生为附赘县疣㉝，以死为决疣溃痈㉞。夫若然者，又恶知死生先后之所在！假于异物，托于同体㉟；忘其肝胆，遗其耳目；反复终始，不知端倪㊱；芒然彷徨乎尘埃之外，逍遥乎无为之业。彼又恶能愦愦然㊲为世俗之礼，以观众人之耳目哉？"

子贡曰："然则夫子何方之依㊳？"孔子曰："丘，天之戮民㊴也。虽然，吾与汝共之。"子贡曰："敢问其方？"孔子曰："鱼相造乎水，人相造乎道。相造乎水者，穿池而养给；相造乎道者，无事而生定。故曰：鱼相忘乎江湖，人相忘乎道术。"子贡曰："敢问畸人㊵？"曰："畸人者，畸于人而侔于天㊶。故曰：天之小人，人之君子；人之君子，天之小人也。"

颜回问仲尼曰："孟孙才，其母死，哭泣无涕，中心不戚㊷，居丧不哀。无是三者，以善处丧盖鲁国㊸，固有无其实而得其名者乎？回壹㊹怪之。"仲尼曰："夫孟孙氏尽㊺之矣，进㊻于知矣。唯简之而不得，夫已有所简矣。孟孙氏不知所以生，不知所以死。不知孰先，不知孰后。若化为物以待其所不知之化已乎。且方将化，恶知不化哉？方将不化，恶知已化哉？吾特与汝，其梦未始觉者邪！且彼有骇形而无损心，有旦宅而无耗情㊼。孟孙氏特觉㊽，人哭亦哭，是自其所以乃。且也相与'吾之'耳矣，庸讵知吾所谓'吾之'乎？且汝梦为鸟而厉㊾乎天，梦为鱼而没于渊。不识今之言者，其觉者乎？其梦者乎？造适不及笑，献笑不及排㊿，安排而去化㉕，乃入于寥天一㉖。"

【注释】

① 相与语：相互交谈。
② 尻：尾骨。
③ 莫逆于心：心心相印。
④ 俄而：不久。
⑤ 拘拘：身体拘挛屈曲的样子。
⑥ 曲偻发背：驼背弯腰，背骨向上凸露。
⑦ 顶：头顶。
⑧ 句赘：顶椎骨弯曲。
⑨ 沴：不和。
⑩ 胅蹄：蹒跚的样子。
⑪ 鉴于井：把井当镜子。
⑫ 浸假而：如果慢慢地。
⑬ 时夜：指鸡鸣报晓。
⑭ 县解：解除倒悬之苦。
⑮ 物有结之：被外物所束缚。
⑯ 喘喘然：呼吸急促的样子。
⑰ 怛化：惊动造化。
⑱ 不翅：不止。
⑲ 悍：蛮横无理。
⑳ 镆铘：宝剑名。
㉑ 成然寐：酣然熟睡。
㉒ 蘧然觉：惊动地醒来。
㉓ 与：交往。
㉔ 为：帮助。
㉕ 挠挑：在无限广阔的世界中循环往复。
㉖ 穷终：指死亡。

㉗ 莫然：情感淡泊如水。

㉘ 侍事：帮助料理丧事。

㉙ 嗟来：感叹词，哎呀。

㉚ 猗：句尾助词，无意义。

㉛ 方：物质世界。

㉜ 方且：将要。为人：结交为朋友。

㉝ 附赘县疣：附在身体上多余的肉块和毒疮。

㉞ 疣、痈：毒疮。

㉟ 假于异物，托于同体：借助于一些不同的物质，暂时组合在一起而成就人的形体。

㊱ 端倪：始终。

㊲ 愦愦然：烦乱的样子。

㊳ 何方之依：即依从于方内还是方外。

㊴ 天之戮民：受到上天惩罚的罪人。

㊵ 畸人：非同寻常的异人。

㊶ 侔于天：与天相等齐。

㊷ 戚：悲伤。

㊸ 以善处丧盖鲁国：因为善于处理丧事而闻名于鲁国。

㊹ 壹：实在。

㊺ 尽：达到了极点。

㊻ 进：超过。

㊼ 旦宅：悲伤的表情。耗情：精神的耗损。

㊽ 特觉：特别清醒。

㊾ 厉：到达。

㊿ 造适不及笑，献笑不及排：人的适意和欢笑都是自然的，是不能靠人为安排的。

(51) 安排而去化：安于大自然的安排而顺应变化。

㊾ 寥天：虚空寂寥的自然天道。一：浑元不二。

【评析】

生死问题是人生所面临的两大关，"生"始于人之初，是在初之人尚不知事时发生的，但"存"之义上的"生"是整个人生所必须认真对待的问题。"死"是人生的最后一个关口，对"死"的不同态度可以折射出其主体的人生境界。本章中，庄子抓住"生死"这一修"道"必须过好的一关加以阐述。

本章中，庄子连续写了三个关于生与死的寓言故事，对其主张的"死生存亡之一体"的论点进行阐述，意在强调做人要善生善死，安时处顺，听从于造物者的安排。审视道家生死观，我们认为其视死亡为回归自然的超然态度，具有辩证法思想的因子，是应予以肯定的。但其对人生持寂寞无为、无可无不可的消极态度和麻木不仁的精神状态则是应该鄙弃的。

意而子见许由，许由曰："尧何以资①汝？"意而子曰："尧谓我：汝必躬服②仁义而明言是非。"许由曰："而奚来为轵③？夫尧既已黥汝以仁义，而劓汝以是非矣。汝将何以游夫遥荡、恣睢、转徙之涂④乎？"

意而子曰："虽然，吾愿游于其藩⑤。"许由曰："不然。夫盲者无以与乎眉目颜色之好，瞽者无以与乎青黄黼黻⑥之观。"意而子曰："夫无庄⑦之失其美，据梁之失其力，黄帝之亡其知，皆在炉捶⑧之间耳。庸讵知夫造物者之不息⑨我黥而补我劓，使我乘成以随先生邪？"许由曰："噫！未可知也。我为汝言其大略：吾师乎！吾师乎！鳌⑩万物而不为义，泽及万世而不为仁，长于上古而不为老，覆载天地、刻雕众形而不为巧。此所游已！"

【注释】

① 资：教诲，教导。

② 躬服：亲自实践。

③ 而奚来为轵：你为什么还要到这里来呢？

④ 何以游夫遥荡、恣睢、转徙之涂：你将凭借什么去遨游在逍遥、放任、变化无穷的境界。

⑤ 藩：范围内。

⑥ 黼黻：礼服上的花纹。

⑦ 无庄：虚构的美人名。下文"据梁"乃虚构大力士之名。

⑧ 炉捶：喻决定于造物者的冶炼之中。

⑨ 息：休养。

⑩ 鳌：调和。

【评析】

本章说明中儒家仁义、是非之毒笃深的人是不可能领悟到道家之大"道"的。

颜回曰："回益矣。"仲尼曰："何谓也？"曰："回忘仁义矣。"曰："可矣，犹未也。"他日复见，曰："回益矣。"曰："何谓也？"曰："回忘礼乐矣！"曰："可矣，犹未也。"他日复见，曰："回益矣！"曰："何谓也？"曰："回坐忘矣。"仲尼蹴然①曰："何谓'坐忘'？"颜回曰："堕②肢体，黜③聪明，离形去知，同于大通⑤，此谓坐忘。"仲尼曰："同则无好⑥，化则无常⑦也。而果其贤乎！丘也请从而后也。"

【注释】

① 蹴然：神色惊变的样子。

② 堕：废弃。

③ 黜：废除。
④ 离形去知：精神脱离形体，废去心智。
⑤ 大通：大道。
⑥ 好：偏好。
⑦ 无常：永恒。

【评析】

　　本章主要谈修"道"应捐弃世人所强调的仁、义、礼、乐，从而达到道家的"坐忘"精神境界。何谓"坐忘"？它是指在修"道"静坐的过程中，不仅要忘却万事万物，即使是自己的形体也应忘记的境界状态。从本篇及其前几篇中有关"贵其耦"、"心斋"、"养神之道"、"息之以踵"等修道状况看，它们和"坐忘"一样，犹如练习气功者所达到的状态。不同之处是庄子把它们用于为人处世，作为一种精神境界，无疑是消极颓丧的。

　　子舆与子桑友。而霖雨①十日，子舆曰："子桑殆病矣！"裹饭而往食之。至子桑之门，则若歌若哭，鼓琴曰："父邪！母邪！天乎！人乎！"有不任其声而趋举其诗②焉。子舆入，曰："子之歌诗，何故若是？"曰："吾思夫使我至此极③者而弗得也。父母岂欲吾贫哉？天无私覆，地无私载，天地岂私贫我哉？求其为之者不得也。然而至此极者，命也夫！"

【注释】

① 霖雨：连绵大雨。
② 有：犹"不任其声"，由于饥饿而发出的声音十分微弱。趋举其诗：唱诗时声促而……
③ 极：窘境……

【评析】

　　此则寓言向我们揭示了当时社会上的贫富不均的问题，造成这一现象出现的原因是什么？庄子归之于"命"。由此我们可以看出，庄子人生哲学的现实基础是没落阶层及其饥寒交迫的生活，他们于此无可奈何，被迫将自己的人生追求定格为"逍遥游"、安处自然等等，因此不论何时，庄子人生哲学都无法摆脱"消极"二字的定性。

应帝王第七

　　啮缺问于王倪，四问而四不知。啮缺因跃①而大喜，行以告蒲衣子。蒲衣子曰："而乃今知之②乎？有虞氏不及泰氏。有虞氏其犹藏仁以要③人，亦得人矣，而未始出于非人④。泰氏其卧徐徐⑤，其觉于于⑥。一以己为马，一以己为牛。其知情信⑦，其德甚真，而未始入于非人。"

　　肩吾见狂接舆。狂接舆曰："日中始何以语女？"肩吾曰："告我：'君人者以己出经式义度⑧，人孰敢不听而化⑨诸！'"狂接舆曰："是欺德⑩也。其于治天下也，犹涉海凿河而使蚊负山⑪也。夫圣人之治也，治外乎？正⑫而后行，确乎能其事⑬者而已矣。且鸟高飞以避矰弋⑭之害，鼷鼠深穴乎神丘之下以避熏凿⑮之患，而曾二虫之无知？"

　　天根游于殷阳，至蓼水之上，适遭无名人而问焉，曰："请问为天下。"无名人曰："去！汝鄙人⑯也，何问之不豫⑰也！予方将与造物者为人，厌则又乘夫莽眇⑱之鸟，以出六极之外，而游无何有⑲之乡，以处圹埌⑳之野。汝又何帠以治天下感予之心为？"又复问，无名人曰："汝游心于淡㉑，合气于漠㉒，顺物自然而无容私焉，而天下治矣。"

【注释】

① 跃：跳起来。
② 而乃今知之：你今天才知道这件事。

③ 藏仁：心怀仁义。要：笼络。
④ 未始出于非人：没有超过一般人的范围，即仍为物所累。
⑤ 徐徐：安稳的样子。
⑥ 于于：无所知的样子。
⑦ 知：智慧。情信：真实可信。
⑧ 出：制定，颁布。经式义度：各种各样的法典制度。
⑨ 化：接受教化。
⑩ 欺德：欺诈虚假的道德。
⑪ 涉海凿河而使蚊负山：在海里开凿河道，而让蚊子背负大山。意即不可能。
⑫ 正：端正自己。
⑬ 能其事：人们能够做到的事。
⑭ 矰弋：弓箭。
⑮ 神丘：祭祀所用的台子。熏凿：烟熏和掘地。
⑯ 鄙人：粗俗浅陋的人。
⑰ 豫：厌烦。
⑱ 莽眇：轻捷虚无。
⑲ 无何有：虚无。
⑳ 圹埌：辽阔无边。
㉑ 游心于淡：保持心境的恬淡。
㉒ 漠：寂寞。

【评析】

　　本篇通过三个寓言的描写，批斥了仁义、礼法，提出了"顺物自然"才能治理好天下的主张。庄子认为，统治者常常假借仁义哗众取宠，笼络人心，可事实上，这样的德治举措只能钳制人心，而且易使天下大乱，与其初衷背道而驰，注定是要彻底失败的。与之相反，只有清静无为，无私无欲，才能使"天下治矣"。

阳子居见老聃，曰："有人于此，向疾强梁[1]，物彻疏明[2]，学道不倦，如是者，可比明王乎？"老聃曰："是於圣人也，胥易技系[3]，劳形怵[4]心者也。且曰虎豹之文来田[5]，猿狙之便执斄之狗来藉[6]。如是者，可比明王乎？"阳子居蹴然曰："敢问明王之治。"老聃曰："明王之治：功盖天下而似不自己，化贷万物而民弗恃[7]。有莫举名[8]，使物自喜[9]。立乎不测[10]，而游于无有者[11]也。"

郑有神巫曰季咸，知人之死生、存亡、祸福、寿夭，期[12]以岁月旬日，若神。郑人见之，皆弃[13]而走。列子见之而心醉[14]，归，以告壶子，曰："始吾以夫子之道为至矣，则又有至焉者矣。"壶子曰："吾与汝既其文[15]，未既其实。而固得道与？众雌而无雄，而又奚卵焉！而以道与世亢[16]，必信[17]，夫故使人得而相汝。尝试与来，以予示之。"

明日，列子与之见壶子。出而谓列子曰："嘻！子之先生死矣！弗活矣！不以旬数[18]矣！吾见怪焉，见湿灰[19]焉。"列子入，泣涕沾襟以告壶子。壶子曰："乡吾示之以'地文'[20]，萌乎不震不正[21]，是殆见吾杜德机[22]也。尝又与来。"明日，又与之见壶子。出而谓列子曰："幸矣！子之先生遇我也，有瘳[23]矣！全然有生矣！吾见其杜权[24]矣！"列子入，以告壶子。壶子曰："乡吾示之以'天壤'[25]，名实不入，而机发于踵。是殆见吾善[26]者机也。尝又与来。"明日，又与之见壶子。出而谓列子曰："子之先生不齐[27]，吾无得而相焉。试齐，且复相之。"列子入，以告壶子。壶子曰："吾乡示之以'太冲莫胜'[28]，是殆见吾衡气机也。鲵桓之审为渊[29]，止水之审为渊，流水之审为渊。渊有九名，此处三焉。尝又与来。"明日，又与之见壶子。立未定，自失而走。壶子曰："追之！"列子追之不及。反，以告壶子曰："已灭矣，已失矣，吾弗及已。"壶子曰："乡吾示之以'未始出吾宗'[30]。吾与之虚而委蛇㉛，不知其谁何，因以为弟靡㉜，因以为波流，故逃也。"然后列子自以为未始学而归。三年不出，为其妻爨㉝，食豕如食人，于事无与亲。雕琢复朴㉞，块然㉟独以其形立。纷而封㊱哉，一以是终㊲。

无为名尸㊳，无为谋府㊴，无为事任㊵，无为知主。体尽无穷㊶，而游无朕㊷。尽其所受乎天㊸而无见得，亦㊹虚而已！至人之用心若镜，不将㊺不迎，应而不藏㊻，故能胜㊼物而不伤。

南海之帝为儵，北海之帝为忽，中央之帝为浑沌。儵与忽时相遇于浑沌之地，浑沌待之甚善。儵与忽谋报浑沌之德，曰："人皆有七窍以视、听、食、息，此独无有，尝试凿之。"日凿一窍，七日而浑沌死。

【注释】

① 向疾强梁：行动敏捷，强干果决。

② 物彻：洞察事理。疏明：通达明敏。

③ 胥易：被才智所役使。技系：被技艺所束缚。

④ 怵：惊骇。

⑤ 虎豹之文来田：虎豹因为自己皮毛美丽而被猎杀。

⑥ 猨狙之便执嫠之狗来藉：猴子因为活动敏捷、狗因为善于捕获狸子而招致人们的拴缚。

⑦ 化贷：化育之恩。恃：依赖。

⑧ 有莫举名：有功德却不愿显名。

⑨ 使物自喜：使各种物质各得其所而怡然自得。

⑩ 不测：变化莫测的地方。

⑪ 无有者：空虚无有的境界。

⑫ 期：预言。

⑬ 弃：躲避。

⑭ 心醉：倾心于他的技术。

⑮ 与：传授。既其文：全是表面上的东西。

⑯ 亢：抗衡。

⑰ 信：表露自己。

⑱ 不以旬数：不到十天。

⑲ 湿灰：被水浸湿的灰。死灰尚可复燃，湿灰何以复燃，以此喻生机全无。

⑳ 乡：从前，过去。地文：比喻寂静的心境。

㉑ 萌乎：沉沉寂寂的。不震不正：既不震荡，也不静止。

㉒ 是：这。殆：大概。杜：关闭。德机：生机。

㉓ 瘳：病愈。

㉔ 杜权：意即出现了生机。

㉕ 天壤：天象，比喻生机。

㉖ 善：生意。

㉗ 不齐：神色变化不定。

㉘ 太冲莫胜：阴阳平衡。

㉙ 鲵桓之审为渊：回转盘旋的深水叫做渊。审，深。

㉚ 未始出吾宗：人与天浑然一体。

㉛ 委蛇：随顺自然的样子。

㉜ 弟靡：萎靡不振，随波逐流。

㉝ 为其妻爨：为他妻子烧火做饭，意即忘却男尊女卑等级观念。

㉞ 雕琢：除去浮华。复朴：恢复淳朴心性。

㉟ 块然：孤独的样子。

㊱ 纷：世事纷扰。封：封闭心窍。

㊲ 一以是终：固守纯一之道而终其一身。

㊳ 无为名尸：不要谋取名声。

㊴ 无为谋府：不要成为智慧者。

㊵ 事任：以事为己任。

㊶ 体尽无穷：体悟无穷无尽的大道。

㊷ 游无朕：在虚无的境域中遨游。

㊸ 所受乎天：指天赋予的心性。

㊹ 亦：惟。

㊺ 将：送走。

㊻ 应而不藏：如实反映而无所藏匿。

㊼ 胜：穷尽物类。

【评析】

本章所论仍是道家“无为”而治的政治主张，指出统治天下不可依靠智慧和才能，而是要虚心若明镜，即本章第一段所言的“立乎不测，而游于无有者也”。为说明自己的观点，庄子举了两个典型的例子。其一是郑国神巫季咸，该巫至神至若“知人之死生、存亡、祸福、寿夭”，且多有应验。看来他是善“测”之高手了。然而，就是这位神巫，其高超测术却在随机而动、变化多端的壶子面前失灵了，从反面论证了庄子所言的“立乎不测”之不爽；其二是儵与忽为报答浑沌的善待，结果适得其反，硬是将浑沌凿死，真是好心办坏事，这全是“有为”所产生的恶果，反证为政必须“游于无有”。可见，“无为”实乃治理天下的一大“法宝”。

骈拇第八

骈拇、枝指①出乎性哉,而侈于德②;附赘、县疣出乎形哉,而侈于性;多方③乎仁义而用之者,列于五藏④哉,而非道德之正也。是故骈于足者,连无用之肉也;枝于手者,树无用之指也;多方骈枝⑤于五藏之情者,淫僻⑥于仁义之行,而多方于聪明之用也。

是故骈于明者,乱五色⑦,淫文章⑧,青黄黼黻之煌煌⑨非乎?而离朱是已!多于聪者,乱五声,淫六律,金石丝竹黄钟大吕之声非乎?而师旷是已!枝于仁者,擢德塞性⑩以收名声,使天下簧鼓以奉不及之法⑪非乎?而曾、史是已!骈于辩者,累瓦结绳窜句⑫,游心于坚白同异之间,而敝跬誉无用之言⑬非乎?而杨、墨是已!故此皆多骈、旁枝之道,非天下之至正也。

彼至正者,不失其性命之情。故合者不为骈,而枝者不为跂;长者不为有余,短者不为不足。是故凫胫⑭虽短,续之则忧;鹤胫虽长,断之则悲。故性长非所断,性短非所续,无所去忧也。

意⑮仁义其非人情乎!彼仁人何其多忧也。且夫骈于拇者,决⑯之则泣;枝于手者,龁⑰之则啼。二者或有余于数,或不足于数,其于忧一也。今世之仁人,蒿目⑱而忧世之患;不仁之人,决性命之情而饕⑲贵富。故意仁义其非人情乎!自三代以下者,天下何其嚣嚣⑳也。

且夫待钩绳规矩而正者,是削其性者也;待绳约胶漆而固者,是侵其德者也;屈折礼乐,呴俞㉑仁义,以慰天下之心者,此失其常然也。天下有常然。常然者，曲者不以钩，直者不以绳，圆者不以规，方者不以矩，附离㉒不以胶漆，约束不以缰索。故天下诱然皆生㉓，而不知其所以生；同焉皆得，而不知其所以得。故古今不二，不可亏也。则仁义又奚连连㉔如胶漆缰索而游乎道德之间为哉！使天下惑也！

夫小惑易方㉕，大惑易性。何以知其然邪？自虞氏招仁义以挠㉖天下也，天下莫不奔命于仁义。是非以仁义易其性与？

【注释】

① 枝指：手的大拇指旁多生出一指，成为六个手指头。

② 侈：多出，超出。德：天性。

③ 方：附加。多方，在……之外附加上。

④ 列于五藏：把仁义配附在五脏之中。

⑤ 骈枝：超过，多余。

⑥ 淫僻：淫邪。

⑦ 五色：赤、白、黑、青、黄。

⑧ 文章：文采。

⑨ 煌煌：炫目的样子。

⑩ 擢德塞性：拔高自己的德行。

⑪ 使天下簧鼓以奉不及之法：使天下喧嚣混乱来奉行根本达不到的礼法。

⑫ 累瓦结绳：上古记事之法。窜句：锤炼句子。

⑬ 敝跬誉无用之言：疲惫地追求眼前的荣誉和无用的言辞。

⑭ 凫：野鸭。胫：腿。

⑮ 意：认为。

⑯ 决：割裂开来。

⑰ 龁：咬掉。

⑱ 蒿目：举目远望。

⑲ 饕：贪婪。

⑳ 嚣嚣：喧闹混乱。

㉑ 响俞：和颜悦色的样子。

㉒ 附离：依附。

㉓ 诱然皆生：油然而生。

㉔ 连连：连绵不断。

㉕ 方：方向。

㉖ 挠：扰乱。

【评析】

　　本章所论，其旨是反复阐明纯正的人性就是人的自然本性，后世所谓的仁义等非但不符合人之本性，而且还伤害人性，扰乱人世，于世无益。

　　故尝试论之：自三代以下者，天下莫不以物易其性矣！小人则以身殉利，士则以身殉名，大夫则以身殉家，圣人则以身殉天下。故此数子者，事业不同，名声异号，其于伤性以身为殉，一也。

　　臧与谷，二人相与牧羊而俱亡其羊。问臧奚事①，则挟策②读书；问谷奚事，则博塞③以游。二人者，事业不同，其于亡羊均也。

　　伯夷死名于首阳之下，盗跖死利于东陵之上。二人者，所死不同，其于残生伤性均也。奚必伯夷之是而盗跖之非乎？

　　天下尽殉也：彼其所殉仁义也，则俗谓之君子；其所殉货财也，则俗谓之小人。其殉一也，则有君子焉，有小人焉。若其残生损性，则盗跖亦伯夷已，又恶取君子小人于其间哉！

【注释】

① 奚事：干什么。

② 挟策：拿着书。
③ 博塞：具有赌博性质的游戏。

【评析】

本章通过臧、谷、伯夷、盗跖等人的故事，向人们说明那些为名、为利、为公、为私、为仁义而奋斗的人，都是以身殉物、残生伤性的，是一种无谓的"牺牲"。针对这一现象的广泛存在，庄子说"天下尽殉也"。唯所不同者，有君子、小人之分，君子"殉仁义"，小人"殉货财"。文中将伯夷和盗跖两种不同性质甚至是对立性的人物和为"利"、为"义"两种大相径庭的行为并列大加鞭挞，无疑是不当的，因为他抹杀了判断事物时客观存在的是非标准；但另一方面，文中对捞取名利伪君子的批斥，纵在今天仍不失其积极意义。

且夫属其性乎①仁义者，虽通如曾、史，非吾所谓臧②也；属其性于五味，虽通如俞儿③，非吾所谓臧也；属其性乎五声，虽通如师旷，非吾所谓聪也；属其性乎五色，虽通如离朱，非吾所谓明也。吾所谓臧者，非所谓仁义之谓也，臧于其德而已矣；吾所谓臧者，非所谓仁义之谓也，任其性命之情而已矣；吾所谓聪者，非谓其闻彼也，自闻而已矣；吾所谓明者，非谓其见彼也，自见而已矣。夫不自见而见彼、不自得而得彼者，是得人之得而不自得其得者也，适人之适而不自适其适者也。夫适人之适而不自适其适，虽盗跖与伯夷，是同为淫僻也。余愧乎道德④，是以上不敢为仁义之操，而下不敢为淫僻之行也。

【注释】

① 属其性乎：把自己的本性依附在。
② 臧：好，善。
③ 俞儿：善烹饪、长于辨味的齐人名。

④愧乎道德：在道德方面自感惭愧。

【评析】

　　古代学者在评论《骈拇》篇时曾说：《骈拇》篇"以'道德'为正宗，而以'仁义'为骈附"。即言道德、仁义不是人的自然天性，最纯正的人性是人的天性的自然状态，也就是本章中庄子所讲的"任其性命之情而已矣"。这是本章的主旨，也是整个《骈拇》篇的中心之所在。

马蹄第九

马，蹄可以践霜雪，毛可以御风寒。龁①草饮水，翘足而陆②，此马之真性也。虽有义台路寝③，无所用之。及至伯乐，曰："我善治马④。"烧之，剔之，刻之，雒之。⑤连之以羁馽⑥，编之以皂栈⑦，马之死者十二三矣！饥之渴之，驰之骤⑧之，整之齐之，前有橛饰⑨之患，而后有鞭筴之威，而马之死者已过半矣！陶者⑩曰："我善治埴⑪。"圆者中⑫规，方者中矩。匠人曰："我善治木。"曲者中钩，直者应绳。夫埴、木之性，岂欲中规矩钩绳哉！然且世世称之曰："伯乐善治马，而陶、匠善治埴、木。"此亦治天下者之过也。

吾意善治天下者不然。彼民有常性，织而衣，耕而食，是谓同德。一而不党⑬，命曰天放⑭。故至德之世，其行填填⑮，其视颠颠⑯。当是时也，山无蹊隧⑰，泽无舟梁⑱；万物群生，连属⑲其乡；禽兽成群，草木遂长。是故禽兽可系羁而游，鸟鹊之巢可攀援而窥。夫至德之世，同与禽兽居，族与万物并⑳。恶乎知君子小人哉！同乎无知，其德不离；同乎无欲，是谓素朴。素朴而民性得矣。及至圣人，蹩躠㉑为仁，踶跂㉒为义，而天下始疑㉓矣。澶漫㉔为乐，摘僻㉕为礼，而天下始分矣。故纯朴不残，孰为牺尊㉖！白玉不毁，孰为珪璋！道德不废，安取仁义！性情不离，安用礼乐！五色不乱，孰为文采！五声不乱，孰应六律！

【注释】

① 龁：咬，吃。
② 翘足而陆：撒腿而跳。
③ 义台路寝：高大的台子，宽敞的宫室。
④ 治马：驯马。
⑤ 烧之：烧红烙铁为马烙上印记。剔之：剪马鬃。刻之：削整马蹄甲。雒：同"络"，给马戴上马笼头。
⑥ 羁：马络头。絷（zhí）：拴住马的前两足的绳子。
⑦ 编：圈养。皂：牛马槽。栈：马棚。
⑧ 骛：疾驰。
⑨ 橛饰：马衔等饰物。
⑩ 陶者：制陶器的人。
⑪ 治埴：调和黏土。
⑫ 中：符合，达到……标准。
⑬ 一而不党：禀性纯一而不偏私。
⑭ 天放：自然地放任。
⑮ 填填：稳重的样子。
⑯ 颠颠：专注的样子。
⑰ 蹊隧：小路和大道。
⑱ 梁：桥梁。
⑲ 连属：连接在一起。
⑳ 族：聚集。并：相处。
㉑ 蹩躠：劳劳碌碌，用尽心力。
㉒ 踶跂：兢兢业业，费心用力。
㉓ 疑：迷惑。
㉔ 澶漫：放纵淫荡。
㉕ 摘僻：繁琐细碎的样子。

㉖ 牺尊：指从事祭祀。

【评析】

野马的生活是自由自在、无拘无束的，葆有此"真性"的它们是多么的幸福和快乐。然而自从有了伯乐，它们就有了厄运，生者与死者之比发生了大的逆转。究其因，是由于伯乐违背马之天性使然。但违背物之"常性"者不止伯乐一人，如善制陶的陶工、长于冶木的木匠皆属此流。庄子通过此类例子意在说明人为的管理与加工皆违背物之"真性"，以致戕害木、石，荼毒生灵，仁义礼乐等自然概莫能外，从而达到批判"治天下者"的目的。

夫残朴以为器，工匠之罪也；毁道德以为仁义，圣人之过也。夫马陆居则食草饮水，喜则交颈相靡①，怒则分背相踶②。马知已此矣！夫加之以衡扼③，齐之以月题④，而马知介倪闉扼鸷曼诡衔窃辔⑤。故马之知而能至盗者，伯乐之罪也。夫赫胥氏之时，民居不知所为，行不知所之，含哺而熙⑥，鼓腹⑦而游。民能以此矣！及至圣人，屈折礼乐以匡天下之形⑧，县跂仁义以慰天下之心⑨，而民乃始踶跂好知，争归于利，不可止也。此亦圣人之过也。

【注释】

① 相靡：相互摩擦。
② 分背：背对背，即屁股对屁股。踶：同"踢"。
③ 衡：车辕前面的横木。扼：同"轭"，夹贴在马颈的曲木，其两端和衡木相连。
④ 齐：整治。月题：又称"额镜"，是戴在马额上的装饰物，其形如月，故有此名。
⑤ 介倪：侧目而视。闉扼：弯曲脖子，摆脱车轭。鸷曼：指马猛戾不驯，欲狂突以去羁勒。诡衔：狡诈地吐出衔子。窃辔：悄悄地咬断缰绳。

⑥ 含哺而熙：嘴里含着食物而做游戏。
⑦ 鼓腹：拍打着肚子。
⑧ 屈折礼乐：弯腰屈体去演习礼乐。匡：匡正，纠正。天下之形：天下人的形貌。
⑨ 县跂：提倡。慰：安定，安慰。

【评析】

　　本章首句"夫残朴以为器，工匠之罪也；毁道德以为仁义，圣人之过也"是本章的中心内容，庄子通过伯乐相马而使"马之知而能至盗"之事，推及民"踶跂好知，争归于利，不可止"是"圣人之过"，说明圣人是破坏人之本性的千古罪人。

胠箧第十

将为胠箧、探囊、发匮之盗而为守备①，则必摄缄縢、固扃鐍②，此世俗之所谓知也。然而巨盗至，则负匮、揭箧、担囊而趋③，唯恐缄縢、扃鐍之不固也。然则乡④之所谓知者，不乃为大盗积者也？

故尝试论之：世俗之所谓知者，有不为大盗积者乎？所谓圣者，有不为大盗守者乎？何以知其然邪？昔者齐国邻邑相望，鸡狗之音相闻，罔罟⑤之所布，耒耨之所刺⑥，方二千余里。阖四竟之内⑦，所以立宗庙社稷，治邑、屋、州、闾、乡、曲者，曷⑧尝不法圣人哉？然而田成子一旦杀齐君而盗其国，所盗者岂独其国邪？并其圣知之法而盗之，故田成子有乎盗贼之名，而身处尧、舜之安。小国不敢非，大国不敢诛，十二世有齐国，则是不乃窃齐国并与其圣知之法以守其盗贼之身乎？

尝试论之：世俗之所谓至知者，有不为大盗积者乎？所谓至圣者，有不为大盗守者乎？何以知其然邪？昔者龙逢⑨斩，比干⑩剖，苌弘胣⑪，子胥⑫靡。故四子之贤而身不免乎戮。故跖之徒问于跖曰："盗亦有道乎？"跖曰："何适⑬而无有道邪？夫妄意⑭室中之藏，圣也；入先，勇也；出后，义也；知可否，知也；分均，仁也。五者不备而能成大盗者，天下未之有也。"由是观之，善人不得圣人之道不立，跖不得圣人之道不行。天下之善人少而不善人多，则圣人之利天下也少而害天下也多。故曰：唇竭则齿寒。鲁酒薄而邯郸围⑮，圣人生而大盗起。掊击⑯圣人，纵舍⑰盗贼，而天下始治矣。

【注释】

① 胠箧：开箱。探囊：掏口袋。发匮：撬柜子。

② 摄缄縢：系牢绳索。固扃鐍：加固锁具。

③ 负匮、揭箧、担囊：背着柜子、提着箱子、挑着口袋。趋：快跑。

④ 乡：以往，原来。

⑤ 罔罟：泛指网。

⑥ 耒耨之所刺：指可以耕种的田地。

⑦ 阖：同"合"。竟：同"境"。

⑧ 曷：同"何"。

⑨ 龙逢：夏桀时的贤臣，被桀斩首。

⑩ 比干：商纣王的叔父，谏纣，纣剖其腹挖心而视。

⑪ 苌弘：周时贤大夫，后遭车裂。胣：车裂。

⑫ 子胥：即伍子胥，谏吴王夫差，夫差不从，赐其剑自杀，投尸于江。

⑬ 何适：到哪里。

⑭ 妄意：凭空猜测出。

⑮ 鲁酒薄而邯郸围：鲁国的贡酒味道淡薄，赵国的都城邯郸就被围困。

⑯ 掊击：打倒。

⑰ 纵舍：放任，指不以法律相制裁。

【评析】

　　锁紧箱柜、扎牢口袋，是人们对付小偷盗贼的办法和智慧，即使在今天看来，也是常见之法。但在庄子看来，这是极其愚蠢的，因为恰恰是常人的智慧，为偷盗提供了方便，盗贼可以连箱带袋一起取走，防盗之法又有何益？可见，智慧是要不得的。接着，庄子又以朝臣为例。新贵族田成子之流窃国"有乎盗贼之名，而身处尧、舜之安"，何也？

② 丘夷而渊实：丘陵削平，深潭就会填满。
③ 斗斛：二者皆为古代容器，十斗为一斛。
④ 权：秤砣。衡：秤杆。
⑤ 符：符契，常分两半，双方各执一，合而成全，借以证明身份或权益。玺：玉玺，帝王专用印章。信：凭信。
⑥ 逐：追逐，附随。
⑦ 揭诸侯：高居诸侯之位。
⑧ 轩冕：高官厚禄。劝：劝勉，鼓励。
⑨ 斧钺：严刑峻法。
⑩ 国之利器：指严刑峻法的威权。
⑪ 擿：同"掷"，扔掉。
⑫ 朴鄙：淳朴无华。
⑬ 殚残：完全破坏。
⑭ 擢乱：搞乱。
⑮ 铄绝：彻底熔化，即彻底销毁。
⑯ 含：拥有，保全。
⑰ 文章：文采。
⑱ 散五采：分离五色。
⑲ 掤：折断。工倕：相传古时的能工巧匠。
⑳ 攘弃：扔掉。
㉑ 玄同：混同为一。
㉒ 铄：耀眼。
㉓ 僻：邪僻。
㉔ 㷭乱：迷乱，惑乱。
㉕ 法：自然法则。

【评析】

本章中庄子指出，既然圣人出而大盗起、圣智之法利盗而不利国，而天下的扰乱又是仁义礼智在作祟,就应该捐弃仁义、"绝圣弃知",回归"无为"、古朴的往古时代。因此,他认为人类社会发展进程中所积累的法律制度、礼乐典章、印玺契约、度量衡器、工艺器皿,以及音乐图画、文籍艺文等等,全都要一并舍弃。无疑,这是一种绝对极端的历史虚无主义主张,是逆社会文明、进步之潮流的,最终不可实现。

　　子独不知至德之世乎?昔者容成氏、大庭氏、伯皇氏、中央氏、栗陆氏、骊畜氏、轩辕氏、赫胥氏、尊卢氏、祝融氏、伏羲氏、神农氏①,当是时也,民结绳而用之。甘其食,美其服,乐其俗,安其居,邻国相望,鸡狗之音相闻,民至老死而不相往来。若此之时,则至治已。今遂至使民延颈举踵②,曰"某所③有贤者",赢粮而趣④之,则内弃其亲而外去其主之事,足迹接乎诸侯之境,车轨结乎千里之外。则是上好知之过也!

　　上诚好知而无道,则天下大乱矣!何以知其然邪?夫弓弩、毕弋、机变⑤之知多,则鸟乱于上矣;钩饵、罔罟、罾笱⑥之知多,则鱼乱于水矣;削格、罗落、罝罘⑦之知多,则兽乱于泽矣;知诈渐毒、颉滑坚白、解垢同异之变多⑧,则俗惑于辩矣。故天下每每大乱,罪在于好知。故天下皆知求其所不知而莫知求其所已知者,皆知非其所不善而莫知非其所已善者,是以大乱。故上悖⑨日月之明,下烁⑩山川之精,中堕四时之施⑪,惴耎⑫之虫,肖翘之物⑬,莫不失其性。甚矣,夫好知之乱天下也!自三代以下者是已!舍夫种种之民而悦夫役役之佞⑭;释夫恬淡无为而悦夫啍啍⑮之意,啍啍已乱天下矣!

【注释】

① "容成氏……神农氏":皆为传说中的古帝王。

② 延颈举踵：伸长脖子，踮起脚后跟。
③ 所：地方。
④ 赢粮：背着粮食。趣：去。
⑤ 弓弩、毕弋、机变：用于捕捉禽兽的弓、箭、网等机关巧变。
⑥ 罾：一种捕鱼的网具。笱：捕鱼的竹具。
⑦ 削格：用于张挂罗网的竹木具。罗络：捕捉禽兽的竹制网。罝罘：捕兽网。
⑧ 知诈：巧妙欺骗。渐毒：欺诈。颉滑：巧辩。解垢：胡乱编造。
⑨ 悖：扰乱。
⑩ 烁：销毁。
⑪ 堕：毁坏。施：运行。
⑫ 惴耎：蠕动。
⑬ 肖翘之物：飞动的生物。
⑭ 种种：淳厚朴素。役役：诡诈奸邪。佞：花言巧语。
⑮ 谆谆：喋喋不休的教诲。

【评析】

　　本章中，庄子描绘了自容成氏至神农氏的"至德之世"，表现出无限颂扬与留恋之情；而将夏、商、周时期称作"天下大乱"，而其中的原因是统治者的"无道"和"好智"。庄子所言有其是，如他所称的"天下大乱"时期，由于统治者对人民的剥削与压迫，导致人民的反抗，引起社会动荡；但所言非者也颇多，如一味夸大和颂扬所谓的"至德之世"，无视这一社会状态出现的原因是社会生产力低下、人们征服自然的水平不高等等，把人对自然的无奈当做积极的因素显然不妥，他对原始社会的留恋，引导人们向后看，完全与历史前进的车轮背道而驰。

在宥第十一

　　闻在宥天下，不闻治①天下也。在之者，恐天下之淫②其性也；宥之也者，恐天下之迁③其德也。天下不淫其性，不迁其德，有治天下者哉？昔尧之治天下也，使天下欣欣焉人乐其性，是不恬也；桀之治天下也，使天下瘁瘁焉④人苦其性，是不愉也。夫不恬不愉，非德也；非德也而可长久者，天下无之。

　　人大喜邪，毗⑤于阳；大怒邪，毗于阴。阴阳并毗，四时不至，寒暑之和不成，其反伤人之形乎！使人喜怒失位，居处无常，思虑不自得，中道不成章⑥。于是乎天下始乔诘卓鸷⑦，而后有盗跖、曾、史之行。故举天下以赏其善者不足，举天下以罚其恶者不给。故天下之大不足以赏罚。自三代以下者，匈匈焉⑧终以赏罚为事，彼何暇安其性命之情哉！

　　而且说⑨明邪，是⑩淫于色也；说聪邪，是淫于声也；说仁邪，是乱于德也；说义邪，是悖于理也；说礼邪，是相⑪于技也；说乐邪，是相于淫也；说圣邪，是相于艺也；说知邪，是相于疵也。天下将安其性命之情，之八者，存可也，亡可也。天下将不安其性命之情，之八者，乃始脔卷狯囊⑫而乱天下也。而天下乃始尊之惜之。甚矣，天下之惑也！岂直⑬过也而去之邪！乃齐戒⑭以言之，跪坐以进之，鼓歌以儛⑮之。吾若是⑯何哉！

　　故君子不得已而临莅天下，莫若无为。无为也，而后安其性命之情。故贵以身于为天下，则可以托天下；爱以身于为天下，则可以寄天下。故君子苟能无解其五藏⑰，无擢⑱其聪明，尸居而龙见⑲，渊默⑳而雷声，神动而天随，从容㉑无为而万物炊累㉒焉。吾又何暇治天下哉！

【注释】

① 治：用仁义道德、礼法等统治。
② 淫：乱。
③ 迁：改变。
④ 瘁瘁焉：劳累忧伤的样子。
⑤ 疵：损伤。
⑥ 中道：自然中和之道。章：彰显，显著。
⑦ 乔诘：意志不平。卓鸷：独行自专，意思为行为开始不轨。
⑧ 匈匈焉：吵嚷的样子。
⑨ 说：同"悦"。下同。
⑩ 是：则。下同。
⑪ 相：帮助，助长。
⑫ 脔卷：不申舒，即拘束的样子。㺔囊：即"抢攘"，纷乱的样子。
⑬ 岂直：哪里只是。
⑭ 齐戒：斋戒。
⑮ 儛：同"舞"。
⑯ 若是：对于这些。
⑰ 苟能无解其五藏：假如不能放纵自己的性情。
⑱ 擢：人为地拔高。
⑲ 尸居：像尸体一样静止。比喻沉默无为。龙见：像龙一样腾现。
⑳ 渊默：如深渊般的静默。
㉑ 从容：自在。
㉒ 炊累：大气中飘舞不息的尘埃。

【评析】

本章开篇便将"宥天下"和"治天下"相比较,以充分的论据论证论题——统治者有必要实施"在宥"政策:若不"在",天下的人心则受物欲支配,一旦世间物欲横流,人的本性则要丧失;若不"宥",躁动的人心则容易受到外物的刺激,其品德也将随之而根本改变。人的本性丧失和自然品德的改变,其后果可想而知:万物俱伤,天下淫乱。鉴于此,若迫不得已而为天下,就不要有意去统治天下,而要任天下自然而然。人人心性安定,天下就自然安定;若人心不定,天下则不可能长治久安。

崔瞿问于老聃曰:"不治天下,安臧①人心?"老聃曰:"女慎,无撄②人心。人心排下而进上,上下囚杀③,淖约柔乎刚强④,廉刿⑤雕琢,其热焦火,其寒凝冰,其疾俯仰之间而再抚⑥四海之外。其居也,渊而⑦静;其动也,县而天。偾骄⑧而不可系者,其唯人心乎!昔者黄帝始以仁义撄人之心,尧、舜于是乎股无胈,胫无毛,以养天下之形。愁其五藏以为仁义,矜⑨其血气以规法度。然犹有不胜也。尧于是放讙兜于崇山,投三苗于三峗,流共工于幽都,此不胜天下也。夫施及三王而天下大骇⑩矣。下有桀、跖,上有曾、史,而儒、墨毕起。于是乎喜怒相疑,愚知相欺,善否相非,诞信相讥,而天下衰矣;大德不同,而性命烂漫⑪矣;天下好知,而百姓求竭⑫矣。于是乎斤锯制⑬焉,绳墨杀焉,椎凿决焉。天下脊脊⑭大乱,罪在撄人心。故贤者伏处大山嵁岩⑮之下,而万乘之君忧栗乎庙堂之上。今世殊死⑯者相枕也,桁杨者相推⑰也,刑戮者相望也,而儒、墨乃始离跂攘臂⑱乎桎梏之间。意,甚矣哉!其无愧而不知耻也甚矣!吾未知圣知之不为桁杨椄槢⑲也,仁义之不为桎梏凿枘⑳也,焉知曾、史之不为桀、跖嚆矢㉑也!故曰:绝圣弃知,而天下大治。"

【注释】

① 臧：善，使动用法。

② 撄：扰动。

③ 上下囚杀：人心排下而进上总是被外物所困迫。

④ 淖约：柔弱。柔：软弱，与"刚强"相对。

⑤ 廉刿：棱角锋利，可以刺伤人。

⑥ 抚：巡游。

⑦ 而：如。

⑧ 偾骄：指人心。

⑨ 矜：消耗。

⑩ 骇：惊乱。

⑪ 烂漫：散乱。

⑫ 求竭：竭尽全力去追求无法满足的东西。

⑬ 斩锯制：制定严酷的刑罚。斩锯，代指严酷的法律。下文绳墨、椎凿均如此。

⑭ 脊脊：互相践踏倾轧。

⑮ 崔岩：丛岩，深岩。

⑯ 殊死：被身处刑罚而死。

⑰ 桁杨：加在颈上或脚上的刑具。推：人多而拥挤相推。

⑱ 离跂：违俗自高。攘臂：振奋的样子。

⑲ 楱楯：连接桎梏两孔的木梁，即木楔，起着加固桎梏的作用。

⑳ 枘：榫头。

㉑ 嚆矢：响箭。

【评析】

"人心排下而进上"，说明人心总是想往上爬的，因此，以利欲、仁义等稍加煽动，人们就会蠢蠢欲动，甚至会互相倾轧，厮杀不已。所以，只要不搞乱人心，天下就可以大治。然而，恰恰是所谓的"圣人"

之流以仁义、智慧挑拨人之"进上"之心，于是乎天下便大乱起来，贻害无穷。足见圣人圣智、仁义礼仪等为罪恶之源，必须予以弃绝。

黄帝立为天子十九年，令行天下，闻广成子在于空同①之上，故往见之，曰："我闻吾子达于至道，敢问至道之精。吾欲取天地之精，以佐五谷，以养民人。吾又欲官阴阳以遂群生②。为之奈何？"广成子曰："而所欲问者，物之质③也；而所欲官者，物之残也。自而④治天下，云气不待族⑤而雨，草木不待黄而落，日月之光益以荒⑥矣，而佞人之心翦翦⑦者，又奚足以语至道！"黄帝退，捐天下，筑特⑧室，席白茅，闲居三月，复往邀之。广成子南首而卧，黄帝顺下风膝行而进，再拜稽首⑨而问曰："闻吾子达于至道，敢问：治身奈何而可以长久？"广成子蹶然而起⑩，曰："善哉问乎！来，吾语女至道：至道之精，窈窈冥冥⑪；至道之极，昏昏默默⑫。无视无听，抱神以静，形将自正。必静必清，无劳女形，无摇女精，乃可以长生。目无所见，耳无所闻，心无所知，女神将守形，形乃长生。慎女内⑬，闭女外，多⑭知为败。我为女遂于大明之上⑮矣，至彼至阳之原⑯也；为女入于窈冥之门矣，至彼至阴之原也。天地有官，阴阳有藏。慎守女身，物将自壮。我守其一以处其和⑰。故我修身千二百岁矣，吾形未常衰。"黄帝再拜稽首曰："广成子之谓天矣！"广成子曰："来！余语女：彼其物无穷，而人皆以为有终；彼其物无测，而人皆以为有极。得吾道者，上为皇而下为王；失吾道者，上见光而下为土。今夫百昌皆生于土而反于土⑱。故余将去女，入无穷之门，以游无极之野。吾与日月参⑲光，吾与天地为常⑳。当我缗㉑乎，远我昏乎！人其尽死，而我独存乎！"

他从"圣知之法"获益使然。而忠臣龙逢、比干、苌弘、子胥等虽尽忠为国却惨遭杀戮，何也？因为他们中"圣知之法"的毒太深，终受其害。可见，智慧同于罪恶，仁义形于陷阱，"圣知"贻害无穷。

夫川竭而谷虚①，丘夷而渊实②。圣人已死，则大盗不起，天下平而无故矣！圣人不死，大盗不止。虽重圣人而治天下，则是重利盗跖也。为之斗斛③以量之，则并与斗斛而窃之；为之权衡④以称之，则并与权衡而窃之；为之符玺以信之⑤，则并与符玺而窃之；为之仁义以矫之，则并与仁义而窃之。何以知其然邪？彼窃钩者诛，窃国者为诸侯，诸侯之门而仁义存焉，则是非窃仁义圣知邪？故逐⑥于大盗，揭诸侯⑦，窃仁义并斗斛权衡符玺之利者，虽有轩冕之赏弗能劝⑧，斧钺⑨之威弗能禁。此重利盗跖而使不可禁者，是乃圣人之过也。

故曰："鱼不可脱于渊，国之利器⑩不可以示人。"彼圣人者，天下之利器也，非所以明天下也。故绝圣弃知，大盗乃止；擿⑪玉毁珠，小盗不起；焚符破玺，而民朴鄙⑫；掊斗折衡，而民不争；殚残⑬天下之圣法，而民始可与论议；擢乱⑭六律，铄绝⑮竽瑟，塞瞽旷之耳，而天下始人含⑯其聪矣；灭文章⑰，散五采⑱，胶离朱之目，而天下始人含其明矣。毁绝钩绳而弃规矩，攦工倕⑲之指，而天下始人有其巧矣。故曰：大巧若拙。削曾、史之行，钳杨、墨之口，攘弃⑳仁义，而天下之德始玄同㉑矣。彼人含其明，则天下不铄㉒矣；人含其聪，则天下不累矣；人含其知，则天下不惑矣；人含其德，则天下不僻㉓矣。彼曾、史、杨、墨、师旷、工、离朱者，皆外立其德而爚乱㉔天下者也，法㉕之所无用也。

【注释】

① 川竭而谷虚：流水枯竭，山谷就要空虚。

【注释】

① 空同：山名，亦作"崆峒"。或认为有混同太虚之义。
② 官：取法。遂：满足。群生：各种生物。
③ 质：形质。
④ 而：你。
⑤ 族：聚集。
⑥ 益以荒：越来越昏暗。
⑦ 翦翦：短浅的样子。
⑧ 特：独处，独居。
⑨ 稽首：叩头。
⑩ 蹶然而起：惊而快起。
⑪ 窈窈冥冥：深远的样子。
⑫ 昏昏默默：暗昧的样子。
⑬ 慎：静。内：内心。
⑭ 乡：喜好。
⑮ 我为女遂于大明之上：我与你到"大明"的境界。
⑯ 原：本源。
⑰ 一：天地本源，即道。处其和：始终处于阴阳调和的状态。
⑱ 百昌：万事万物。反：同"返"。
⑲ 参：同。
⑳ 常：永恒，长久。
㉑ 缗：迷迷茫茫，浑浑噩噩。

【评析】

本章以虚构黄帝与广成子间对话的故事形式，向人们昭示：治身先于治国，惟有把自身看得比统治天下还要重要的人才可以君临天下，成为名实相副的统治者。因此，当黄帝问广成子如何治天下时，广成子不应答；当黄帝问"治身奈何而可以长久"时，广成子"蹶然而起"，曰：清静无为，不可把治理天下当做一回事，成为自己的负担。实际上，庄子这里借广成子之口所宣扬的，仍是其"无为而治"的"陈酒"，只不过盛酒的瓶子有所改变而已！

云将东游，过扶摇①之枝而适遭鸿蒙。鸿蒙方将拊脾雀跃②而游。云将见之，倘然③止，贽然④立，曰："叟何人邪？叟何为此？"鸿蒙拊脾雀跃不辍，对云将曰："游！"云将曰："朕⑤愿有问也。"鸿蒙仰而视云将曰："吁！"云将曰："天气不和，地气郁结，六气不调，四时不节。今我愿合六气之精以育群生，为之奈何？"鸿蒙拊脾雀跃掉头曰："吾弗知！吾弗知！"云将不得问。又三年，东游，过有⑥宋之野，而适遭鸿蒙。云将大喜，行趋而进曰："天忘朕邪？天忘朕邪？"再拜稽首，愿闻于鸿蒙。鸿蒙曰："浮游⑦不知所求，猖狂⑧不知所往，游者鞅掌⑨，以观无妄⑩。朕又何知！"云将曰："朕也自以为猖狂，而民随予所往；朕也不得已于民，今则民之放⑪也！愿闻一言。"鸿蒙曰："乱天之经⑫，逆物之情⑬，玄天⑭弗成，解⑮兽之群而鸟皆夜鸣，灾及草木，祸及止虫。意！治人之过也。"云将曰："然则吾奈何？"鸿蒙曰："意！毒哉！仙仙⑯乎归矣！"云将曰："吾遇天难，愿闻一言。"鸿蒙曰："意！心养！汝徒处⑰无为，而物自化。堕尔形体⑱，吐尔聪明⑲，伦与物忘⑳，大同乎涬溟㉑。解心释神，莫然无魂㉒。万物云云㉓，各复其根㉔，各复其根而不知㉕。浑浑沌沌，终身不离。若彼知之，乃是离之。无问其名，无窥其情，物固自生。"云将曰："天降朕以德，示朕以默。躬身求之，乃今得也。"再拜稽首，起辞而行。

【注释】

① 扶摇：神木名称。

② 拊脾：拍打大腿。脾，通"髀"。雀跃：像鸟雀般跳跃。

③ 倘然：惊疑的样子。
④ 赘然：拱立的样子。
⑤ 朕：我。
⑥ 有：助词，无意义。
⑦ 浮游：漂游。
⑧ 猖狂：肆意妄行。
⑨ 鞅掌：自得，随意。
⑩ 无妄：毫无虚妄的世界本来面目。
⑪ 民之放：摆脱了人民的追随。
⑫ 经：常。
⑬ 逆：违逆。情：性情。
⑭ 玄天：浑然的自然状态。
⑮ 解：解散，使动用法。
⑯ 仙仙：轻盈飞舞的样子。
⑰ 徒处：只要保持。
⑱ 堕尔形体：即忘身。
⑲ 吐尔聪明：即忘心。吐，弃。
⑳ 伦与物忘：与万物相等同。
㉑ 滓溟：自然之气。
㉒ 莫然：茫然。无魂：无意识状态。
㉓ 云云：同"芸芸"，众多丰盛。
㉔ 根：本原，根本。
㉕ 不知：指万物自身并没意识到"复其根"。

【评析】

　　本章中虚构了两个人物，一个是求教者云将，一个是悟道人鸿蒙。鸿蒙这个名字，一听就知道他是一个最大的愚昧者。庄子将极愚至昧者比作悟道人，其法无比滑稽。本章中鸿蒙所说的一大套，不外乎还是说明只有浑沌愚昧，无知无为，随顺万物，静心守性，才可以使天下大治，群生陶然。

世俗之人，皆喜人之同乎己而恶人之异于己也。同于己而欲之，异于己而不欲者，以出乎众①为心也。夫以出乎众为心者，曷尝出乎众哉？因众以宁②所闻，不如众技众矣。而欲为人之国者，此揽③乎三王之利而不见其患者也。此以人之国侥幸也。几何侥幸而不丧人之国乎？其存人之国也，无万分之一；而丧人之国也，一不成而万有余丧矣！悲夫，有土者之不知也！夫有土者，有大物④也。有大物者，不可以物⑤。物而不物，故能物物⑥。明乎物物者之非物也，岂独治天下百姓而已哉！出入六合，游乎九州，独往独来，是谓独有。独有之人，是谓至贵。

大人⑦之教，若形之于影，声之于响，有问而应之，尽其所怀⑧，为天下配⑨。处乎无响⑩。行乎无方⑪。挈汝适复之⑫，挠挠以游无端⑬，出入无旁⑭，与日无始⑮。颂论形躯⑯，合乎大同⑰。大同而无己⑱。无己，恶乎得有有。睹有者，昔之君子；睹无者，天地之友。

【注释】

① 出乎众：高出于众人。

② 宁：丰富，充实。

③ 揽：取，求。

④ 大物：天下，国家。

⑤ 以物：以之为物，即为物所累。

⑥ 物物：驾驭万物。

⑦ 大人：即得道之人。

⑧ 所怀：心中所拥有的东西。

⑨ 配：交往。

⑩ 无响：没有声音，指静寂的状态。

⑪ 无方：没有方向，指随意自由。

⑫ 适：往。复之：回复其本性。

⑬ 挠挠：循环周游。无端：没有尽头。

⑭ 旁：辅佐。

⑮ 无始：没有开端。

⑯ 颂论形躯：称颂自己的形态举动。

⑰ 大同：大道。

⑱ 无己：忘却自我。

【评析】

"明乎物物者之非物"是本章的核心。"物物者"，乃万物之主宰者，即"大道"。"大道"是虚无的，非物质的，它同万物混为一体。庄子认为，只有拥有"大道"者（即"物物者"）才不被物所累所役，只有超于物外，忘却自己，才能成为"出入六合，游乎九州，独往独来"的"独有之人"。将其用于指导治国，就必须铲除"出乎众"的念头，做到混同万众，以"大道"的标准来要求自己，"合乎大同"。

贱而不可不任①者，物也；卑而不可不因②者，民也；匿③而不可不为者，事也；粗而不可不陈④者，法也；远而不可不居⑤者，义也；亲而不可不广者，仁也；节而不可不积⑥者，礼也；中而不可不高⑦者，德也；一而不可不易⑧者，道也；神而不可不为⑨者，天也。故圣人观于天而不助⑩，成于德而不累⑪，出于道而不谋，会⑫于仁而不恃，薄⑬于义而不积，应⑭于礼而不讳，接于事而不辞，齐于法⑮而不乱，恃于民而不轻⑯，因于物而不去⑰。物者莫足为也，而不可不为。不明于天者，不纯于德；不通于道者，无自而可⑱；不明于道者，悲夫！何谓道？有天道，有人道。无为而尊者，天道也；有为而累者，人道也。主者，天道也；臣者，人道也。天道之与人道也，相去远矣，不可不察也。

【注释】

① 任：任用，使用。

② 因：依顺。

③ 匿：细微。

④ 陈：实施。

⑤ 远：与现实距离较远。居：遵守，执守。

⑥ 节：礼节。积：多。

⑦ 中：居中处正。高：高超，高明。

⑧ 一：纯一不杂。易：变化。

⑨ 神：奇妙无穷。为：发生作用。

⑩ 观：根据天象顺势而为。助：助长万物。

⑪ 累：劳神操心。

⑫ 会：会通。

⑬ 薄：合乎，符合。

⑭ 应：应答。

⑮ 齐于法：使法整齐划一。

⑯ 恃：依靠。轻：轻用。

⑰ 因：依。因于物：根据事物特征而利用。不去：不让事物失去本性。

⑱ 无自而可：什么事都干不成。

【评析】

本段所讲是天道与人道的关系。庄子认为，天道与人道有无为与有为、主与次、上与下的区别："天道之与人道也，相去远矣！"虽然如此，庄子却没有完全否定和抹杀人道，文中所谓的任物、因民、为事、陈法、广仁、居义、积礼等等,无不属于有为的人道范畴。不是不要人道,只是与天道相比,人道有一定的片面性和局限性,无法与周全博大的天道相比肩。

天地第十二

　　天地虽大，其化均^①也；万物虽多，其治一^②也；人卒虽众，其主君也。君原于德而成于天^③。故曰：玄古之君天下，无为也，天德^④而已矣。以道观言而天下之君正^⑤；以道观分^⑥而君臣之义明；以道观能而天下之官治^⑦；以道泛观而万物之应备^⑧。故通于天地者，德也；行于万物者，道也；上治人者，事也；能有所艺^⑨者，技也。技兼^⑩于事，事兼于义，义兼于德，德兼于道，道兼于天。故曰：古之畜天下者，无欲而天下足，无为而万物化，渊静而百姓定。《记》^⑪曰："通于一而万事毕，无心得而鬼神服。"

　　夫子曰："夫道，覆载^⑫万物者也，洋洋乎^⑬大哉！君子不可以不刳心^⑭焉。无为为之^⑮之谓天，无为言之^⑯之谓德，爱人利物之谓仁，不同同之^⑰之谓大，行不崖异^⑱之谓宽，有万不同^⑲之谓富。故执德之谓纪^⑳，德成之谓立，循于道之谓备^㉑，不以物挫志之谓完^㉒。君子明于此十者，则韬乎其事心之大也^㉓，沛乎其为万物逝^㉔也。若然者，藏金于山，藏珠于渊；不利^㉕货财，不近贵富；不乐寿，不哀夭；不荣通，不丑穷。不拘一世之利以为己私分，不以王天下为己处显。显则明。万物一府，死生同状。"

　　夫子曰："夫道，渊乎其居也，漻^㉖乎其清也。金石不得无以鸣。故金石有声，不考不鸣。万物孰能定^㉗之！夫王德^㉘之人，素逝而耻通于事^㉙，立之本原而知^㉚通于神，故其德广。其心之出，有物采^㉛之。故形非道不生，生非德不明。存形穷生^㉜，立德明道，非王德者邪！荡荡^㉝乎！忽然出，勃然^㉞动，而万物从之乎！此之谓王德之人。视乎冥冥㉟，听乎无声。冥冥之中，独见晓㊱焉；无声之中，独闻和㊲焉。故深之又深而能物焉；神之又神而能精㊳焉。故其与万物接也，至无而供其求㊴，时骋而要其宿㊵，大小、长短、修远㊶。"

【注释】

① 均：均平。

② 一：同一。

③ 原：本原。成于天：即自然而成。

④ 天德：即自然无为。

⑤ 观：表示。言：名，称谓，名分。正：指称号与事实相符。

⑥ 分：职分。

⑦ 能：才能，技能。治：称职。

⑧ 泛：广泛。应备：供应齐备。

⑨ 艺：创造。

⑩ 兼：统属。

⑪ 《记》：泛指古书，不确指。

⑫ 覆载：包容。

⑬ 洋洋乎：广阔无边的样子。

⑭ 刳心：开拓心志，摒弃心中一切之物。

⑮ 无为：自然无为。为之：从事。

⑯ 无为言之：意即不作任何说明，让事物自我彰显。

⑰ 不同同之：不同的事物混同为一。

⑱ 崖异：标新立异，不随俗。

⑲ 有万不同：保有不同的物类。

⑳ 执德：坚守德操。纪：纲纪。

㉑ 循：遵循。备：德行完备。

㉒ 不以物挫志：不因外物而扰乱自己的心志。完：德行完美。

㉓ 韬：胸怀宽广，无所不容。事心：立心。

㉔ 沛：自由流淌，无所阻碍。为：与。逝：往。

㉕ 利：以……为利，意动用法，以下"近""乐""哀""荣""丑"等皆如此。

㉖ 漻：清澈的样子。

㉗ 定：分辨。

㉘ 王德：盛德，大德。

㉙ 素逝：任素而行。耻：以……为耻，意动用法。

㉚ 知：智。

㉛ 采：采伐，喻指外物的牵累毁伤。

㉜ 存形：保身。穷生：尽性。

㉝ 荡荡：空旷广阔的样子。

㉞ 勃然：猛然。

㉟ 冥冥：昏暗的样子。

㊱ 晓：光明。

㊲ 和：和谐的声音。

㊳ 精：产生生成万物的灵气。

㊴ 无：虚无的境地。供其求：满足万物的需求。

㊵ 时骋：时时刻刻都在驰骋。要其宿：成为万物的归宿。

㊶ 大小、长短、修远：无论它是大的还是小的，无论它是长的还是短的，都让它们永远地存在。

【评析】

　　本章为全篇的中心，说明君王应具备最高尚的道德，成为天道的体现者。其中第一段指出，天德就是"无为"，君王应以此为目标，以玄古君王为楷模，做到无欲无为，天下安足。第二段中，作者引"夫子"语指出：道包容万物而又作用于万物，君王无欲就是"刳心"，无为就是顺乎天道。第三段亦录"夫子"语说明天道与万物间的关系，宣扬"王德之人"立足于"天道"后所产生的无穷魅力。

黄帝游乎赤水之北，登乎昆仑之丘而南望。还归，遗其玄珠①。使知索之而不得，使离朱索之而不得，使喫诟索之而不得也。乃使象罔，象罔得之。黄帝曰："异哉，象罔乃可以得之乎？"

【注释】

① 玄珠：玄妙的珠子，比喻天道。

【评析】

本章中，庄子以玄珠喻天道，并巧妙设计知、离朱、喫诟（分别代表智者、眼力好者、善拾取者）去寻找黄帝遗失的玄珠的故事，这三人虽最有可能寻找到玄珠，但结果都空手而返，玄珠恰恰被象罔这个无心之人拾得。庄子借此说明：求道不可靠聪明智慧，而是要无所用心。

尧之师曰许由，许由之师曰啮缺，啮缺之师曰王倪，王倪之师曰被衣。尧问于许由曰："啮缺可以配天①乎？吾藉王倪以要②之。"许由曰："殆哉，圾③乎天下！啮缺之为人也，聪明睿知，给数以敏④，其性过人，而又乃以人受天⑤。彼审乎禁过⑥，而不知过之所由生。与之配天乎？彼方且乘人而无天⑦。方且本身而异形⑧，方且尊知而火驰⑨，方且为绪使⑩，方且为物绞⑪，方且四顾而物应⑫，方且应众宜⑬，方且与物化而未始有恒⑭。夫何足以配天乎！虽然，有族有祖⑮，可以为众父而不可以为众父父。治，乱之率⑯也，北面⑰之祸也，南面⑱之贼也。"

【注释】

① 配天：胜任天子。

② 藉：因，通过。要：邀请。

③ 圾：同"岌"，危险的样子。

④ 给数以敏：快捷灵敏。

⑤ 以人受天：以人接受天命。

⑥ 审：明察。过：过错。

⑦ 方且：将要。乘人：仰仗人的作为。无天：无视天道而将失去天道。

⑧ 本身：以自身为本。异形：以他形为异，即突出自己。

⑨ 尊知：重视才智。火驰：像火一样迅速蔓延。

⑩ 绪使：为事物所役使。

⑪ 物绞：为外物所束缚。

⑫ 四顾：四周张望，意应接不暇。物应：应接万物。

⑬ 应众宜：应酬一切事宜。

⑭ 与物化：顺应万物变化。未始有恒：不可能长久。

⑮ 族：众人。祖：先王，先祖。有族有祖，即下有众人的拥护，上有先王为君可资借鉴。

⑯ 率：先导。

⑰ 北面：大臣。

⑱ 南面：君王。

【评析】

　　本章说明圣智明察、行事敏捷的人是不能做天子的。因为他的睿智、聪颖和行事能力，可以使天下大治，而"治"又恰是"乱之率也"。

　　尧观乎华①，华封人②曰："嘻，圣人！请祝③圣人，使圣人寿。"尧曰："辞④。""使圣人富。"尧曰："辞。""使圣人多男子。"尧曰："辞。"封人曰："寿、富、多男子，人之所欲也。女独不欲，何邪？"尧曰："多男子则多惧，富则多事，寿则多辱。是三者，非所以养德也，故辞。"封人曰："始也，我以女为圣人邪，今然君子也。天生万民，必授之职。多男子而授之职，则何惧之有？富而使人分之，则何事之有？夫圣人，鹑居而鷇食⑤，鸟行而无彰⑥。天下有道，则与物皆昌；天下无道，则修德就闲⑦。千岁厌世⑧，去而上仙，乘彼白云，至于帝乡。三患莫至，身常无殃，则何辱之有？"封人去之，尧随之曰："请问。"封人曰："退已！"

【注释】

① 观：出巡，视察。华：地名。
② 封人：防守边疆的人。
③ 祝：祈祷、祝福。
④ 辞：不接受。
⑤ 鹑居而鷇食：像鹑鹑一样居住，像初生幼鸟一样吃食。喻有吃、有住的就可以了。
⑥ 彰：踪迹。
⑦ 就闲：隐居。
⑧ 千岁厌世：即活到千岁后。

【评析】

本章庄子通过"华封人"之口指出：虽然世俗刻意追求寿、富、多男不利于修道，但也不可把既有的长寿、富贵、多子等当做负担，正确的态度是不以物喜、不以己悲，既来之则安之，如此则可也！

尧治天下，伯成子高立为诸侯。尧授舜，舜授禹，伯成子高辞为诸侯而耕。禹往见之，则耕在野。禹趋就下风，立而问焉，曰："昔尧治天下，吾子立为诸侯。尧授舜，舜授予，而吾子辞为诸侯而耕。敢问其故何也？"子高曰："昔尧治天下，不赏而民劝①，不罚而民畏。今子赏罚而民且不仁，德自此衰，刑自此立，后世之乱自此始矣！夫子阖行②邪？无落③吾事！"俋俋④乎耕而不顾。

【注释】

① 劝：劝勉。
② 阖行：为什么不走开。
③ 落：耽误，妨碍。
④ 俋俋：专心致志的样子。

【评析】

本章庄子借伯成子高之口喻古讽今，表达了对现实不满之情。庄子认为，由于未能实行无为而治，而是以赏惩刑罚治理天下，结果人心不古，道德衰败，自禹之时天下就大乱了。

泰初①有无，无有无名。一之所起，有一而未形。物得以生谓之德；未形者有分②，且然无间③谓之命；留动④而生物，物成生理⑤谓之形；形体保神，各有仪则⑥谓之性；性修反⑦德，德至同于初⑧。同乃虚⑨，虚乃大。合喙⑩鸣。喙鸣合，与天地为合。其合缗缗⑪，若愚若昏，是谓玄德⑫，同乎大顺⑬。

【注释】

① 泰初：又作"太初"，指远古时代。
② 有分：一分为二，即阴、阳。
③ 且然：然且。无间：连续不断。
④ 留动：停滞和流动。
⑤ 理：纹理。
⑥ 仪则：法则。

⑦ 反：返回。

⑧ 同于初：同泰初混同合一。

⑨ 虚：虚无的境界。

⑩ 喙：鸟嘴。

⑪ 缗缗：浑浑茫茫，无知觉的样子。

⑫ 玄德：天德。

⑬ 大顺：自然之理。

【评析】

本章中，庄子追溯万物的起源及其演化过程，旨在说明道德的修养就是要回到物质尚未出现之前的虚无世界。事实上，虚无世界根本是不存在的，它只不过是庄子的主观臆想。

夫子问于老聃曰："有人治道若相放①：可，不可；然，不然。辩者有言曰：'离坚白，若县寓②。'若是则可谓圣人乎？"老聃曰："是胥易技系，劳形怵心者也。执留之狗成思，猿狙之便自山林来③。丘，予告若④，而⑤所不能闻与而所不能言：凡有首有趾⑥、无心无耳者众；有形者与无形无状而皆存者尽无⑦。其动止⑧也，其死生也，其废起⑨也，此又非其所以⑩也。有治在人。忘乎物，忘乎天，其名为忘己。忘己之人，是之谓入于天⑪。"

【注释】

① 放：同"妨"，妨碍。

② 若县寓：像高屋一样显而易见。

③ "执留之狗成思"两句：善捕猎的狗和敏捷的猴子之所以被捕获，就是因为它们拥有特殊的才能。

④ 若：你。

⑤ 而：你。

⑥ 趾：脚趾。

⑦ 尽无：全然没有。

⑧ 止：静。

⑨ 起：与"废"相对，即"兴"。

⑩ 非其所以：不是它们本来就是如此。

⑪ 入于天：进入天道的境界，即返还天然。

【评析】

　　本章以孔子与老子对话的形式说明修道要忘记一切，包括"无己"，如此方能"入于天"，即达到天道的境界。

　　将闾葂见季彻曰："鲁君谓葂也曰：'请受教。'辞不获命①。既已告矣，未知中否。请尝荐之。吾谓鲁君曰：'必服②恭俭，拔出公忠之属而无阿私，民孰敢不辑③！'"季彻局局④然笑曰："若夫子之言，于帝王之德，犹螳螂之怒臂以当车轶⑤，则必不胜任矣！且若是，则其自为处危，其观台多物⑥，将往投迹⑦者众。"将闾葂觊觊然⑧惊曰："葂也汒若⑨于夫子之所言矣！虽然，愿先生之言其风⑩也。"季彻曰："大圣之治天下也，摇荡⑪民心，使之成教易俗⑫，举灭其贼心而皆进其独志⑬。若⑭性之自为，而民不知其所由然⑮。若然者，岂兄尧、舜之教民溟涬然弟之哉⑯？欲同乎德而心居⑰矣！"

【注释】

① 辞不获命：万般推辞而未果。

② 服：实行，推行。

③ 辑：顺从，服从。

④ 局局：大笑。

⑤ 车轶：即车辙，指车轮。

⑥ 观台：君王居所，代君王之位。多物：事情繁多。
⑦ 将往投迹：前来投找君王的人。
⑧ 觊觊然：惊惧的样子。
⑨ 汇若：茫然无知的样子。
⑩ 风：同"凡"，大概。言其风，说个大概。
⑪ 摇荡：指顺应民心之自然。
⑫ 成教易俗：成全教化，改变习俗。
⑬ 举：全。贼心：险恶之心。独志：每个人不同的心志。
⑭ 若：好像。
⑮ 所由然：这样状态的原因。
⑯ 兄：以……为兄。溟涬：推崇，尊敬。弟：顺从，跟从。
⑰ 居：安定。

【评析】

庄子借季彻之言，批驳了为政"必服恭俭，拔出公忠之属而无阿私"的主张，指出此举"犹螳螂之怒臂以当车轶"，"必不胜任"，强调"大圣之治天下也，摇荡民心，使之成教易俗，举灭其贼心而皆进其独志"，即顺应自然，任由百姓本性的自然发展。

　　子贡南游于楚，反于晋，过汉阴，见一丈人方将为圃畦①，凿隧②而入井，抱瓮而出灌，搰搰③然用力甚多而见功寡。子贡曰："有械④于此，一日浸⑤百畦，用力甚寡而见功多，夫子不欲乎？"为圃者仰而视之曰："奈何？"曰："凿木为机⑥，后重前轻，挈水若抽⑦，数如泆汤⑧，其名为槔。"为圃者忿然作色⑨而笑曰："吾闻之吾师，有机械者必有机事，有机事者必有机心。机心存于胸中则纯白不备⑩。纯白不备则神生不定⑪，神生不定者，道之所不载⑫也。吾非不知，羞而不为也。"子贡瞒然⑬惭，俯而不对。有间，为圃者曰："子奚为者邪？"曰："孔丘之徒也。"为圃者曰：

"子非夫博学以拟圣⑭，於于以盖众⑮，独弦哀歌⑯以卖名声于天下者乎？汝方将忘汝神气，堕汝形骸，而庶几⑰乎！而身之不能治，而何暇治天下乎！子往矣，无乏吾事。"

子贡卑陬⑱失色，顼顼然不自得⑲，行三十里而后愈。其弟子曰："向⑳之人何为者邪？夫子何故见之变容失色，终日不自反邪？"曰："始吾以为天下一人㉑耳，不知复有夫人也。吾闻之夫子：事求可，功求成，用力少，见功多者，圣人之道。今徒不然。执道㉒者德全，德全者形全，形全者神全。神全者，圣人之道也。托生与民并行而不知其所之㉓，汒乎淳备㉔哉！功利机巧必忘㉕夫人之心。若夫人者，非其志不之，非其心不为。虽以天下誉之，得其所谓㉖，謷㉗然不顾；以天下非之，失其所谓，傥然㉘不受。天下之非誉无益损焉，是谓全德之人哉！我之谓风波之民㉙。"反于鲁，以告孔子。孔子曰："彼假㉚修浑沌氏之术者也。识其一㉛，不识其二；治其内而不治其外㉜。夫明白入素㉝，无为复朴，体性抱神，以游世俗之间者，汝将固惊邪？且浑沌氏之术，予与汝何足以识㉞之哉！"

【注释】

① 丈人：对年长者的尊称。方将：正在。为圃畦：整理菜园子。
② 凿隧：挖掘隧道。
③ 搰搰：用力的样子。
④ 械：灌溉器械，即下文所说的"槔"。
⑤ 浸：灌溉。
⑥ 机：机关，机器。
⑦ 挈：提取。抽：抽引水。
⑧ 数如泆汤：快速如漫溢汹涌激荡的水。
⑨ 忿然作色：愤怒地改变脸色。
⑩ 纯白不备：指人的自然本性受到影响而不纯。

⑪ 神生不定：产生精神不稳定。

⑫ 道之所不载：修不到"天道"。

⑬ 瞒然：惭愧的样子。

⑭ 拟圣：与圣人相比拟。

⑮ 於于：夸张狂妄的样子。盖众：压倒别人。

⑯ 独弦哀歌：独自悲哀地又弹又唱。

⑰ 庶几：还有修道的希望。

⑱ 卑陬：惭愧的样子。

⑲ 项项：怅然若失的样子。自得：精神愉快。

⑳ 向：刚才。

㉑ 天下一人：指孔子。

㉒ 执道：坚守自然之道。

㉓ 托生：生活在世上。与民并行：和百姓一起行动。所之：所要达到的目的，即达到什么境界。

㉔ 淳备：具备淳朴的品性。

㉕ 忘：同"亡"。

㉖ 得其所谓：对他的评价很中肯。

㉗ 謷：高傲清高的样子。

㉘ 傥然：若无其事，不屑一顾的样子。

㉙ 风波之民：容易受外界非誉功利等所影响而波动的人。

㉚ 假：固，原来。

㉛ 其一：指天道。下文"其二"，指天道以外的东西。

㉜ 内：内部心性的修炼。外：内部心性修炼以外的东西。

㉝ 入素：进入纯素的境界。

㉞ 识：懂得，理解。

【评析】

儒术与道术二者孰高孰低？本章中，庄子设计的故事反映道术的高明，然它高明到怎样的程度呢？汉阴丈人对子贡的一番说教，令子贡及其师孔子心悦诚服，甘拜下风。

汉阴丈人说，保全精神就是保全道德，"人为"之心的嚣张源于世人对功名机巧等刻骨铭心的追求，以致人的精神受到负面影响，从而妨碍道德的修养，因此，功利机巧不可求。但汉阴丈人所言"有机械者必有机事，有机事者必有机心"的观点，在方法上犯了以偏概全的错误，显然是偏颇的、不足取的。

谆芒将东之大壑①，适遇苑风于东海之滨。苑风曰："子将奚之？"曰："将之大壑。"曰："奚为焉？"曰："夫大壑之为物也，注焉而不满，酌焉而不竭。吾将游焉！"苑风曰："夫子无意于横目②之民乎？愿闻圣治③。"谆芒曰："圣治乎？官施而不失其宜④，拔举⑤而不失其能，毕见其情事而行其所为⑥，行言自为⑦而天下化。手挠顾指⑧，四方之民莫不俱至，此之谓圣治。""愿闻德人。"曰："德人者，居无思，行无虑，不藏是非美恶。四海之内共利之之谓悦，共给之之谓安。怊⑨乎若婴儿之失其母也，傥⑩乎若行而失其道也。财用有余而不知其所自来，饮食取足而不知其所从，此谓德人之容⑪。""愿闻神人。"曰："上神乘光，与形⑫灭亡，是谓照旷⑬。致命尽情⑭，天地乐而万事销亡，万物复情⑮，此之谓混冥⑯。"

【注释】

① 大壑：大海，即东海。
② 横目：代指人类。
③ 圣治：圣人的政治。

④ 官施：布施政令。宜：时宜。

⑤ 拔举：选举人才。

⑥ 毕：全。其情事：事物的情状。行其所为：顺着自然的趋势去做。

⑦ 行言自为：言行出于自然。

⑧ 挠：挥动。颐指：用面部表情示意来指挥人。

⑨ 怊：心无所依而惆怅的样子。

⑩ 傥：自我失落的样子。

⑪ 容：情状。

⑫ 形：形迹。

⑬ 照旷：昭明虚旷。

⑭ 致：极，尽。尽情：纵情己之所欲。

⑮ 复情：恢复到原来的情状。

⑯ 混冥：混同玄合没有差别。

【评析】

　　庄子通过虚构人物谆芒与苑风的一段对话，说明"圣治""德人""神人"的共同特点就是无欲无为，任随天地万物的自然变化。但"圣治"中关于"官施""拔举""手挠颐指"等提法，与"内篇"中的"无为"政治论有所区别；而"神人"的境界又是最高的，它象征着"道"的思想境界。

　　门无鬼与赤张满稽观于武王之师①，赤张满稽曰："不及②有虞氏乎！故离③此患也。"门无鬼曰："天下均治④而有虞氏治之邪？其乱而后治之与？"赤张满稽曰："天下均治之为愿，而何计⑤以有虞氏为！有虞氏之药疡也⑥，秃而施髢⑦，病而求医。孝子操药以修慈父，其色燋然⑧，圣人羞⑨之。至德之世，不尚贤，不使能，上如标枝⑩，民如野鹿。端正⑪而不知以为义，相爱而不知以为仁，实而不知以为忠，当⑫而不知以为信，蠢动而相使⑬不以为赐。

是故行而无迹，事而无传。"

【注释】

① 武王之师：指周武王伐纣时的军队。
② 不及：比不上。
③ 离：同"罹"，遭受。
④ 天下均治：天下太平。
⑤ 计：考虑。
⑥ 有虞氏之药疡也：有虞氏治疗头疮的方法。
⑦ 施髢：安装假发。
⑧ 燋然：憔悴的样子。
⑨ 羞：以……为羞。
⑩ 上如标枝：帝王如同树的梢枝，意即虽高但不尊贵。
⑪ 端正：行为端正。
⑫ 当：言行得当。
⑬ 蠢：自然而动。相使：相互帮助。

【评析】

本章中，庄子试图通过此则寓言说明社会的发展一代不如一代，周代不如有虞氏，而有虞氏又比不了蒙昧的原始时代，借此来表述其理想社会即"至德之世"及"无为"政治的主张。关于社会发展倒退的原因，庄子在本章中亦有所说明。

孝子不谀其亲，忠臣不谄其君，臣、子之盛也。亲之所言而然①，所行而善，则世俗谓之不肖子；君之所言而然，所行而善，则世俗谓之不肖臣。而未知此其必然邪？世俗之所谓然而然之，所谓善而善之，则不谓之谄谀之人也！然则俗故②严于亲而尊于君邪？谓己谄人，则勃然③作色；谓己谀人，则怫然作色。而终身谀人也，

终身谀人也，合譬饰辞④聚众也，是终始本末不相坐⑤。垂衣裳⑥，设采色⑦，动容貌⑧，以媚一世，而不自谓谄谀；与夫人之为徒⑨，通⑩是非，而不自谓众人⑪，愚之至也。知其愚者，非大愚也；知其惑者，非大惑也。大惑者，终身不解；大愚者，终身不灵⑫。三人行而一人惑，所适者犹可致⑬也，惑者少也；二人惑则劳而不至，惑者胜⑭也。而今也以天下惑，予虽有祈向⑮，不可得也。不亦悲乎！大声不入于里耳⑯，《折杨》《皇荂》，则嗑然⑰而笑。是故高言⑱不止于众人之心；至言⑲不出，俗言胜也。以二缶钟惑，而所适不得矣。而今也以天下惑，予虽有祈向，其庸可得邪！知其不可得也而强之，又一惑也！故莫若释之而不推⑳。不推，谁其比㉑忧！厉之人，夜半生其子，遽㉒取火而视之，汲汲然㉓唯恐其似己也。

【注释】

① 然：以……为然。意动用法。下文"善"亦同。

② 故：即"固"。

③ 勃然：发怒的样子。下文"怫然"同。

④ 合譬：会聚众多譬喻。饰辞：修饰自己的言辞。

⑤ 坐：挫，挫折。

⑥ 垂衣裳：讲究装饰。

⑦ 设采色：装模作样。

⑧ 动容貌：变换表情、形态（以媚人）。

⑨ 为徒：同群同党。

⑩ 通：同。

⑪ 众人：世俗之人。

⑫ 灵：觉醒。

⑬ 致：达到。

⑭ 胜：多。
⑮ 祈向：追求目标。
⑯ 大声：典雅的古乐。里耳：里巷世俗之人的耳朵。
⑰ 嗑然：笑声。
⑱ 高言：高深的言论。
⑲ 至言：至理之言。
⑳ 推：推行。
㉑ 比：致，给予。
㉒ 遽：立即，急忙。
㉓ 汲汲然：焦急的样子。

【评析】

本章中，庄子从社会的角度说明其道德论得不到实施的原因。他认为，社会上的人们相互讨好，阿谀奉承成风。上有所好，下有所投。统治者无疑对社会讨好之风起到了推波助澜的作用。对于此，庄子发出了力不从心的悲哀感叹，道德论不为世人所接受和推广便由此可窥一斑。

百年之木，破为牺尊①，青黄而文②之，其断在沟中。比③牺尊于沟中之断，则美恶有间④矣，其于失性一也。跖与曾、史，行义⑤有间矣，然其失性均也。且夫失性有五：一曰五色⑥乱目，使目不明；二曰五声⑦乱耳，使耳不聪；三曰五臭⑧薰鼻，困惾中颡⑨；四曰五味浊口⑩，使口厉爽⑪；五曰趣舍滑⑫心，使性飞扬。此五者，皆生⑬之害也。而杨、墨乃始离跂⑭自以为得，非吾所谓得也。夫得者困，可以为得乎？则鸠鸮之在于笼也，亦可以为得矣。且夫趣舍声色以柴其内⑮，皮弁鹬冠搢笏绅修以约其外⑯。内支盈于柴栅⑰，外重缰缴睆睆然⑱在缰缴之中，而自以为得，则是罪人交臂历指而虎豹在于囊槛⑲，亦可以为得矣！

【注释】

① 破：剖开。牺尊：祭祀用的礼器。
② 文：涂上花纹。
③ 比：把……与……比较。
④ 有间：有区别。
⑤ 行义：品行道德。
⑥ 五色：赤、黄、青、白、黑。
⑦ 五声：宫、商、角、徵、羽。
⑧ 五臭：膻、腥、焦、香、朽。
⑨ 困愗：壅塞不通。中：中伤。颡：额头。
⑩ 五味：苦、辣、酸、甜、咸。浊：使味觉不清爽。
⑪ 使口厉爽：使嘴丧失辨别味道的能力。
⑫ 趣舍：趋向或舍弃。滑：扰乱。
⑬ 生：同"性"。
⑭ 离跂：违俗自高。
⑮ 柴：塞。内：内心。
⑯ 皮弁鹬冠搢笏绅修：总指朝冠和朝服。约：约束。
⑰ 支盈：塞满。柴栅：棍棒。
⑱ 重：重叠，再。纆缴：绳索。睆睆然：眼巴巴的样子。
⑲ 交臂：反缚。历指：即枷指，一种绑夹犯人手指的酷刑。囊槛：一种捕捉虎豹的工具。

【评析】

本章说明世俗的取舍的标准对人的本性具有极大的破坏性，庄子指出，尽管曾参、史鱼、杨朱、墨翟与盗跖、官人与罪人等在社会上的地位不同，声誉也有异，但因为"其失性均也"，所以他们都是一路货色，和关在牢笼里失去自由的禽兽别无二致。

天道第十三

　　天道运而无所积①，故万物成；帝道运而无所积，故天下归②；圣道运而无所积，故海内服③。明于天，通于圣，六通四辟于帝王之德者④，其自为⑤也，昧然⑥无不静者矣！圣人之静也，非曰静也善，故静也。万物无足以铙⑦心者，故静也。水静则明烛须眉⑧，平中准⑨，大匠取法⑩焉。水静犹明，而况精神！圣人之心静乎！天地之鉴⑪也，万物之镜也。夫虚静恬淡寂漠无为者，天地之平而道德之至也。故帝王圣人休焉⑫。休则虚，虚则实，实则伦⑬矣。虚则静，静则动，动则得⑭矣。静则无为，无为也，则任事者责矣。无为则俞俞⑮。俞俞者，忧患不能处⑯，年寿长矣。夫虚静恬淡寂漠无为者，万物之本也。明此以南乡，尧之为君也；明此以北面，舜之为臣也。以此处上，帝王天子之德也；以此处下，玄圣素王⑰之道也。以此退居而闲游，则江湖山林之士服；以此进为而抚世⑱，则功大名显而天下一也。静而圣，动而王，无为也而尊，朴素而天下莫能与之争美。夫明白于天地之德者，此之谓大本大宗⑲，与天和⑳者也。所以均调天下㉑，与人和者也。与人和者，谓之人乐；与天和者，谓之天乐。庄子曰："吾师乎，吾师乎！齑万物而不为戾㉒；泽及万世而不为仁；长于上古而不为寿；覆载天地、刻雕众形而不为巧。"此之谓天乐。故曰：知天乐者，其生也天行㉓，其死也物化㉔。静而与阴同德，动而与阳同波㉕。故知天乐者，无天怨，无人非，无物累，无鬼责㉖。故曰：其动也天，其静也地，一心定而王天下；其鬼不祟㉗，其魂㉘不疲，一心定而万物服。言以虚静推于天地，通于万物，此之谓天乐。天乐者，圣人之心以畜㉙天下也。

【注释】

① 运：运行。积：积滞不通。

② 归：归依，归附。

③ 服：顺服。

④ 六通四辟：四通八达，无所不通。帝王之德：天道。

⑤ 自为：任物自动。

⑥ 昧然：昏暗无知的样子。

⑦ 挠：同"挠"，扰乱。

⑧ 水静则明烛须眉：水平静时就像一面明亮的镜子可以照见人脸上的胡须和眉毛。

⑨ 中准：符合标准。

⑩ 大匠：技艺高超的工匠。取法：以之为标准。

⑪ 鉴：镜子。

⑫ 休焉：休止在平静的境界。

⑬ 伦：理，指合乎自然的道理。

⑭ 得：获得。

⑮ 俞俞：恬淡、从容自得的样子。

⑯ 处：进入，停留。

⑰ 玄圣素王：无圣人、帝王职位但品质高尚而为世人所称颂的人。

⑱ 进为：指进入仕途为官。抚世：安抚天下。

⑲ 大本大宗：最为根本的。

⑳ 和：和谐。

㉑ 均调天下：用无为来协调天下。

㉒ 赍：杂糅。戾：暴戾。

㉓ 天行：随顺自然运行。
㉔ 物化：随顺自然而转化为物。
㉕ 同德、同波：意为与自然阴阳和谐。
㉖ 责：索取，索求。
㉗ 不祟：不作祟。
㉘ 魂：精神。
㉙ 畜：包容，统治。

【评析】

　　本章主要表述天道、帝道、圣道的作用及其关系，一再强调"天地之平""道德之至""万物之本"就是虚静、恬淡、无为，君王应任随万物自然运行，实行无为而治，才能得天乐而称王天下。

　　夫帝王之德，以天地为宗，以道德为主，以无为为常。无为也，则用天下而有余；有为也，则为天下用而不足。故古之人贵夫无为也。上无为也，下亦无为也，是下与上同德。下与上同德则不臣①。下有为也，上亦有为也，是上与下同道。上与下同道则不主②。上必无为而用天下，下必有为为天下用。此不易③之道也。

　　故古之王天下者，知虽落④天地，不自虑也；辩虽彫⑤万物，不自说⑥也；能虽穷⑦海内，不自为也。天不产而万物化⑧，地不长而万物育，帝王无为而天下功⑨。故曰：莫神于天，莫富于地，莫大于帝王。故曰：帝王之德配天地。此乘⑩天地，驰⑪万物，而用⑫人群之道也。

　　本在于上，末在于下；要⑬在于主，详⑭在于臣。三军五兵⑮之运，德之末也；赏罚利害，五刑之辟，教之末也；礼法度数，形名比详⑯，治之末也；钟鼓之音，羽旄之容，乐之末也；哭泣衰绖⑰，隆杀之服⑱，哀之末也。此五末者，须精神之运，心术之动，然后从之⑲者也。末学者，古人有之，而非所以先也。君先而臣从，父先而子从，兄先而弟从，长先而少从，男先而女从，夫先而妇从。夫尊卑先后，天地之行也，故圣人取象[20]焉。天尊地卑，神明之位也；春夏先，秋冬后，四时之序也；万物化作[21]，萌区[22]有状，盛衰之杀[23]，变化之流[24]也。夫天地至神矣，而有尊卑先后之序，而况人道乎！宗庙尚亲[25]，朝廷尚尊，乡党尚齿[26]，行事尚贤，大道之序也。语道而非其序者，非其道也。语道而非其道者，安取道哉！

是故古之明大道者，先明天而道德次之，道德已明而仁义次之，仁义已明而分守[27]次之，分守已明而形名次之，形名已明而因任[28]次之，因任已明而原省[29]次之，原省已明而是非次之，是非已明而赏罚次之，赏罚已明而愚知处宜[30]，贵贱履位[31]，仁贤不肖袭情[32]。必分其能，必由其名。以此事上，以此畜下，以此治物，以此修身，知谋不用，必归其天[33]。此之谓大平[34]，治之至也。故书曰："有形有名。"形名者，古人有之，而非所以先也。古之语大道者，五变而形名可举[35]也，九变而赏罚可言也。骤[36]而语形名，不知其本也；骤而语赏罚，不知其始也。倒道[37]而言，迕道[38]而说者，人之所[39]治也，安能治人！骤而语形名赏罚，此有知治之具[40]，非知治之道。可用于天下，不足以用天下。此之谓辩士，一曲之人[41]也。礼法数度，形名比详，古人有之。此下之所以事上，非上之所以畜下也。

【注释】

① 不臣：不符合为臣之道。
② 不主：不符合为君之道。
③ 易：更改，变动。
④ 落：包容。
⑤ 彫：修饰。
⑥ 说：称颂。

⑦ 穷：极尽。

⑧ 化：化生。

⑨ 功：安定，大治。

⑩ 乘：统御。

⑪ 驰：驱使。

⑫ 用：役使。

⑬ 要：要领，纲要。

⑭ 详：具体细目。

⑮ 军：军队。兵：兵器。

⑯ 比详：比较审定。

⑰ 衰绖：丧服冠带。

⑱ 隆杀之服：丧服穿着的等级。

⑲ 从之：随之而至，随之而生。

⑳ 取象：效法。

㉑ 化作：化生。

㉒ 萌：萌芽。区：屈曲而生。

㉓ 杀：下降。

㉔ 流：自然进行。

㉕ 尚亲：按血缘远近顺序排位，先嫡后庶，先长后次。

㉖ 尚齿：尊尚年长者。

㉗ 分守：职责。

㉘ 因任：根据职位名号分配工作。

㉙ 原省：考察。

㉚ 处宜：安排妥当。

㉛ 履位：就职。

㉜ 袭情：符合实情。

㉝ 天：自然。

㉞ 大平：太平。

㉟ 举：列举。

㊱ 骤：突然。

㊲ 倒道：颠倒"道"的顺序。

㊳ 迕道：违反"道"的顺序。

㊴ 所：被。

㊵ 治之具：用于统治天下的工具。

㊶ 一曲之人：一管之见而不懂大道的人。

【评析】

　　本章主要论述君、臣之道"无为""有为"的问题，认为"上必无为而用天下，下必有为为天下用"是"不易之道"。君王治理天下，无为是举足轻重的，是首要的，有为虽处次要之位，但不可偏废，因此属于有为范围的，如仁义、是非、法度、赏罚等种种伦理道德和社会法律制度也符合天道，亦应当予以承认和肯定。由此不难看出，这种思想使道家思想有所发展和修正，具有适应社会历史发展步伐的性质。

　　昔者舜问于尧曰："天王①之用心何如？"尧曰："吾不敖无告②，不废③穷民，苦④死者，嘉孺子而哀⑤妇人，此吾所以用心已。"舜曰："美则美矣，而未大也。"尧曰："然则何如？"舜曰："天德而出宁⑥，日月照而四时行，若昼夜之有经⑦，云行而雨施矣！"尧曰："胶胶扰扰⑧乎！子，天之合⑨也；我，人之合也。"夫天地者，古之所大也，而黄帝、尧、舜之所共美⑩也。故古之王天下者，奚为哉？天地而已⑪矣！

【注释】

① 天王：天子。

② 敖：傲慢。无告：有苦无处申诉的穷人。

③ 废：废弃，即置于一边而不顾。
④ 苦：安息。
⑤ 嘉：爱护。孺子：小孩。哀：哀怜。
⑥ 天德：像上天那样高显。出宁：呈现宁静。
⑦ 经：规律。
⑧ 胶胶扰扰：动乱的样子。
⑨ 天之合：合乎天道。下文"人之合"即"合乎人道"。
⑩ 美：赞美。
⑪ 天地而已：只不过是效法天地罢了。

【评析】

本章假借尧、舜对话，说明天道优于人道，古代圣王的理想政治当为无为而治。

孔子西藏书于周室，子路谋曰："由闻周之征藏史①有老聃者，免②而归居，夫子欲藏书，则试往因③焉。"孔子曰："善。"往见老聃，而老聃不许④，于是繙⑤十二经以说。老聃中⑥其说，曰："大谩⑦，愿闻其要。"孔子曰："要在仁义。"老聃曰："请问：仁义，人之性邪？"孔子曰："然，君子不仁则不成，不义则不生。仁义，真人之性也，又将奚为矣？"老聃曰："请问：何谓仁义？"孔子曰："中心物恺⑧，兼爱无私，此仁义之情也。"老聃曰："意，几乎后言⑨！夫兼爱，不亦迂乎！无私焉，乃私也。夫子若欲使天下无失其牧⑩乎？则天地固有常⑪矣，日月固有明矣，星辰固有列⑫矣，禽兽固有群矣，树木固有立⑬矣。夫子亦放⑭德而行，遁道而趋，已至矣！又何偈偈乎揭⑮仁义，若击鼓而求亡子⑯焉！意，夫子乱人之性也。"

【注释】

① 由：子路名。征藏史：职官名，主管国家图书。

② 免：免官。

③ 因：就，由。

④ 不许：不答应。

⑤ 繙：演绎。

⑥ 中：打断。

⑦ 大谩：太冗长、繁杂。

⑧ 中心：心地中正不偏。物恺：与外物相和悦。

⑨ 几乎后言：近乎后世迂儒之言。

⑩ 牧：养。

⑪ 常：永恒不变。

⑫ 列：排列次第。

⑬ 立：定位。

⑭ 放：依。

⑮ 偈偈乎：用力的样子。揭：高举，标榜。

⑯ 亡子：逃跑的人。

【评析】

本章通过孔子试图藏书于王宫并向老子演绎《春秋》书一事的寓言，借老子之口指出，以孔子为典型提出的以仁义为主的政治主张是扰乱人性的，因为天地间本来就有自然的秩序，根本用不着人为地去进行干扰。

士成绮见老子而问曰："吾闻夫子圣人也。吾固①不辞远道而来愿见，百舍重趼②而不敢息，今吾观子非圣人也，鼠壤有余蔬③而弃妹，不仁也！生熟不尽④于前，而积敛无崖⑤。"老子漠然⑥不应。士成绮明日复见，曰："昔者吾有刺⑦于子，今吾心正郤[8]矣，何故也？"老子曰："夫巧知神圣之人，吾自以为脱焉[9]。昔者子呼我牛也而谓之牛；呼我马也而谓之马。苟有其实[10]，人与之名[11]而弗受，再受其殃[12]。吾服也恒服，吾非以服有服[13]。"士成绮雁行避影[14]，履行[15]遂进而问，修身若何。老子曰："而容崖然[16]，而目冲然[17]，而颡頯然[18]，而口阚然[19]，而状义然[20]。似系马而止也，动而持[21]，发也机[22]，察而审[23]，知巧而睹于泰[24]，凡以为不信。边竟[25]有人焉，其名为窃。"

【注释】

① 固：所以。
② 舍：古时三十里为一舍。重趼：脚底长出层层老茧。
③ 鼠壤：老鼠洞。余蔬：多余的粮食。
④ 不尽：吃用不完。
⑤ 积敛无崖：聚敛没有止境。意即贪取无已。
⑥ 漠然：无声的样子。
⑦ 刺：讥刺。
⑧ 正郤：已经平息。
⑨ 夫巧知神圣之人二句：对于做个巧智神圣的人，已经完全解脱，无心追求，所以对别人的赞扬、批评毫不介意。
⑩ 实：指"弃妹"之事。
⑪ 名："不仁"之名。
⑫ 殃：罪过。
⑬ 吾服也恒服二句：对士成绮的指责，之所以表现出服从的样子，是由于一直都保持服从心态，而不是为了什么原因才表现出服从。
⑭ 雁行避影：雁行斜步，侧身避影。表现出士成绮自感惭愧、小心翼翼的样子。
⑮ 履行：一步跟着一步，尾随老子而行。

⑯ 而：你。崖然：傲岸的样子。

⑰ 冲然：目光四射的样子。

⑱ 颓然：宽厚朴实的样子。

⑲ 阚然：张口动唇的样子。

⑳ 义然：高傲的样子。

㉑ 动而持：本想动而勉强约束。

㉒ 发也机：如同机械发射那么迅速。

㉓ 察而审：过分明察而又固执。

㉔ 知巧而睹于泰：机智多端，所看到的多超出实际。

㉕ 边竟：边境。

【评析】

　　文中的老子，浑浑噩噩，对于毁誉"漠然无应"，丝毫不问，一副"吾服也恒服、吾非以服有服"的态度。作者笔下老子的这副模样，是一个修道者的形象；而士成绮则完全相反，他内心浮躁，聪明而傲慢，作者认为如此之人岂能修得"道德"正果？

　　夫子①曰："夫道，于大不终②，于小不遗③，故万物备。广广乎④其无不容也，渊渊乎⑤其不可测也。形德⑥仁义，神之末也，非至人孰能定之！夫至人有世⑦，不亦大乎，而不足以为之累；天下奋柄而不与之偕⑧；审乎无假⑨而不与利迁；极物之真，能守其本。故外⑩天地，遗万物，而神未尝有所困也。通乎道，合乎德，退⑪仁义，宾⑫礼乐，至人之心有所定矣！"

【注释】

① 夫子：当指老子。

② 不终：无穷无尽。

③ 不遗：无所遗漏。

④ 广广乎：广大的样子。
⑤ 渊渊乎：深远的样子。
⑥ 形德：形貌。
⑦ 有世：拥有天下。
⑧ 奋：起而争夺。柄：权柄，权加。偕：一起参与。
⑨ 无假：无已，即天地运行不息。
⑩ 外：不放在心上。
⑪ 退：排斥。
⑫ 宾：同"摈"，抛弃。

【评析】

　　"道"是包容一切事物的，其"于大不终，于小不遗，故万物备"。得"道"之人——"至人"对什么权势、名利、仁义、礼乐等等，一切都不放在心上，洒脱地忘掉一切。

　　世之所贵道者，书也。书不过语，语有贵也。语之所贵者，意①也，意有所随②。意之所随者，不可以言传也，而世因贵言传书③。世虽贵之，我犹不足贵也，为其贵非其贵也。故视而可见者，形与色④也；听而可闻者，名与声⑤也。悲夫！世人以形色、名声为足以得彼之情⑥。夫形色、名声果不足以得彼之情，则知者不言，言者不知，而世岂识之哉！

　　桓公读书于堂上，轮扁斫轮⑦于堂下，释椎凿而上⑧，问桓公曰："敢问：公之所读者，何言邪？"公曰："圣人之言也。"曰："圣人在乎？"公曰："已死矣。"曰："然则君之所读者，古人之糟魄⑨已夫！"桓公曰："寡人读书，轮人安得议乎！有说⑩则可，无说则死。"轮扁曰："臣也以臣之事观之：斫轮，徐则甘⑪而不固，疾则苦⑫而不入，不徐不疾，得之于手而应于心，口不能言，有数⑬存乎其间。臣不能以喻⑭臣之子，臣之子亦不能受之于臣，是以行年七十而老斫轮。古之人与其不可传也死矣，然则君之所读者，古人之糟魄已夫！"

【注释】

① 意：表达意思。

② 随：逐，追逐，即有别的意思。

③ 贵言：推尊语言。传书：流传文字。

④ 形与色：指文字。

⑤ 名与声：指语言。

⑥ 情：实际。

⑦ 轮扁：制作车轮的工匠，名扁。斫轮：砍削木材，制作车轮。

⑧ 释：放下。椎、凿：制造车轮使用的工具。上：来到堂上。

⑨ 糟魄：即糟粕。下同。

⑩ 说：合理的解释。

⑪ 徐：宽。甘：滑。

⑫ 疾：紧。苦：涩滞。

⑬ 数：分寸。

⑭ 喻：使……明白。

【评析】

本章通过我们熟知的"轮扁斫轮"的寓言和相关论述，意在说明世人在修"道"过程中所犯的通病：过分地相信乃至拘泥于书本等文献。作者认为，书本上所记载的都是古人的糟粕。古人的精华在言外之意，只可意会，不可言传，古人一死，其精华也就随之而逝，其留下的文字记载唯有糟粕。此处所言，不完全虚，因为有的文献确有糟粕存在，我们阅读、利用时，确需小心谨慎，否则会中毒。然一概将书本斥为"糟粕"，则未免过激，成了书本虚无无用主义。这是《庄子》一书留给我们的"糟粕"。

天运第十四

"天其运乎？地其处①乎？日月其争于所②乎？孰主张是③？孰维纲④是？孰居无事推而行是？意者其有机缄⑤而不得已邪？意者其运转而不能自止邪？云者为雨乎？雨者为云乎？孰隆施⑥是？孰居无事淫乐⑦而劝是？风起北方，一西一东，有上彷徨⑧。孰嘘吸⑨是？孰居无事而披拂⑩是？敢问何故？"巫咸袑⑪曰："来，吾语女。天有六极五常⑫，帝王顺之则治，逆之则凶。九洛⑬之事，治成德备，监⑭照下土，天下戴⑮之，此谓上皇。"

【注释】

① 处：与"运"相对，静止。

② 争于所：争着交换自己的位置。

③ 孰：谁。主张：主宰实施。是：此，即这些。

④ 维纲：维系。

⑤ 意：推测。机缄：意为推动事物运动的造化力量。机，机关。缄，闭合。

⑥ 隆：云的兴起。施：雨的降落。

⑦ 淫：甚。乐：喜欢。

⑧ 有：又。彷徨：盘旋的样子。

⑨ 嘘吸：吐气和吸气。

⑩ 披拂：扇动。

⑪ 袑：同"诏"，告诉。

⑫ 六极：即"六合"。五常：即金、木、水、火、土之"五行"。

⑬ 九洛：即"九畴"，传说禹治理天下的九类大法。

⑭ 监：自上临下。

⑮ 戴：拥戴，爱戴。

【评析】

　　天地、日月、风雨的变化运动，全是六极五常变化的作用。统治者能顺应这些自然的变化，就可以取得成功；相反，那些好高骛远、刚愎自用却力量微弱者自不量力，无视六极五常的作用，其结果自然是险象环生。

　　商大宰荡问"仁"于庄子。庄子曰："虎狼，仁也。"曰："何谓也？"庄子曰："父子相亲，何为不仁！"曰："请问至仁。"庄子曰："至仁无亲。"大宰曰："荡闻之，无亲则不爱，不爱则不孝。谓至仁不孝，可乎？"庄子曰："不然，夫至仁，尚矣，孝固不足以言之。此非过孝之言也，不及①孝之言也。夫南行者至于郢，北面而不见冥山，是何也？则去②之远也。故曰：以敬③孝易，以爱④孝难；以爱孝易，而忘亲难；忘亲易，使亲忘我难；使亲忘我易，兼忘天下难；兼忘天下易，使天下兼忘我难。夫德遗⑤尧、舜而不为也，利泽施于万世，天下莫知也，岂直大息⑥而言仁孝乎哉！夫孝悌仁义，忠信贞廉，此皆自勉以役其德⑦者也，不足多⑧也。故曰：至贵，国爵并⑨焉；至富，国财并焉；至显，名誉并焉。是以道不渝⑩。"

【注释】

① 不及：达不到。

② 去：离开，距离。

③ 敬：恭敬。

④ 爱：慈爱。

⑤ 德：至德的状态。遗：忘却，舍弃。

⑥ 直：只是。大息：长叹。

⑦ 勉：勉力。役：役使，劳累。德：德行。

⑧ 多：赞扬。

⑨ 并：抛弃。

⑩ 渝：改变。

【评析】

关于"仁"，宋国太宰荡认为，仁道和亲情、孝道是一致的；而庄子则不以为然，他以为社会上所讲的仁义、忠信、孝悌、贞廉等伦理道德规范都是人为的，与"天道"背道而驰的。若想达到"至仁"即自然之道的最高境界，必须做到一个"忘"字：忘却外物，忘却人间至亲之情，忘却一切，乃至忘却自己。

北门成问于黄帝曰："帝张《咸池》之乐于洞庭之野①，吾始闻之，惧；复闻之，怠；卒闻之而惑，荡荡默默②，乃不自得③。"帝曰："汝殆其然④哉！吾奏之以⑤人，徵之以天⑥，行之以礼义，建之以大清⑦。夫至乐者，先应之以人事，顺之以天理，行之以五德，应之以自然。然后调理四时，太和万物。四时迭起，万物循生⑧。一盛一衰，文武伦经⑨。一清一浊，阴阳调和，流光其声。蛰虫始作⑩，吾惊之以雷霆。其卒无尾，其始无首。一死一生，一偾一起⑪，所常无穷，而一⑫不可待。汝故惧也。吾又奏之以阴阳之和，烛⑬之以日月之明。其声能短能长，能柔能刚，变化齐一，不主故常。在谷满谷，在坑满坑。涂郤守神⑭，以物为量⑮。其声挥绰⑯，其名高明。是故鬼神守其幽，日月星辰行其纪⑰。吾止之于有穷，流之于无止。子欲虑之而不能知也，望之而不能见也，逐之而不能及也。傥然立于四虚之道，倚于槁梧而吟：'目知穷乎所欲见，力屈乎所欲逐，吾既不及，已夫！'形充空虚，乃至委蛇⑱。汝委蛇，故怠。吾又奏之以无怠之声[19]，调[20]之以自然之命。故若混逐丛生[21]，林乐而无形[22]，布挥而不曳[23]，幽昏而无声。动于无方[24]，居于窈冥，或谓之死，或谓之生；或谓之实，或谓之荣。行流散徙[25]，不主常声。世疑之，稽[26]于圣人。圣也者，达于情而遂[27]于命也。天机不张而五官皆备。此之谓天乐，无言而心说。故有焱氏为之颂曰：'听之不闻其声，视之不见其形，充满天地，苞裹六极。'汝欲听之而无接[28]焉，故惑也。乐也者，始于惧，惧故祟[29]；吾又次之以怠，怠故遁[30]；卒之于惑，惑故愚；愚故道，道可载而与之俱也。"

【注释】

① 张：演奏。洞庭之野：广漠的原野。

② 荡荡：神色不定的样子。默默：口不能说话。

③ 不自得：不能自主的样子。

④ 殆：大概。其然：这个样子。

⑤ 以：于。

⑥ 徵之以天：与天道相应。

⑦ 大清：无为。

⑧ 循生：顺序而生。

⑨ 伦经：交织。

⑩ 作：活动。

⑪ 偾：指音乐低沉。起：指音乐激昂。

⑫ 一：皆，全。

⑬ 烛：照耀。

⑭ 涂郤：塞满缝隙。守神：驻留在神秘莫测的地方。

⑮ 量：容量。

⑯ 挥绰：振动悠扬。

⑰ 纪：轨道。

⑱ 委蛇：随着音乐而动。

⑲ 无怠之声：以无怠为主题的音乐。

⑳ 调：和。

㉑ 混逐丛生：指音乐混同而进，丛聚而出。

㉒ 林乐：合奏。无形：分不出各种乐器声音。

㉓ 布挥：余音缥缈。曳：拖拉。

㉔ 无方：没有一定的程式。

㉕ 行流散徙：指乐曲旋律的变化。

㉖ 稽：考证。

㉗ 达：通达。遂：顺应。

㉘ 接：指听。

㉙ 祟：警戒。

㉚ 遁：逃逸，退隐。

【评析】

本章貌似写《咸池》之乐，实则"借乐以明道"。文章借北门成在听音乐过程中出现的心境变化，即惧（惧怕，恐惧）、怠（精神懈怠、松弛）、惑（迷惘），其实就是修"道"过程中出现的三种境界。

孔子西游于卫，颜渊问师金曰："以①夫子之行为奚如？"师金曰："惜乎！而夫子其穷②哉！"颜渊曰："何也？"师金曰："夫刍狗③之未陈也，盛以箧衍④，巾以文绣⑤，尸祝齐戒以将⑥之。及其已陈也，行者践其首脊，苏⑦者取而爨之而已。将复取而盛以箧衍，巾以文绣，游居寝卧其下，彼不得梦，必且数眯⑧焉。今而夫子亦取先王已陈刍狗，聚弟子游居寝卧其下。故伐树于宋⑨，削迹⑩于卫，穷于商、周，是非其梦邪？围于陈、蔡之间，七日不火食，死生相与邻，是非其眯邪？夫水行莫如用舟，而陆行莫如用车。以舟之可行于水也，而求推之于陆，则没世不行寻常⑪。

古今非水陆与？周鲁非舟车与？今蕲行周于鲁，是犹推舟于陆也！劳而无功，身必有殃。彼未知夫无方⑫之传，应物而不穷者也。且子独不见夫桔槔者乎？引之则俯，舍之则仰。彼人之所引，非引人者也。故俯仰而不得罪于人。故夫三皇五帝之礼义法度，不矜⑬于同而矜于治。故譬三皇五帝之礼义法度，其犹柤⑭梨橘柚邪！其味相反皆可于口。故礼义法度者，应时而变者也。今取猿狙而衣以周公之服，彼必龁啮挽裂⑮，尽去而后慊⑯。观古今之异，犹猿狙之异乎周公也。故西施病心而矉其里⑰，其里之丑人见之而美之，归亦捧心而矉其里。其里之富人见之，坚闭门而不出；贫人见之，挈妻子而去。彼知矉美而不知矉之所以美。惜乎，而夫子其穷哉！"

【注释】

① 以：认为，以为。

② 穷：困厄。

③ 刍狗：用草扎成狗状的祭品。

④ 箧衍：竹制容器。

⑤ 巾以文绣：用彩绣的佩巾盖着。

⑥ 尸祝：主持祭祀活动的巫师。齐戒：即斋戒。将：供奉。

⑦ 苏：割草。

⑧ 眯：梦中受惊。

⑨ 伐树于宋：孔子到宋在树下讲学，他走后，憎恶孔子的人将那棵树砍伐掉了。

⑩ 削迹：消去踪迹。

⑪ 没世：终生。寻常：表示很短的距离。

⑫ 无方：没有固定的法度。

⑬ 矜：崇尚。

⑭ 柤：山楂。

⑮ 龁啮挽裂：牙咬、爪撕，将衣服扯碎。
⑯ 慊：满意。
⑰ 病心：心脏疼痛。矉：通"颦"。里：古代居民聚居的地方。

【评析】

　　本章借师金之口说明礼义法度应根据时势的不同而适时地变化，讥讽孔丘之徒无视时间、地点等客观条件的限制，顽固地推行周朝所谓的古代礼法，犹如丑妇效颦、推舟船于陆地一样可笑，如同把"先王已陈刍狗"当做珍品供奉一样迂腐，结果必然招致"劳而无功，身必有殃"的严重恶果。

　　孔子行年五十有一而不闻道，乃南之沛见老聃。老聃曰："子来乎？吾闻子，北方之贤者也！子亦得道乎？"孔子曰："未得也。"老子曰："子恶乎①求之哉？"曰："吾求之于度数②，五年而未得也。"老子曰："子又恶乎求之哉？"曰："吾求之于阴阳，十有二年而未得也。"老子曰："然，使道而可献，则人莫不献之于其君；使道而可进，则人莫不进之于其亲；使道而可以告人，则人莫不告其兄弟；使道而可以与人，则人莫不与其子孙。然而不可者，无它也，中无主③而不止，外无正④而不行。由中出者，不受于外，圣人不出；由外入者，无主于中，圣人不隐⑤。名，公器⑥也，不可多取。仁义，先王之蘧庐⑦也，止可以一宿而不可久处。觏而多责⑧。古之至人，假道于仁，托宿于义，以游逍遥之虚⑨，食于苟简之田⑩，立于不贷之圃⑪。逍遥，无为也；苟简，易养也；不贷，无出也。古者谓是采真⑫之游。以富为是⑬者，不能让禄；以显为是者，不能让名。亲权者，不能与人柄，操之则栗⑭，舍之则悲，而一无所鉴⑮，以窥其所不休者⑯，是天之戮民⑰也。怨、恩、取、与、谏、教、生、杀八者，正⑱之器也，唯循大变无所湮⑲者为能用之。故曰：正者，正也。其心以为不然者，天门⑳弗开矣。"

【注释】

① 恶乎：怎样。

② 度数：制度术数。

③ 中：内心。主：主宰。

④ 正：匹，附和。

⑤ 隐：隐藏。

⑥ 公器：公共的器物。

⑦ 蘧庐：旅舍。

⑧ 觐：成。责：谴责，指责。

⑨ 虚：境界。

⑩ 苟简之田：浅耕粗作之田。

⑪ 立：立身。贷：出借。圃：菜地。

⑫ 采真：本性全真。

⑬ 以富为是：认为富足是好事的。

⑭ 栗：因害怕而发抖。

⑮ 鉴：明察。

⑯ 不休者：对权势名利追求永不休止的人。

⑰ 天之戮民：受到上天惩罚的罪人。

⑱ 正：治正，纠正。

⑲ 大变：自然变化。湮：滞塞。

⑳ 天门：天机之门，即"心"。

【评析】

　　本章说明追求权力和名利的人是不可能获得"大道"的；只有无为、忘我之人才可获得。法家、儒家、阴阳家所宣扬的"度数""仁义""阴阳"等学说都不符合"大道"，然而，如果能遵循"大道"的变化规律，那么，仁、义、怨、恩、取、与、谏、教、生、杀等都是可以利用的。显然，这种道家主张反映了它与其他学派间相互渗透的事实。

孔子见老聃而语仁义。老聃曰："夫播糠眯目①，则天地四方易位矣；蚊虻噆②肤，则通昔不寐矣。夫仁义憯然③，乃愤④吾心，乱莫大焉。吾子使天下无失其朴，吾子亦放⑤风而动，总⑥德而立矣！又奚杰杰然⑦若负建鼓而求亡子者邪！夫鹄不日浴而白，乌不日黔⑧而黑。黑白之朴，不足以为辩；名誉之观，不足以为广。泉涸，鱼相与处于陆，相呴以湿，相濡以沫，不若相忘于江湖。"

孔子见老聃归，三日不谈。弟子问曰："夫子见老聃，亦将何规哉？"孔子曰："吾乃今于是乎见龙。龙，合而成体，散而成章，乘乎云气而养乎阴阳。予口张而不能嗋⑨。予又何规老聃哉？"子贡曰："然则人固有尸居而龙见，雷声而渊默，发动如天地者乎？赐亦可得而观乎？"遂以孔子声见老聃。老聃方将倨堂⑩而应，微⑪曰："予年运而往⑫矣，子将何以戒我乎？"子贡曰："夫三皇五帝之治天下不同，其系声名一也。而先生独以为非圣人，如何哉？"老聃曰："小子少进⑬！子何以谓不同？"对曰："尧授舜，舜授禹。禹用力而汤用兵，文王顺纣而不敢逆，武王逆纣而不肯顺，故曰不同。"老聃曰："小子少进，余语汝三皇五帝之治天下：黄帝之治天下，使民心一⑭。民有其亲死不哭而民不非也。尧之治天下，使民心亲。民有为其亲杀其杀⑮而民不非也。舜之治天下，使民心竞⑯。民孕妇十月生子，子生五月而能言，不至乎孩而始谁⑰，则人始有夭矣。禹之治天下，使民心变，人有心而兵有顺⑱，杀盗非杀人。自为种⑲而'天下'耳。是以天下大骇，儒、墨皆起。其作始有伦⑳，而今乎妇女㉑，何言哉！余语汝：三皇五帝之治天下，名曰治之，而乱莫甚焉。三皇之知，上悖日月之明，下睽㉒山川之精，中堕㉓四时之施。其知憯于蛎虿之尾、鲜规之兽㉔，莫得安其性命之情者，而犹自以为圣人，不可耻乎？其无耻也！"子贡蹴蹴然立不安。

【注释】

① 播糠眯目：撒布糠来迷人目。
② 嘈：叮咬。
③ 憯然：惨毒的样子。
④ 愤：心中不畅快。
⑤ 放：依照。
⑥ 总：持。
⑦ 杰杰然：用力的样子。
⑧ 黔：涂墨染黑。
⑨ 噜：闭合。
⑩ 倨堂：坐在堂上。
⑪ 微：轻轻地。
⑫ 年运而往：年已老迈。
⑬ 少进：稍微靠近一点。
⑭ 一：浑然纯一，不杂。
⑮ 杀其杀：降低礼仪的等级。
⑯ 竞：争斗。
⑰ 孩：婴儿笑。始谁：开始会认人。
⑱ 心：思想，心智。顺：理由。
⑲ 自为种：种，类。为自身利益而结成团伙。
⑳ 作始有伦：刚开始时还讲道理。
㉑ 今乎妇女：如今如同妇女。
㉒ 睽：乖离。
㉓ 堕：毁坏。
㉔ 憯：惨毒。蛎虿：蝎子。鲜规：很小的样子。意三皇五帝之智，损害苍生，其毒甚于蝎子，就是很小的虫兽都遭扰动，更何况老百姓，如何得安？

【评析】

本章借孔子与老子的对话，对"仁义"的罪行进行了揭露，指出"仁义"不仅戕害人性，使之失去自然之性；而且扰乱社会，以致"三皇五帝之治天下，名曰治之，而乱莫甚焉"。因此，要想使人保持自然之性，让社会发展顺随自然而无为，就必须捐弃"仁义"。

孔子谓老聃曰："丘治《诗》《书》《礼》《乐》《易》《春秋》六经，自以为久矣，孰知其故①矣，以奸②者七十二君，论先王之道而明周、召之迹，一君无所钩用③。甚矣！夫人之难说也？道之难明邪？"老子曰："幸④矣，子之不遇治世之君！夫六经，先王之陈迹也，岂其所以迹哉！今子之所言，犹迹也。夫迹，履之所出，而迹岂履哉！夫白鶂之相视，眸子不运而风化⑤；虫，雄鸣于上风，雌应于下风而风化。类自为雌雄，故风化。性不可易，命不可变，时不可止，道不可壅。苟得于道，无自而不可；失焉者，无自而可。"孔子不出三月，复见，曰："丘得之矣。乌鹊孺⑥，鱼傅沫⑦，细要⑧者化，有弟而兄啼。久矣夫，夫丘不与化为人！不与化为人，安能化人？"老子曰："可，丘得之矣！"

【注释】

① 孰：熟。故：故事。

② 奸：干，求见。

③ 钩用：取用。

④ 幸：幸运。

⑤ 眸子不运：即双方定睛注视。风化：孕育生子。

⑥ 孺：孵化而生子。

⑦ 傅沫：通过以沫相交而生育。

⑧ 要：同"腰"。

【评析】

　　本章主要描写孔子接受老子的教诲而终于悟"道"的过程。本文借老子之口,指出"六经"只不过是先王的陈迹,是过时的老一套,因此,孔子虽为之而奔劳一生,最终仍徒劳无功。认为只有掌握了顺时而变的"大道",方可达到无所不通的理想境界。

刻意第十五

　　刻意①尚行，离世②异俗，高论怨诽③，为亢④而已矣。此山谷之士⑤，非世⑥之人，枯槁赴渊⑦者之所好也。语仁义忠信，恭俭推让，为修⑧而已矣。此平世⑨之士，教诲之人，游居学者之所好也。语大功，立大名，礼君臣，正上下，为治而已矣。此朝廷之士，尊主强国之人，致功并兼⑩者之所好也。就薮泽⑪，处闲旷⑫，钓鱼闲处，无为而已矣。此江海之士，避世之人，闲暇者之所好也。吹呴⑬呼吸，吐故纳新，熊经鸟申⑭，为寿而已矣。此道引之士，养形之人，彭祖寿考者之所好也。若夫不刻意而高，无仁义而修，无功名而治，无江海而闲，不道引⑮而寿，无不忘也，无不有也。淡然无极而众⑯美从之。此天地之道，圣人之德也。

　　故曰：夫恬淡寂漠，虚无无为，此天地之平而道德之质⑰也。故曰：圣人休焉。休则平易矣。平易则恬淡矣。平易恬淡，则忧患不能入，邪气不能袭⑱，故其德全而神不亏。故曰：圣人之生也天行，其死也物化。静而与阴同德，动而与阳同波。不为福先，不为祸始。感而后应⑲，迫而后动，不得已而后起。去知与故⑳，遁㉑天之理。故无天灾，无物累，无人非，无鬼责。其生若浮，其死若休。不思虑，不豫谋㉒。光矣而不耀，信矣而不期㉓。其寝不梦，其觉无忧。其神纯粹，其魂不罢㉔。虚无恬淡，乃合天德。故曰：悲乐者，德之邪；喜怒者，道之过；好恶者，德之失。故心不忧乐，德之至也；一而不变，静之至也；无所于忤㉕，虚之至也；不与物交，惔之至也；无所于逆，粹之至也。故曰：形劳而不休则弊，精用而不已则劳，劳则竭。水之性，不杂则清，莫动则平；郁闭㉖而不流，亦不能清；天德之象也。故曰：纯粹而不杂，静一而不变，惔而无为，动而以天行，此养神之道也。

夫有干、越之剑者，柙㉗而藏之，不敢用也，宝之至也。精神四达并流㉘，无所不极，上际㉙于天，下蟠㉚于地，化育万物，不可为象，其名为同帝。纯素之道，唯神是守。守而勿失，与神为一。一之精通，合于天伦㉛。野语㉜有之曰："众人重利，廉士重名，贤士尚志，圣人贵精。"故素也者，谓其无所与杂也；纯也者，谓其不亏其神也。能体㉝纯素，谓之真人。

【注释】

① 刻意：刻削意志。
② 离世：超脱世界。
③ 怨诽：批评时政。
④ 亢：穷高。
⑤ 山谷之士：即隐士。
⑥ 非世：非难现实社会。
⑦ 枯槁：身体干瘦。赴渊：投水自尽。二者分别指隐士和节烈之士。
⑧ 修：修身。
⑨ 平世：使天下太平。
⑩ 致功：追求功名。并兼：兼并他国。
⑪ 就：去。薮泽：杂草丛生的泽地与湖泊。
⑫ 闲旷：空旷而无人居住的地方。
⑬ 吹呴：出气缓急状。
⑭ 经：攀树。申：同"伸"。熊经鸟申：指锻炼身体。
⑮ 道引：导气令和，引体令柔。
⑯ 无极：无限，无穷。众：多。

⑰ 质：实质，本质。

⑱ 袭：侵袭肌体。

⑲ 感：外部受到触动。应：内部有所应和。

⑳ 去：抛弃。故：巧诈。

㉑ 遁：循。

㉒ 豫谋：预谋。

㉓ 期：预约。

㉔ 罢：疲。

㉕ 忤：背逆。

㉖ 郁闭：郁结不通。

㉗ 柙：同"匣"，用匣子装起来。

㉘ 并流：旁流。

㉙ 际：会合。

㉚ 蟠：盘踞。

㉛ 天伦：天理，即自然之理。

㉜ 野语：俗语。

㉝ 体：体现，反映。

【评析】

　　本篇仅一章，主要论述养神之道。作者首先批判了隐居、游学、做官等各种人的弊端，指出过分地追求外物的行为，于养生、养神与修道都是极为不利的，提出静要达到"虚无恬淡"的境界，动则随顺自然，始终保持淳朴的心情，长此以往，就能达到"真人"的精神境界。

缮性第十六

缮性于俗学①，以求复其初②；滑欲③于俗思，以求致其明④：谓之蔽蒙⑤之民。

古之治道者，以恬养知。生而无以知为也，谓之以知养恬。知与恬交相养，而和理出其性⑥。夫德，和也；道，理也。德无不容，仁也；道无不理，义也；义明而物亲⑦，忠也；中纯实而反乎情⑧，乐也；信行容体而顺乎文，礼也⑨。礼乐遍行，则天下乱矣。彼正而蒙己德，德则不冒。冒则物必失其性也⑩。古之人，在混芒⑪之中，与一世⑫而得淡漠焉。当是时也，阴阳和静，鬼神不扰，四时得节⑬，万物不伤，群生不夭，人虽有知，无所用之，此之谓至一⑭。当是时也，莫之为⑮而常自然。

逮⑯德下衰，及燧人、伏羲始为天下，是故顺而不一⑰。德又下衰，及神农、黄帝始为天下，是故安而不顺⑱。德又下衰，及唐、虞始为天下，兴治化之流⑲，澡⑳淳散朴，离道以善，险德以行㉑，然后去性而从于心㉒。心与心识知㉓，而不足以定天下，然后附之以文㉔，益之以博。文灭质，博溺㉕心，然后民始惑乱，无以反其性情而复其初㉖。由是观之，世丧道矣，道丧世矣，世与道交相丧也。道之人何由兴㉗乎世，世亦何由兴乎道哉！道无以兴乎世，世无以兴乎道，虽圣人不在山林之中，其德隐㉘矣。隐故㉙不自隐。古之所谓隐士者，非伏其身而弗见也，非闭其言而不出也，非藏其知而不发也，时命大谬㉚也。当㉛时命而大行乎天下，则反一㉜无迹；不当时命而大穷乎天下，则深根宁极[33]而待：此存身之道也。古之存身[34]者，不以辩饰知，不以知穷天下，不以知穷德，危然处其所而反其性[35]，己又何为哉！道固不小行[36]，德固不小识[37]。小识伤德，小行伤道。故曰：正己而已矣。乐全之谓得志[38]。

古之所谓得志者，非轩冕[39]之谓也，谓其无以益其乐而已矣。今之所谓得志者，轩冕之谓也。轩冕在身，非性命也，物之傥来[40]，寄者也。寄之，其来不可圉[41]，其去不可止。故不为轩冕肆志[42]，不为穷约[43]趋俗，其乐彼与此同，故无忧而已矣！今寄去则不乐。由是观之，虽乐，未尝不荒[44]也。故曰：丧己于物，失性于俗者，谓之倒置[45]之民。

【注释】

① 俗学：指当时流行的儒家、法家等学派。
② 初：人的本性。
③ 滑：治，与"缮"义同。欲：情感。
④ 致：得到。明：明智。
⑤ 蔽蒙：昏庸闭塞。
⑥ 和理：道德。出其性：在他的心中养成。
⑦ 义明而物亲：道义倡明，与万物亲附。
⑧ 纯实：指心中淳朴充实。反乎情：心中纯实，道德天性自内向外发生影响，同时又从外物返回作用于人的道德天性，内外和顺，乐也。
⑨ "信行容体……礼也"句：行为有信用，凡事讲宽容，就能合于自然的节度，这就叫做礼。
⑩ "彼正而……失其性也"句：他人的德行本来就是纯正的，却要他接受自己的德行，而德行是不能外加在别人身上的，如果硬要外加的话，他人就会失去天然的本性。

⑪ 混芒：混沌。

⑫ 与一世：整个世界。

⑬ 得节：与节令相符合。

⑭ 至一：指最纯粹的时代。

⑮ 莫之为：无为。

⑯ 逮：到，及。

⑰ 顺而不一：顺从民心而不能达到与自然的绝对同一。

⑱ 安而不顺：安定民心而不顺从民心。

⑲ 兴：开始。治化：政治教化。流：部分，分支，末节。

⑳ 澆：扰乱。

㉑ "离道……以行"句：用善良离失了"道"，以行为危害了"德"。

㉒ 去性：抛开天性。从于心：随心所欲。

㉓ 识知：窥知。

㉔ 附：附加，附添。文：虚饰的文辞。

㉕ 溺：陷溺。

㉖ 无以：因此。反：同"返"。复其初：恢复他们本来的本性。

㉗ 道之人：圣人。何由：凭什么。兴：复兴。

㉘ 其德隐：圣人之德隐匿，指圣人身在社会而心离人间。

㉙ 故：本来。

㉚ 时命：时势和命运，时运。谬：错乱。

㉛ 当：适合，符合。

㉜ 反一：返回淳一之道。

㉝ 深根宁极：使本性深深扎根，性根不受扰动。

㉞ 存身：保全身体，即保命。

㉟ 危然：端正的样子。处其所：停留在属于他的地方。反其性：恢复自己的本性。

㊱ 小行：琐碎的行为。

㊲ 小识：细微的见识。

㊳ 乐全：保全自己淳朴的心性。得志：心满意足。

㊴ 轩冕：指高官厚爵，喻地位高贵。

㊵ 傥来：偶然得到。

㊶ 圉：阻拦，抵抗。

㊷ 肆志：荒忘心志。

㊸ 穷约：穷困。

㊹ 荒：慌。此句谓世俗之人对"寄去"之事表面上看来虽然是快乐的，但其内心则未必不是慌乱的。

㊺ 倒置：本末倒置。

【评析】

  本篇以篇首二字为题，标示了全篇的主题与意旨。缮，修。缮性，也就是修心养性。本篇主要论述了怎样涵养性情，并涉及修心养性的前提——养身的问题。作者认为，人的心性是自然生成的，从这一点来说，原本就不存在什么缺损，因此也就根本谈不上所谓的修缮。但是，随着社会发展和历经夏、商诸朝的"治理"，人的道德水平和人性呈现出一个"德又下衰"的趋势，人的本性离开其自然性，犹如脱缰的野马，已到了一个非修缮不可的境地。然而，在现实缮性的实践中，世俗都以儒学、法家学说所倡导的仁义、礼乐、术数等去修心养性，作者认为这是极其危险的，因为儒、法家学说恰恰是导致本性沦丧和人心败坏的真正罪恶根源。指出通往道德境界的最好方法是像"古人"那样，把智慧与恬淡交相涵养。具体如何缮性呢？作者指明了一条途径：首先要"存身"，身与性，犹如皮与毛的关系，皮之不存，毛将焉附？所以，在动乱不定的岁月里，首先要保全一条性命，否则一切罔谈。有了物质前提——性命以后，才谈"全性"。如何才能保全自己与生俱来的淳朴心性呢？最好的办法是学习古人，做到以智养性，随顺自然，乐而无忧，豁达乐观地去面对生活，如是则有望达到"全性"的境界。无疑，这是一个无奈者的遁世法。

秋水第十七

秋水时至①，百川灌②河。泾流③之大，两涘渚④崖之间，不辩⑤牛马。于是焉河伯欣然自喜，以天下之美为尽在己。顺流而东行，至于北海，东面而视，不见水端。于是焉河伯始旋⑥其面目，望洋⑦向若而叹曰："野语有之曰'闻道百，以为莫己若⑧'者，我之谓也。且夫我尝闻少仲尼之闻而轻伯夷之义者，始吾弗信。今我睹子之难穷也，吾非至于子之门则殆矣，吾长见笑于大方之家⑨。"北海若曰："井蛙不可以语于海者，拘于虚⑩也；夏虫不可以语于冰者，笃⑪于时也；曲士⑫不可以语于道者，束于教也。今尔出于崖涘⑬，观于大海，乃知尔丑⑭，尔将可与语大理矣。天下之水，莫大于海：万川归之，不知何时止而不盈；尾闾⑮泄之，不知何时已而不虚；春秋不变，水旱不知。此其过江河之流，不可为量数。而吾未尝以此自多者，自以比形于天地，而受气于阴阳，吾在于天地之间，犹小石小木之在大山也。方存乎见少，又奚以自多！计四海之在天地之间也，不似礨空⑯之在大泽乎？计中国之在海内不似稊米⑰之在大仓乎？号⑱物之数谓之万，人处一焉；人卒九州⑲，谷食之所生，舟车之所通。此其比万物也，不似豪末⑳之在于马体乎？五帝之所连，三王之所争，仁人之所忧，任士之所劳，尽此矣！伯夷辞之以为名，仲尼语之以为博。此其自多也，不似尔向㉑之自多于水乎？"

河伯曰："然则吾大天地而小豪末，可乎？"北海若曰："否。夫物，量无穷，时无止，分㉒无常，终始无故。是故大知观于远近，故小而不寡，大而不多：知量无穷。证向今故㉓，故遥而不闷㉔，掇而不跂㉕：知时无止。察乎盈虚，故得而不喜，失而不忧：知分之无常也。明乎坦涂㉖，故生而不说，死而不祸：知终始之不可故也。计人之所知，不若其所不知；其生之时，不若未生之时；以其至小，求穷其至大之域，是故迷乱而不能自得也。由此观之，又何以知毫末之足以定至细之倪㉗，又何以知天地之足以穷至大之域！"

河伯曰："世之议者皆曰：'至精无形，至大不可围。'是信情㉘乎？"北海若曰："夫自细视大者不尽，自大视细者不明。夫精，小之微也；垺，大之殷㉙也：故异便㉚。此势之有也。夫精粗者，期于㉛有形者也；无形者，数之所不能分也；不可围者，数之所不能穷也。可以言论者，物之粗也；可以意致㉜者，物之精也；言之所不能论，意之所不能察致者，不期精粗焉。是故大人之行：不出乎害人，不多仁恩；动不为利，不贱门隶㉝；货财弗争，不多辞让；事焉不借人，不多食乎力，不贱贪污㉞；行殊乎俗，不多辟异㉟；为在从众㊱，不贱佞谄；世之爵禄不足以为劝，戮耻不足以为辱；知是非之不可为分，细大之不可为倪。闻曰：'道人不闻㊲，至德不得，大人无己。'约分之至㊳也。"

河伯曰："若物之外㊴，若物之内，恶至而倪㊵贵贱？恶至而倪小大？"北海若曰："以道观之，物无贵贱；以物观之，自贵而相贱；以俗观之，贵贱不在己。以差观之，因其所大而大之，则万物莫不大；因其所小而小之，则万物莫不小。知天地之为稊米也，知毫末之为丘山也，则差数睹㊶矣。以功㊷观之，因其所有而有之，则万物莫不有；因其所无而无之，则万物莫不无。知东西之相反而不可以相无，则功分㊸定矣。以趣㊹观之，因其所然而然之，则万物莫不然；因其所非而非之，则万物莫不非。知尧、桀之自然而相非，则趣操㊺睹矣。昔者尧、舜让而帝，之、哙让而绝㊻；

汤、武争而王，白公争而灭。由此观之，争让之礼，尧、桀之行，贵贱有时，未可以为常也。梁丽可以冲城而不可以窒穴(47)，言殊器(48)也；骐骥骅骝(49)一日而驰千里，捕鼠不如狸狌，言殊技也；鸱鸺夜撮(50)蚤，察毫末，昼出瞋目(51)而不见丘山，言殊性也。故曰：盖师(52)是而无非，师治而无乱乎？是未明天地之理、万物之情也。是犹师天而无地，师阴而无阳，其不可行明矣！然且语而不舍(53)，非愚则诬(54)也！帝王殊禅，三代殊继。差其时(55)，逆其俗(56)者，谓之篡夫；当其时、顺其俗者，谓之义之徒。默默乎河伯，女恶知贵贱之门，小大之家！”

河伯曰：“然则我何为乎？何不为乎？吾辞受趣舍(57)，吾终奈何？”北海若曰：“以道观之，何贵何贱，是谓反衍(58)；无拘而志，与道大蹇(59)。何少何多，是谓谢施(60)；无一而行，与道参差。严乎若国之有君，其无私德；繇繇乎(61)若祭之有社，其无私福；泛泛乎(62)其若四方之无穷，其无所畛域(63)。兼怀(64)万物，其孰承翼(65)？是谓无方(66)。万物一齐，孰短孰长？道无终始，物有死生，不恃其成。一虚一满，不位乎其形(67)。年不可举(68)，时不可止。消息盈虚，终则有始。是所以语大义之方(69)，论万物之理也。物之生也，若骤若驰。无动而不变，无时而不移。何为乎，何不为乎？夫固将自化(70)。”

河伯曰：“然则何贵于道邪？”北海若曰：“知道者必达于理，达于理者必明于权(71)，明于权者不以物害己。至德者，火弗能热，水弗能溺，寒暑弗能害，禽兽弗能贼。非谓其薄(72)之也，言察乎安危，宁于祸福，谨于去就，莫之能害也。故曰：‘天在内，人在外，德在乎天。’知天人(73)之行，本乎天，位乎得(74)，蹢躅(75)而屈伸，反要而语极(76)。”曰：“何谓天？何谓人？”北海若曰：“牛马四足，是谓天；落(77)马首，穿牛鼻，是谓人。故曰：‘无以人灭天，无以故(78)灭命，无以得(79)殉名。谨守而勿失，是谓反其真。’”

【注释】

① 时至：按时到达。

② 川：小的河流。灌：形容小河水注入黄河的汹涌状态。

③ 泾流：水流。

④ 涘：水边。渚：水中小块陆地。

⑤ 辩：同"辨"。

⑥ 旋：扭转。

⑦ 望洋：仰视的样子。

⑧ 莫己若：以为别人比不上自己。

⑨ 大方之家：得道的高人。

⑩ 拘于虚：受到所处的环境的限制。

⑪ 笃：限制。

⑫ 曲士：孤陋寡闻的人。

⑬ 崖涘：代指河。

⑭ 丑：鄙陋。

⑮ 尾闾：传说中海水归宿之处。

⑯ 礨空：蚁穴，小穴。

⑰ 稊米：很小的米粒。

⑱ 号：称作。

⑲ 人卒：人群。九州：天下。

⑳ 豪末：毫毛的末梢。

㉑ 向：刚才。

㉒ 分：分位，界限。

㉓ 证向今故：拿古今的事情来验证。

㉔ 遥而不闷：遥远的事情并不晦隐。

㉕ 掇：近。跂：企及。

㉖ 坦涂：指每个人都必须经历的从生到死的人生旅途。

㉗ 倪：度限。

㉘ 信情：真实的情况。

㉙ 垺：外城，用其“大”意。殷：极度。

㉚ 异便：对便利的看法有所不同。

㉛ 期于：体现在。

㉜ 意致：通过思维可体悟到，即“意会”。

㉝ 门隶：地位低贱的人。

㉞ 不贱贪污：意即无世俗是非善恶成见。

㉟ 多：推崇，赞美。辟异：标新立异。

㊱ 从众：随从大众，即随俗。

㊲ 道人：得道的人。不闻：不被人所闻，即无名。

㊳ 约分之至：把自己的分位约束到了极点。

㊴ 外：与“内”相对，分别表示事物的外部现象和内在本质。

㊵ 恶至而倪：到什么程度而能判定。

㊶ 差数：相差的程度。睹：看见。

㊷ 功：功效。

㊸ 功分：功效的程度。

㊹ 趣：人的倾向。

㊺ 趣操：人的倾向的立场。

㊻ 绝：国家灭亡。

㊼ 梁丽：梁柱。冲城：攻城，撞破城门或城墙。窒穴：堵塞洞穴。

㊽ 殊器：器皿的用途不同。

㊾ 骐骥骅骝：皆骏马名。

㊿ 撮：捉。

(51) 瞋目：睁大眼睛。

(52) 师：因循。

(53) 舍：中止，休止。

㊴ 诬：诬妄。
㊾ 差其时：不合于时代。
㊽ 逆其俗：违背世俗民情。
㊼ 辞：推辞。受：接受。趣：取用。舍：舍弃。
㊻ 反衍：向相反方向演化。
㊺ 謇：乖离不顺。
⑥ 谢施：代谢转化。
⑥ 繇繇乎：悠然自得的样子。
⑥ 泛泛乎：广阔的样子。
⑥ 畛域：界限。
⑥ 怀：容。
⑥ 承翼：接受帮助。
⑥ 无方：没有固定的方向。
⑥ 位：固守。形：形迹。
⑥ 年：岁月。举：穷尽。
⑥ 大义之方：大道的方术。
⑦ 固：本来。自化：自然变化。
⑦ 权：权变。
⑦ 薄：靠近。
⑦ 天人：天道和人道。
⑦ 位：固守。得：同"德"。
⑦ 躏躅：进退不定的样子。
⑦ 反要而语极：归根返本，沉默不语。
⑦ 落：同"终"，用辔笼住。
⑦ 故：人事。
⑦ 得：功名。

【评析】

本章为全篇的总论。作者通过河伯与海若对话的寓言形式，将海与河、天地与毫末等相互比较，说明所谓的大小、是非、贵贱、荣辱、死生等都是相对的，没有定准的，是因人而异、因时而变的。因此，凡事都应顺其自然，听天由命，认为如此就可以返归"天真"的境界，"谨守而勿失，是谓反其真"。

夔怜蚿①，蚿怜蛇，蛇怜风，风怜目，目怜心。夔谓蚿曰："吾以一足趻踔②而行，予无如③矣。今子之使万足，独奈何？"蚿曰："不然。子不见夫唾者乎？喷则大者如珠，小者如雾，杂而下者不可胜数也。今予动吾天机，而不知其所以然。"蚿谓蛇曰："吾以众足行，而不及子之无足，何也？"蛇曰："夫天机之所动，何可易④邪？吾安用足哉！"蛇谓风曰："予动吾脊胁而行，则有似⑤也。今子蓬蓬然⑥起于北海，蓬蓬然入于南海，而似无有，何也？"风曰："然，予蓬蓬然起于北海而入于南海也，然而指我则胜我，鳅⑦我亦胜我。虽然，夫折大木，蜚⑧大屋者，唯我能也。"故以众小不胜为大胜也。为大胜者，唯圣人能之。

【注释】

① 夔：独脚兽。怜：歆羡。蚿：百足虫。
② 趻踔：蹦跳的样子。
③ 无如：没有能力。
④ 易：交换。
⑤ 有似：有的像走路的样子。
⑥ 蓬蓬然：刮风的样子。
⑦ 鳅：蹴，即踩、踏。
⑧ 蜚：同"飞"，刮飞，刮翻。

【评析】

　　本章通过夔、蚿、蛇、风、目、心，依次歆羡、自叹弗如的拟人化描述，旨在说明万物的本能都是出于自然的，羡慕他人他物固有的机能，抑或想胜过他人他物，既无必要，亦不可能。应顺应自然，忘却得失、胜负，如此方能做到"无以人灭天"，否则一切都是徒劳无益。

　　孔子游于匡，宋人围之数匝①，而弦歌不惙②。子路入见，曰："何夫子之娱也？"孔子曰："来，吾语女。我讳穷久矣③，而不免，命也；求通④久矣，而不得，时也。当尧、舜而天下无穷人，非知得也；当桀、纣而天下无通人，非知失也：时势适然。夫水行不避蛟龙者，渔父之勇也；陆行不避兕⑤虎者，猎夫之勇也；白刃交于前，视死若生者，烈士之勇也；知穷之有命，知通之有时，临大难而不惧者，圣人之勇也。由，处⑥矣！吾命有所制⑦矣！"无几何⑧，将甲者⑨进，辞⑩曰："以为阳虎也，故围之；今非也，请辞而退。"

【注释】

① 匝：即"匝"，一圈为一匝。
② 惙：同"辍"，停止，中断。
③ 讳：嫉恨。穷：困顿。
④ 通：通达。
⑤ 兕：形状似牛的动物。
⑥ 处：安心。
⑦ 有所制：指受天命控制。
⑧ 无几何：没过多久。
⑨ 将：带领。甲者：穿盔甲的战士。
⑩ 辞：道歉。

【评析】

本章主要说明"无以故灭命"的命题。作者通过孔子及其弟子一行在宋被围的故事,向人们昭示命运是由天道主宰的,并非人力可为,穷通皆听天由命,如此方能化险为夷,生命之树常青。

公孙龙问于魏牟曰:"龙少学先王之道,长而明仁义之行;合同异,离坚白;然不然,可不可;困百家之知,穷①众口之辩:吾自以为至达②已。今吾闻庄子之言,汒焉异③之。不知论之不及与?知之弗若与?今吾无所开吾喙,敢问其方。"公子牟隐机大息,仰天而笑曰:"子独不闻夫埳井④之蛙乎?谓东海之鳖曰:'吾乐与!出,跳梁乎井干⑤之上,入,休乎缺甃之崖⑥。赴水则接腋持颐⑦,蹶泥则没足灭跗⑧。还虷蟹与科斗⑨,莫吾能若也。且夫擅⑩一壑之水,而跨跱⑪埳井之乐,此亦至矣。夫子奚不时来入观乎?'东海之鳖左足未入,而右膝已絷⑫矣。于是逡巡⑬而却,告之海曰:'夫千里之远,不足以举其大;千仞之高,不足以极其深。禹之时,十年九潦,而水弗为加益;汤之时,八年七旱,而崖不为加损。夫不为顷久推移⑭,不以多少进退者,此亦东海之大乐也。'于是井之蛙闻之,适适然⑮惊,规规然⑯自失也。且夫知不知是非之竟⑰,而犹欲观于庄子之言,是犹使蚊负山,商蚷⑱驰河也,必不胜任矣。且夫知不知论极妙之言,而自适一时之利⑲者,是非埳井之蛙与?且彼方跐黄泉而登大皇⑳,无南无北,奭然四解㉑,沦于不测㉒;无东无西,始于玄冥㉓,反于大通㉔。子乃规规然而求之以察㉕,索之以辩㉖,是直用管窥天,用锥指地㉗也,不亦小乎?子往矣!且子独不闻夫寿陵余子㉘之学于邯郸与?未得国能㉙,又失其故行㉚矣,直匍匐㉛而归耳。今子不去,将忘子之故,失子之业。"公孙龙口呿㉜而不合,舌举而不下,乃逸㉝而走。

【注释】

① 穷：穷难。

② 至达：无所不通。

③ 汒焉：茫然。异：惊奇。

④ 埳井：坏井，废井。

⑤ 跳梁：跳跃。井干：井栏。

⑥ 缺甃：破砖。崖：井壁。

⑦ 接腋持颐：指蛙浮游在水中，两腋和两鳃露出水面，犹如水托起一样。

⑧ 蹶泥：在泥中跳跃。灭：没。跗：脚背。

⑨ 还：环顾。虷：井中赤虫。科斗：即蝌蚪。

⑩ 擅：独自占有。

⑪ 跨跱：盘踞。

⑫ 絷：绊住。

⑬ 逡巡：有所顾虑的样子。

⑭ 顷久：短暂和长久。推移：改变。

⑮ 适适然：惊恐的样子。

⑯ 规规然：自我失落的样子。

⑰ 竟：同"境"。

⑱ 商蚷：即马蚿。

⑲ 自适：自我感觉良好。一时之利：指辩论暂时的取胜。

⑳ 趾：脚踩。黄泉：地下深处的泉水。大皇：指天。

㉑ 奭然：形容消散的样子。四解：到处扩散。

㉒ 沦：入，渗入。不测：无法测量的深处。

㉓ 玄冥：微妙的境界。

㉔ 反：同"返"。大通：无所不通。

㉕ 规规然：浅陋、拘泥的样子。察：琐小的观察。

㉖ 索：探索。辩：诡辩。
㉗ 指地：指用锥子尖测量大地的厚度。
㉘ 余子：未成年的少年。
㉙ 国能：著称于一国的技能。
㉚ 故行：原来走路的样子。
㉛ 匍匐：爬地而行。
㉜ 口呿：张着嘴的样子。
㉝ 逸：奔逃。

【评析】

本章中，作者设计了一则寓言，借公子牟之口对庄子的老对手公孙龙进行了一番训诫。公子牟认为，尽管公孙龙自以为有辩才，与对手较量，无不所向披靡，但如此雕虫小技的公孙龙犹如埳井之蛙般狂妄、无知和浅薄，以此说明庄子博大精深的学说，是一般人不可企及的。

庄子钓于濮水。楚王使大夫二人往先焉，曰："愿以境内累①矣！"庄子持竿不顾，曰："吾闻楚有神龟，死已三千岁矣。王巾笥而藏之庙堂②之上。此龟者，宁其死为留骨而贵乎？宁其生而曳尾于涂③中乎？"二大夫曰："宁生而曳尾涂中。"庄子曰："往矣！吾将曳尾于涂中。"

惠子相梁，庄子往见之。或谓惠子曰："庄子来，欲代子相。"于是惠子恐，搜于国中三日三夜。庄子往见之，曰："南方有鸟，其名为鹓鶵，子知之乎？夫鹓鶵发于南海而飞于北海，非梧桐不止④，非练实⑤不食，非醴泉⑥不饮。于是鸱得腐鼠，鹓鶵过之，仰而视之曰：'吓⑦！'今子欲以子之梁国而吓我邪？"

【注释】

① 累：麻烦，辛苦。指委庄子以相位。

② 巾笥：用绸巾包着的竹箱。庙堂：太庙的明堂。
③ 曳：拖。涂：泥。
④ 止：歇息。
⑤ 练实：竹实。
⑥ 醴泉：甘甜的泉水。
⑦ 吓：发怒的呵斥声。

【评析】

　　本章通过庄子辞楚王聘相和鄙视相位之文，表现出作者对权势的厌恶，阐发"无以得殉名"的思想。本章中"宁生而曳尾涂中"的乌龟和鹓鶵的故事在历史上影响深远，常被人们引用。

　　庄子与惠子游于濠梁之上。庄子曰："鯈鱼出游从容①，是鱼之乐也。"惠子曰："子非鱼，安知鱼之乐？"庄子曰："子非我，安知我不知鱼之乐？"惠子曰："我非子，固不知子矣；子固非鱼也，子之不知鱼之乐，全②矣！"庄子曰："请循③其本。子曰'汝安知鱼乐'云者，既已知吾知之而问我。我知之濠上也。"

【注释】

① 鯈鱼：鱼名。从容：悠然自得的样子。
② 全：指驳斥的理由很充分。
③ 循：寻，追溯。

【评析】

　　本章通过庄子与惠施"濠梁观鱼"的故事，形象地说明了道家"物我齐一"的主张。阅读本章，我们可以领略庄子这位辩论才子的辩论风采。

至乐第十八

天下有至乐无有哉？有可以活身①者无有哉？今奚为？奚据②？奚避？奚处？奚就？奚去？奚乐？奚恶？夫天下之所尊者，富贵寿善也；所乐者，身安厚味美服好色音声也；所下者，贫贱夭恶也；所苦者，身不得安逸、口不得厚味、形不得美服、目不得好色、耳不得音声。若不得者，则大忧以惧，其为形③也亦愚哉！夫富者，苦身疾作，多积财而不得尽用，其为形也亦外④矣！夫贵者，夜以继日，思虑善否，其为形也亦疏矣！人之生也，与忧俱生。寿者惛惛⑤，久忧不死，何之苦也！其为形也亦远矣！烈士为天下见善矣，未足以活身。吾未知善之诚善邪？诚不善邪？若以为善矣，不足活身；以为不善矣，足以活人。故曰："忠谏不听，蹲循⑥勿争。"故夫子胥争之，以残其形；不争，名亦不成。诚有善无有哉？今俗之所为与其所乐，吾又未知乐之果乐邪？果不乐邪？吾观夫俗之所乐举群趣⑦者，誙誙然⑧如将不得已，而皆曰乐者，吾未之乐也，亦未之不乐也。果有乐无有哉？吾以无为诚乐矣，又俗之所大苦也。故曰："至乐无乐，至誉无誉。"天下是非果未可定也。虽然，无为可以定是非。至乐活身，唯无为几存⑨。请尝试言之：天无为以之清，地无为以之宁。故两⑩无为相合，万物皆化。芒乎芴乎⑪，而无从出乎！芴乎芒乎，而无有象⑫乎！万物职职⑬，皆从无为殖。故曰："天地无为也而无不为也。"人也孰能得无为哉！

【注释】

① 活身：保全身体。

② 据：凭据，依靠。

③ 为形：保全身体。

④ 外：外道，外行。下文中"疏""远"义几同此，意在说明违背修身养性之道。

⑤ 惛惛：迷迷糊糊，神志不清。

⑥ 蹲循：逡巡。

⑦ 趣：趋，往。

⑧ 诱诱然：竞相奔走的样子。

⑨ 几：差不多。存：存身，全身。

⑩ 两：指天和地。

⑪ 芒乎芴乎：恍恍惚惚。

⑫ 有象：显示出物象。

⑬ 职职：繁多旺盛的样子。

【评析】

本章为全篇的中心思想，所论主题为"至乐活身，唯无为几存"。文中对世俗孜孜追求的种种"至乐"表现进行了批驳，认为无为就是最大的快乐，只有无为才能无忧无虑，无所惧怕。

庄子妻死，惠子吊之，庄子则方箕踞鼓盆①而歌。惠子曰："与人居②，长子③、老、身死，不哭亦足矣，又鼓盆而歌，不亦甚乎！"庄子曰："不然。是其始死也，我独何能无概④！然察其始而本无生；非徒无生也，而本无形；非徒无形也，而本无气。杂乎芒芴之间，变而有气，气变而有形，形变而有生。今又变而之死。是相与为春秋冬夏四时行也。人且偃然寝于巨室⑤，而我嗷嗷然⑥随而哭之，自以为不通乎命，故止也。"

【注释】

① 方：正在。箕踞：形似竹箕地坐着，指不拘礼节的坐姿。鼓盆：敲着瓦缶。

② 与人居：共同居住生活。

③ 长子：生养子女。

④ 概：悲痛。

⑤ 偃然：安然。寝：睡眠，卧。巨室：巨大的房间，指天地。

⑥ 嗷嗷然：发出哭声的样子。

【评析】

本章为众人皆知的庄子妻死而"鼓盆而歌"的故事。作者以此事为例指出，生死犹如"春秋冬夏四时"，是自然的变化，无须为之悲伤。

支离叔与滑介叔观于冥伯之丘、昆仑之虚，黄帝之所休。俄而柳①生其左肘，其意蹶蹶然恶②之。支离叔曰："子恶之乎？"滑介叔曰："亡，予何恶！生者，假借③也。假之而生生者，尘垢也。死生为昼夜。且吾与子观化而化及我④，我又何恶焉！"

【注释】

① 俄而：一会儿。柳：通"瘤"。

② 蹶蹶然：惊恐的样子。恶：厌恶。

③ 假借：寄托。

④ 观化：观察事物的造化。化及我：这种造化在我身上出现。

【评析】

本章中，作者以赞赏的口吻表述滑介叔对于自身的疾病所表现出来的豁达态度，指出疾疫也是一种自然变化在人身体上的反映，不要为之介意。

庄子之楚，见空髑髅①，髐然②有形。撽以马捶③，因而问之，曰："夫子贪生失理④而为此乎？将子有亡国之事、斧钺之诛，⑤而为此乎？将子有不善之行，愧遗⑥父母妻子之丑而为此乎？将子有冻馁之患而为此乎？将子之春秋⑦故及此乎？"于是语卒，援⑧髑髅，枕而卧。夜半，髑髅见梦曰："向子之谈者似辩士，视子所言，皆生人之累也，死则无此矣。子欲闻死之说乎？"庄子曰："然。"髑髅曰："死，无君于上，无臣于下，亦无四时之事，从然以天地为春秋，虽南面王乐，不能过也。"庄子不信，曰："吾使司命⑨复生子形，为子骨肉肌肤，反子父母、妻子、闾里、知识，子欲之乎？"髑髅深矉蹙额⑩曰："吾安能弃南面王乐而复为人间之劳乎！"

【注释】

① 髑髅：死人头骨。

② 髐然：白骨干枯无润泽的样子。

③ 撽：敲打。马捶：马鞭子。

④ 贪生失理：贪生怕死，丧失人之常理。

⑤ 将：抑或。斧钺之诛：指兵祸。

⑥ 遗：留给。

⑦ 春秋：寿命。

⑧ 援：用手拿过来。

⑨ 司命：掌管生死之事的神灵。

⑩ 深矉蹙额：极其厌烦的样子。

【评析】

作者的想象力是极其丰富的，他匠心独运地设计了一空髑髅，而且让它开口评骘人间生死之事。借髑髅之口，强调死了比活着还要快乐，因为死了以后可以摆脱人世间的忧患痛楚。这充分暴露了作者极端的厌世思想。

颜渊东之齐，孔子有忧色。子贡下席①而问曰："小子敢问：回东之齐，夫子有忧色，何邪？"孔子曰："善哉汝问。昔者管子有言，丘甚善之，曰'褚小者不可以怀②大，绠短者不可以汲③深'。夫若是者，以为命有所成而形有所适④也，夫不可损益。吾恐回与齐侯言尧、舜、黄帝之道，而重⑤以燧人、神农之言。彼将内求于己⑥而不得，不得则惑，人惑则死。且女独不闻邪？昔者海鸟止于鲁郊，鲁侯御而觞之于庙，奏《九韶》以为乐，具太牢以为膳。鸟乃眩视忧悲，不敢食一脔，不敢饮一杯，三日而死。此以己养养鸟也，非以鸟养养鸟也。夫以鸟养养鸟者，宜栖之深林，游之坛陆⑦，浮之江湖，食之鳅鲦⑧，随行列而止，委蛇⑨而处。彼唯人言之恶闻，奚以夫诡诡⑩为乎！《咸池》《九韶》之乐，张之洞庭之野，鸟闻之而飞，兽闻之而走，鱼闻之而下入⑪，人卒闻之，相与还⑫而观之。鱼处水而生，人处水而死。彼必相与⑬异，其好恶故异也。故先圣不一其能，不同其事。名止于⑭实，义设于适，是之谓条达而福持⑮。"

【注释】

① 下席：离开席位。

② 褚：衣袋。怀：容纳。

③ 绠：井绳。汲：取水。

④ 成：定。适：宜。

⑤ 重：复。

⑥ 彼：他，指齐侯。内求于己：按照尧、舜之道而自我内省。

⑦ 坛陆：广阔的陆地。

⑧ 鳅鲦：泛指鱼类。

⑨ 委蛇：随顺、逍遥的样子。

⑩ 诡诡：指《九韶》音乐的嘈杂声。

⑪ 下入：沉入水中。

⑫ 还：同"环"，围绕。

⑬ 相与：共同。

⑭ 止于：限于。

⑮ 条达：条理通达。福持：拥有幸福。

【评析】

　　本章作者借孔子教诲子贡之语指出，由于时间、地点、环境和种类相异，万物的习惯、好恶、自然本性也就不同，因此行为谋事不可勉强，更不可强加于人，否则会出现悲剧。只有无为而顺其自然，才能一切顺心而达"至乐"的境界。

　　列子行，食于道，从见①百岁髑髅，攓蓬②而指之曰："唯予与汝知而未尝死、未尝生也。若果养③乎？予果欢乎？"种有几④，得水则为㡭⑤，得水土之际则为蛙蠙之衣⑥，生于陵屯则为陵舄⑦，陵舄得郁栖则为乌足⑧，乌足之根为蛴螬⑨，其叶为胡蝶。胡蝶胥⑩也化而为虫，生于灶下，其状若脱⑪，其名为鸲掇⑫。鸲掇千日为鸟，其名为干余骨。干余骨之沫为斯弥⑬，斯弥为食醯⑭。颐辂⑮生乎食醯，黄軦生乎九猷⑯，瞀芮生乎腐蠸⑰，羊奚比乎不笋⑱，久竹生青宁⑲，青宁生程⑳，程生马，马生人，人又反入于机㉑。万物皆出于机，皆入于机。

【注释】

① 从见：因而看见。

② 攓蓬：拔起蒿草。

③ 果：果真。养：同"恙"，忧愁。

④ 几：种子发芽所需的物质。

⑤ 㡭：同"继"。生物生机中断后重新恢复如故，称"继"。

⑥ 蛙蠙之衣：青苔。

⑦ 陵屯：高地。陵舄：车前草。

⑧ 郁栖：粪土。乌足：草名。

⑨ 蛴螬：金龟子的幼虫。

⑩ 胥：不久。

⑪ 脱：蜕壳，蜕皮。

⑫ 鸲掇：虫名。

⑬ 斯弥：虫名。

⑭ 食醯：醋。

⑮ 颐辂：虫名。下文"黄軦"同。

⑯ 九猷：过期变质的酒。

⑰ 瞀芮：虫名。腐蠸：腐烂的野猪肉。

⑱ 羊奚：草名。不箰：不能长笋的老竹子。

⑲ 久竹：生长时间长的竹子。青宁：虫名。

⑳ 程：虫名。

㉑ 机：即"种有几"之"几"。

【评析】

　　作者认为，万物形、态虽异，但其根源"机"却是同一的，即"万物皆出于机，皆入于机"。万物的机变是周而复始、循环反复的，人的生死寿夭也如此。明于此，就可以泰然对待生死诸事，无须对生死患得患失，顺随自然，进而达到"至乐"的境界。

达生第十九

达生之情①者，不务生之所无以为②；达命之情者，不务知之所无奈何③。养形必先之以物，物有余而形不养者有之矣。有生必先无离形④，形不离而生亡者有之矣。生之来不能却，其去不能止。悲夫！世之人以为养形足以存生，而养形果不足以存生，则世奚足为哉！虽不足为而不可不为者，其为不免矣！夫欲免为形者，莫如弃世。弃世则无累，无累则正平⑤，正平则与彼更生⑥，更生则几⑦矣！事奚足弃而生奚足遗⑧？弃事则形不劳，遗生则精不亏。夫形全精复⑨，与天为一。天地者，万物之父母也。合则成体⑩，散则成始⑪。形精不亏，是谓能移⑫。精而又精⑬，反以相⑭天。

【注释】

① 情：实际情况。
② 务：追求。所无以为：不必要的。
③ 所无奈何：无所能力的。
④ 无离形：不离开形体。
⑤ 正平：心性纯正平和。
⑥ 彼：形体。更生：演化更新。
⑦ 几：差不多，指领悟"道"的妙蕴。
⑧ 遗：忘却，忘怀。
⑨ 复：恢复，回复。
⑩ 体：万物的形体。
⑪ 始：天和地。

⑫ 移：变化。

⑬ 精：精纯。

⑭ 相：辅佐，帮助。

【评析】

　　本章说明保养形体并非等同于养生，养生的关键是要抛却世事，忘却人生，做到"形精不亏"，从而与天地合为一体，形、精并养。

　　子列子问关尹曰："至人潜行不窒①，蹈火不热，行乎万物之上而不栗②。请问何以至于此？"关尹曰："是纯气之守③也，非知巧果敢之列④。居⑤，予语女。凡有貌象声色者，皆物也，物与物何以相远！夫奚足以至乎先！是色而已。则物之造乎不形⑥，而止乎无所化⑦。夫得是而穷⑧之者，物焉得而止焉！彼将处乎不淫之度⑨，而藏乎无端之纪⑩，游乎万物之所终始。壹⑪其性，养其气，合其德，以通乎物之所造⑫。夫若是者，其天守⑬全，其神无郤⑭，物奚自入焉！夫醉者之坠车，虽疾⑮不死。骨节与人同而犯害与人异，其神全也。乘亦不知也，坠亦不知也，死生惊惧不入乎其胸中，是故遻物而不慴⑯。彼得全于酒而犹若是，而况得全于天乎？圣人藏于天，故莫之能伤也。复仇者，不折镆、干；虽有忮心⑰者，不怨飘瓦，是以天下平均，故无攻战之乱，无杀戮之刑者，由此道也。不开人之天⑱，而开天之天⑲。开天者德生⑳，开人者贼㉑生。不厌其天，不忽于人，民几乎以其真。"

【注释】

① 潜行：潜入水中行走。窒：窒息。

② 万物之上：言其走在很高的地方。栗：害怕。

③ 纯气之守：保持纯正之气。

④ 知：同"智"。之列：一类的东西。

⑤ 居：坐下。

⑥ 不形：没有形体。

⑦ 无所化：无所变化。

⑧ 是：此。穷：穷究。

⑨ 彼：他，指"得是而穷之者"。淫：过分。度：法度。

⑩ 无端：没有起点，没有终点。纪：准则。

⑪ 壹：使……纯一。

⑫ 造：到达，即物要达到的自然境界。

⑬ 天守：纯气，即本真。

⑭ 郄：缝隙。

⑮ 疾：轻伤。

⑯ 遻：遇到。憎：恐惧，害怕。

⑰ 忮心：猜忌之心。

⑱ 人之天：人的智巧。

⑲ 天之天：自然的本性。

⑳ 德生：形成良好的道德。

㉑ 贼：祸害。

【评析】

　　本章的主旨就是关尹所说的"不开人之天，而开天之天。开天者德生，开人者贼生。不厌其天，不忽于人，民几乎以其真"。认为坚守虚无之"天道"，随顺自然，如醉似痴，不与外发生矛盾，就是精神最健全的境界。

　　仲尼适①楚，出②于林中，见痀偻者承蜩③，犹掇④之也。仲尼曰："子巧乎，有道邪？"曰："我有道也。五六月累丸二而不坠，则失者锱铢⑤；累三而不坠，则失者十一；累五而不坠，犹掇之也。吾处身⑥也，若厥株拘⑦；吾执⑧臂也，若槁木之枝。虽天地之大，万物之多，而唯蜩翼之知。吾不反不侧⑨，不以万物易蜩之翼，何为而不得！"孔子顾谓弟子曰："用志不分，乃疑于神⑩。其痀偻丈人之谓乎！"

【注释】

① 适：往，到。

② 出：经过。

③ 痀偻：驼背。承蜩：抓蝉的一种方法，即在竹竿顶端上装上胶状物将蝉粘住。

④ 掇：拾取。

⑤ 锱铢：取其量轻之意，即很少。

⑥ 处身：承蜩时对身体的要求，即稳住身体。

⑦ 若厥株拘：像木橛、树干那样站立不动。

⑧ 执：持。

⑨ 不反不侧：专心致志，丝毫不动。

⑩ 疑于神：疑，同"凝"，专注。精神专注。

【评析】

　　本章通过对驼背老人高超的粘蝉技术之描述，以及老人关于练就技术过程的讲述，意在说明凡事只要排除外来干扰，精神集中，"用志不分，乃疑于神"，没有达不到目的的。然而，本章所宣传的"用志"与《庄子》中的相关篇章大有相忤之处。

　　颜渊问仲尼曰："吾尝济乎觞深①之渊，津人②操舟若神。吾问焉曰：'操舟可学邪？'曰：'可。善游者数能③。若乃夫没人④，则未尝见舟而便⑤操之也。'吾问焉而不吾告，敢问何谓也？"仲尼曰："善游者数能，忘水⑥也；若乃夫没人之未尝见舟而便操之也，彼视渊若陵，视舟若履，犹其车却也。覆却万方陈乎前而不得入其舍⁷，恶往而不暇⁸！以瓦注者巧⁹，以钩注者惮⁑，以黄金注者殙⑪。其巧一也，而有所矜⑫，则重外⑬也。凡外重者内拙。"

【注释】

① 济：渡过。觞深：又宽又深。
② 津人：以摆船渡人过河为生的人。
③ 数能：很快就可以学会。
④ 没人：善于潜水的人。
⑤ 便：熟练。
⑥ 忘水：即不把水放在心上。
⑦ 覆却万方：变故无数。舍：内心。
⑧ 恶往：哪里有。暇：从容自得。
⑨ 瓦注：以瓦块作为赌注。巧：技术熟练
⑩ 钩注：以带钩作为赌注。惮：内心害怕。
⑪ 殙：心神混乱。因为赌注有大小，想赢怕输，所以表现出来的心态不一。
⑫ 矜：矜持，慎重。
⑬ 重外：注重外物。

【评析】

作者通过孔子所讲"操舟""赌博"的故事，分别从正、反两个方面说明了外物对人的精神的影响，认为只有排除精神上外加的负担，行事才能成功。

　　田开之见周威公，威公曰："吾闻祝肾学生①，吾子与祝肾游，亦何闻焉？"田开之曰："开之操拔篲以侍②门庭，亦何闻于夫子！"威公曰："田子无让③，寡人愿闻之。"开之曰："闻之夫子曰：'善养生者，若牧羊然，视其后者而鞭④之。'"威公曰："何谓也？"田开之曰："鲁有单豹者，岩居而水饮，不与民共利⑤，行年七十而犹有婴儿之色，不幸遇饿虎，饿虎杀而食之。有张毅者，高门县薄⑥，无不走也，行年四十而有内热之病⑦以死。豹养其内而虎食其外，毅养其外而病攻其内。此二子者，皆不鞭其后者也。"仲尼曰："无入而藏⑧，无出而阳⑨，柴立其中央⑩。三者若得，其名必极⑪。夫畏涂⑫者，十杀一人，则父子兄弟相戒也，必盛卒徒而后敢出焉，不亦知乎！人之所取畏者，衽席之上⑬，饮食之间，而不知为之戒者，过也！"

【注释】

① 学生：学习养生之道。

② 操拔篲：做些扫地等家务事。侍：侍奉。

③ 让：谦让。

④ 鞭：鞭策。

⑤ 共利：分享利益。

⑥ 高门县薄：指富豪之家和穷人之家。

⑦ 内热之病：因趋利甚急而心火特旺，久滞成疾。

⑧ 入而藏：深深地隐藏起来。

⑨ 出而阳：太过于出头露面。

⑩ 柴立：像槁木一样地直立。中央：指在"出""入"中间。

⑪ 极：最高。

⑫ 畏涂：害怕路途不平安。

⑬ 衽席之上：指男女淫色之事。

【评析】

"鞭其后"，这是田开之援用祝肾之语，也是本章的中心旨趣。何谓"鞭其后"？即时刻不忘告诫自己注意兼顾形体上和心性上的保全，以促使二者并举。为明此，文中以单豹、张毅为例，二人由于心性不同，遂有两种不同的结局，指出二人的做法皆不足取。

祝宗人玄端以临牢筴说彘①，曰："汝奚恶死！吾将三月豢②汝，十日戒③，三日齐，藉白茅④，加汝肩尻乎雕俎⑤之上，则汝为之乎？"为彘谋⑥曰："不如食以糠糟而错⑦之牢筴之中。"自为谋，则苟生有轩冕⑧之尊，死得于腞楯之上、聚偻⑨之中则为之。为彘谋则去之，自为谋则取之，所异彘者何也！

【注释】

① 祝宗人：主持祭祀祈祷者。玄端：祭祀时所穿的黑色衣服。临：靠近，走近。牢筴：猪圈。说：劝说。彘：猪。
② 豢：喂养。
③ 戒：斋戒。下文"齐"，同"斋"。十日戒：十天一戒。下文"三日齐"用法同此。
④ 藉：垫。白茅：草名。
⑤ 尻：屁股。雕俎：雕饰华丽的祭祀器具。
⑥ 谋：筹谋。
⑦ 错：同"措"，放置。
⑧ 苟：假如，如果。轩冕：代表荣耀和地位的车马衣冠。
⑨ 腞楯：有画饰的殡车。聚偻：装饰华美的棺椁。

【评析】

本章中，作者把作为祭品的猪和追求爵禄荣华的人视为同一，认为拥有高官厚禄却丧失自由乃至生命的人和在供桌上被礼遇而遭宰杀的猪别无二致。

桓公田于泽①，管仲御②，见鬼焉。公抚管仲之手曰："仲父何见？"对曰："臣无所见。"公反，诶诒③为病，数日不出。齐士有皇子告敖者，曰："公则自伤，鬼恶能伤公！夫忿滀④之气，散而不反，则为不足；上而不下，则使人善怒；下而不上，则使人善忘；不上不下，中身当心，则为病。"桓公曰："然则有鬼乎？"曰："有。沈⑤有履。灶有髻。户内之烦壤⑥，雷霆处之；东北方之下者倍阿⑦，鲑蠪⑧跃之；西北方之下者，则泆阳处之。水有罔象，丘有峷，山有夔，野有彷徨，泽有委蛇。"公曰："请问委蛇之状何如？"皇子曰："委蛇，其大如毂⑨，其长如辕⑩，紫衣而朱冠。其为物也恶⑪，闻雷车之声⑫则捧其首而立。见之者殆乎⑬霸。"桓公囅然⑭而笑曰："此寡人之所见者也。"于是正衣冠与之坐，不终日而不知病之去也。

【注释】

① 田：打猎。泽：草木众多的水旁地。

② 御：驾车。

③ 诶诒：失魂落魄的样子。

④ 忿：满。滀：集结。

⑤ 沈：宫寝。

⑥ 烦壤：粪土，垃圾。

⑦ 倍阿：北边的一个角。

⑧ 鲑蠪：鬼神名。上文"履""髻""雷霆"，以及下文"泆阳""罔象""峷""夔""彷徨""委蛇"等，或为鬼神名，或为兽名。

⑨ 毂：车轮。

⑩ 辕：车辕，车前驾牲畜的直木。

⑪ 恶：丑陋。

⑫ 雷车之声：车子行走时发出的响亮的声音。

⑬ 殆乎：几乎。
⑭ 蹴然：笑逐颜开的样子。

【评析】

本章以齐桓公狩猎时看见鬼后的故事，向人们昭示精神作用的因素对人生命的重要作用，它既可以置人于绝死之境，亦可以使人起死回生。

纪渻子为王养斗鸡。十日而问："鸡已乎？"曰："未也，方虚憍而恃气①。"十日又问，曰："未也，犹应向景②。"十日又问，曰："未也，犹疾视③而盛气。"十日又问，曰："几矣，鸡虽有鸣者，已无变矣，望之似木鸡矣，其德全矣。异鸡④无敢应者，反⑤走矣。"

【注释】

① 虚憍：骄傲自矜而无实际能力。恃气：自恃一时的气势。
② 应：反应。向：同"响"，声音。景：同"影"。
③ 疾视：意为眼睛对外物的举动反应很快。
④ 异鸡：其他鸡。
⑤ 反：同"返"。

【评析】

呆若木鸡之鸡是得"道"后德行完备之鸡的典型代表。作者借此告诉我们：守气养神是制胜的秘密武器，无好胜之心则无所不胜，所向披靡。

孔子观于吕梁，县水①三十仞，流沫四十里，鼋鼍鱼鳖之所不能游也。见一丈夫②游之，以为有苦而欲死也。使弟子并流③而拯之。数百步而出，被发④行歌而游于塘下。孔子从而问焉，曰："吾以子为鬼，察子则人也。请问：蹈水⑤有道乎？"曰："亡，吾无道。吾始乎故⑥，长乎性⑦，成乎命⑧。与齐⑨俱入，与汩⑩偕出，从水之道而不为私⑪焉。此吾所以蹈之也。"孔子曰："何谓'始乎故，长乎性，成乎命'？"曰："吾生于陵⑫而安于陵，故也；长于水而安于水，性也；不知吾所以然而然，命也。"

【注释】

① 县水：即"悬水"，瀑布。
② 丈夫：对成年男子的称呼。
③ 并流：沿着水流。
④ 被发：披发。
⑤ 蹈水：在水中游动。
⑥ 故：本有，故有。
⑦ 性：习性。
⑧ 命：性命。
⑨ 齐：漩涡。
⑩ 汩：涌出的水流。
⑪ 从水之道：顺从水的规律。不为私：不以己意而行动。
⑫ 陵：高地。

【评析】

吕梁男子善游，其诀窍在于"从水之道而不为私"，即随水流规律而动，而不是以自己的主观臆断而动。顺应自然而不应有个人作为，是作者本章要说明的道理。然而，吕梁男子善游之事却又表明：在实践活动中，敢于探索，掌握事物发展规律，才能获得自由，这绝非"无为"所能达到的。

梓庆削木为鐻①，鐻成，见者惊犹鬼神。鲁侯见而问焉，曰："子何术以为焉？"对曰："臣，工人，何术之有！虽然，有一焉：

臣将为镰，未尝敢以耗气②也，必齐③以静心。齐三日，而不敢怀庆赏爵禄；齐五日，不敢怀非誉巧拙；齐七日，辄然④忘吾有四枝形体也。当是时也，无公朝。其巧专而外骨消⑤，然后入山林，观天性形躯⑥，至矣，然后成见镰，然后加手焉，不然则已。则以天合天⑦，器之所以疑神者，其是与！"

【注释】

① 梓：官名。镰：悬挂钟、鼓等乐器的木架。
② 耗气：耗费精气。
③ 齐：斋戒。下同。
④ 辄然：不动的样子。
⑤ 巧专：专心于工艺的精巧。外骨消：外物的干扰统统消失了。
⑥ 天性：指木材的天然纹理等性状。形躯：指木材的形状。
⑦ 以天合天：以天然的木材去和天然的镰相结合。

【评析】

梓庆削木为镰的故事揭示了养生之术：摒除杂念，忘物忘我，顺乎天然万物之性。

东野稷以御见庄公，进退中绳①，左右旋中规②。庄公以为文③弗过也。使之钩百而反④。颜阖遇之，入见曰："稷之马将败⑤。"公密⑥而不应。少焉，果败而反。公曰："子何以知之？"曰："其马力竭矣，而犹求焉，故曰败。"

【注释】

① 中绳：指马车行得很直。
② 左右旋：左右转弯。中规：指马车行驶的轨迹很圆。
③ 文：有人认为是"父"字之讹。父：造父，古时驾马车行家。

④ 钩：屈曲而行。反：同"返"。

⑤ 败：出事故。

⑥ 密：沉默。

【评析】

东野稷以其智巧而驾车娴熟，但颜阖则以为会有危险，因为他认为追求名誉，违反天性，则事无不败。

工倕旋而盖规矩①，指与物化而不以心稽②，故其灵台一而不桎③。忘足，履之适也；忘要④，带之适也；知忘是非，心之适也；不内变⑤，不外从⑥，事会⑦之适也；始乎适而未尝不适者，忘适之适也。

【注释】

① 旋：徒手画圈。盖规矩：超过圆规和矩尺。

② 指与物化：手指和物化而为一。稽：考虑。

③ 灵台一：心神纯一。桎：滞塞。

④ 要：同"腰"。

⑤ 不内变：指心神不变。

⑥ 不外从：不随外物而有所改变。

⑦ 事会：与外界事物的接触。

【评析】

本章作者意欲说明对一切事物都要无所用心，做事才能成功。但工倕的经验却恰恰相反，它表明对任何事物都要有所用心才能掌握，技巧熟练，才能达到毫不在意的程度。

有孙休者，踵门而诧①子扁庆子曰："休居乡不见谓不修②，临难不见谓不勇。然而田原不遇岁③，事君不遇世④，宾⑤于乡里，逐⑥于州部，则胡罪乎天哉？休恶遇此命也？"扁子曰："子独不闻夫至人之自行邪？忘其肝胆，遗其耳目，芒然彷徨乎尘垢之外，逍遥乎无事之业，是谓'为而不恃，长而不宰'。今汝饰知以惊愚，修身以明汙⑦，昭昭乎若揭⑧日月而行也。汝得全而⑨形躯，具而九窍，无中道夭于聋盲跛蹇而比⑩于人数亦幸矣，又何暇乎天之怨⑪哉！子往矣！"孙子出，扁子入。坐有间，仰天而叹。弟子问曰："先生何为叹乎？"扁子曰："向者休来，吾告之以至人之德，吾恐其惊而遂至于惑也。"弟子曰："不然。孙子之所言是邪，先生之所言非邪，非固不能惑是；孙子所言非邪，先生所言是邪，彼固惑而来矣，又奚罪焉！"扁子曰："不然。昔者有鸟止于鲁郊，鲁君说之，为具太牢以飨之，奏《九韶》以乐之。鸟乃始忧悲眩视，不敢饮食。此之谓以己养养鸟也。若夫以鸟养养鸟者，宜栖之深林，浮之江湖，食之以委蛇，则平陆而已矣。今休，款启⑫寡闻之民也，吾告以至人之德，譬之若载鼷以车马，乐鴳以钟鼓也，彼又恶能无惊乎哉！"

【注释】

① 踵门：登门。诧：告诉。

② 见：被。不修：不修身养德。

③ 田原：指农业耕作。岁：好的年景。

④ 世：盛世。

⑤ 宾：同"摈"，摈弃。

⑥ 逐：被驱逐。

⑦ 汙：同"污"。

⑧ 昭昭乎：明亮的样子。揭：举。

⑨ 而：同"尔"。

⑩ 比：列。

⑪ 何暇：怎么有时间。天之怨：即怨天。

⑫ 款启：见识狭小。

【评析】

　　本章树立了一个世俗之人的典型：孙休。他自以为是，却又牢骚满腹，怨天尤人。作者以扁庆子之口表达了对世俗人的看法，认为埋怨天命却又不顺从的人是难以接受"至人"道德教育的。

山木第二十

庄子行于山中，见大木，枝叶盛茂。伐木者止其旁而不取也。问其故，曰："无所可用。"庄子曰："此木以不材得终其天年①。"夫子出于山，舍②于故人之家。故人喜，命竖子杀雁③而烹之。竖子请曰："其一能鸣，其一不能鸣，请奚杀？"主人曰："杀不能鸣者。"明日，弟子问于庄子曰："昨日山中之木，以不材得终其天年；今主人之雁，以不材死。先生将何处？"庄子笑曰："周将处乎材与不材之间。材与不材之间，似之而非也，故未免乎累。若夫乘道德而浮游则不然，无誉无訾④，一龙一蛇，与时俱化，而无肯专为⑤。一上一下⑥，以和为量⑦，浮游乎万物之祖⑧。物物而不物于物⑨，则胡可得而累邪！此神农、黄帝之法则也。若夫万物之情、人伦之传⑩则不然：合则离，成则毁，廉则挫⑪，尊则议⑫，有为则亏，贤则谋⑬，不肖则欺。胡可得而必乎哉！悲夫，弟子志之，其唯道德之乡乎！"

【注释】

① 天年：自然的寿命。

② 舍：住宿。

③ 竖子：童子。雁：鹅。

④ 訾：诋毁。

⑤ 专为：自作主张。

⑥ 上、下：分别指进取与退却。

⑦ 和：淳和。量：尺度。
⑧ 万物之祖：道的境界。祖，始。
⑨ 不物于物：不被万物所役使。
⑩ 伦：类。传：习俗。
⑪ 廉则挫：锋利就会被挫损。
⑫ 尊则议：尊贵就会招来非议。
⑬ 谋：谋算。

【评析】

　　人生在世，如何生存，如何处世？庄子这里讲了一个故事。以这个故事中的木、雁折射人：一个人成材是患，不成材也是患，而处在成材与不成材之间也会有拖累，怎么办？庄子说，按他的方法去做。这方法就是游于无为的道德境界。

　　市南宜僚见鲁侯，鲁侯有忧色。市南子曰："君有忧色，何也？"鲁侯曰："吾学先王之道，修先君之业；吾敬鬼尊贤，亲而行之，无须臾离居①。然不免于患，吾是以忧。"市南子曰："君之除患之术浅矣！夫丰②狐文豹，栖于山林，伏于岩穴，静也；夜行昼居，戒也；虽饥渴隐约③，犹且胥疏④于江湖之上而求食焉，定⑤也。然且不免于罔罗机辟之患，是何罪之有哉？其皮为之灾也。今鲁国独非君之皮邪？吾愿君刳形⑥去皮，洒心⑦去欲，而游于无人之野。南越有邑焉，名为'建德之国'。其民愚而朴，少私而寡欲；知作而不知藏，与⑧而不求其报；不知义之所适⑨，不知礼之所将⑩。猖狂⑪妄行，乃蹈乎大方⑫。其生可乐，其死可葬。吾愿君去国捐俗，与道相辅而行。"君曰："彼其道远而险，又有江山，我无舟车，奈何？"市南子曰："君无形倨⑬，无留居⑭，以为君车。"君曰："彼其道幽远而无人，吾谁与为邻？吾无粮，我无食，安得而至焉？"市南子曰："少君之费，寡君之欲，虽无粮而乃足。君其涉于江而浮于海，望之而不见其崖，愈往而不知其所穷。送君者皆自崖而反。君自此远矣！故有人⑮者累，见有于人⑯者忧。故尧非有人，非见有于人也。吾愿去君之累，除君之忧，而独与道游于大莫⑰之国。方舟而济⑱于河，有虚船⑲来触舟，虽有偏心⑳之人不怒。有一人在其上，则呼张歙之㉑。一呼而不闻，再呼而不闻，于是三呼邪，则必以恶声随之。向也不怒而今也怒，向也虚而今也实。人能虚己以游世，其孰能害之！"

【注释】

① 须臾：极为短暂的时间。居：停止。
② 丰：大。
③ 隐约：潜藏。
④ 犹且：仍然，还。胥疏：缓慢行驶。
⑤ 定：镇定。
⑥ 刳形：剖开身体。
⑦ 洒心：洗心。
⑧ 与：给予，施舍。
⑨ 适：趋向。
⑩ 将：施行。
⑪ 猖狂：随心所欲。
⑫ 蹈乎大方：在"大道"上行走。
⑬ 形倨：形色骄矜。
⑭ 留居：停滞不前。
⑮ 有人：统治人民。
⑯ 见有于人：被别人统治。
⑰ 大莫：即"大漠"，广漠。
⑱ 方舟：放舟。济：渡。

⑲ 虚船：空船。
⑳ 惼心：心胸狭窄、急躁。
㉑ 呼张歙之：叫喊着让对方把船撑开或靠拢。

【评析】

本章以学习先王之道、修先君之业、敬鬼尊贤不敢片刻懈怠但仍"不免于患"而为之忧的鲁侯为引子，扩延及整个社会世人之忧，究其原因或统治别人，或被别人统治。鉴于此，作者指出，消除忧愁之心，最好的办法是抛弃诸如权势等外物，清心寡欲，虚怀忘己，这样才能抵达既不统治别人又不被别人统治的彼岸——"建德之国"。这个国度根本不存在，它之所以被作者视为理想的境界，其根源在于作者曾有过统治别人但后来被别人统治的生活体验。所以，这种境界是作者经历生活磨难后的精神寄托和幻想。

北宫奢为卫灵公赋敛①以为钟，为坛乎郭门②之外。三月而成上下之县③。王子庆忌见而问焉，曰："子何术之设？"奢曰："一之间无敢设④也。奢闻之：'既雕既琢，复归于朴。'侗乎⑤其无识，傥乎其怠疑⑥。萃乎芒乎⑦，其送往而迎来。来者勿禁，往者勿止。从其强梁⑧，随其曲傅⑨，因其自穷⑩。故朝夕赋敛而毫毛不挫⑪，而况有大涂⑫者乎！"

【注释】

① 赋敛：征收敛集。
② 坛：铸钟用的土台。郭门：外城墙门。
③ 县：同"悬"。
④ 一：纯一自然。无敢设：不敢使用什么方法。
⑤ 侗乎：一无所知的样子。
⑥ 傥乎：毫无思想的样子。怠疑：痴呆的样子。

⑦ 萃乎：聚集的样子。芒乎：分不清的样子。
⑧ 强梁：刚强不愿顺从。
⑨ 曲傅：委曲顺从。
⑩ 因其自穷：因任百姓，各尽其情。
⑪ 挫：损伤。
⑫ 大涂：大道。

【评析】

本章以北宫奢赋敛为钟的故事向我们说明：行事听顺自然，就可以取得好的效果。

孔子围于陈蔡之间，七日不火食①。大公任往吊②之，曰："子几死乎？"曰："然。""子恶③死乎？"曰："然。"任曰："予尝④言不死之道。东海有鸟焉，其名曰意怠。其为鸟也，翂翂翐翐⑤，而似无能；引援而飞⑥，迫胁⑦而栖；进不敢为前，退不敢为后；食不敢先尝，必取其绪⑧。是故其行列不斥，而外人卒不得害，是以免于患。直木先伐，甘井先竭。子其意者饰知以惊愚，修身以明污，昭昭乎如揭日月而行，故不免也。昔吾闻之大成之人曰：'自伐者无功，功成者堕，名成者亏。'孰能去功与名而还与众人！道流而不明居，得行而不名处；纯纯常常⑨，乃比于狂；削迹捐势⑩，不为功名。是故无责于人，人亦无责焉。至人不闻，子何喜哉！"孔子曰："善哉！"辞其交游，去其弟子，逃于大泽，衣裘褐⑪，食杼栗⑫，入兽不乱群，入鸟不乱行。鸟兽不恶，而况人乎！

【注释】

① 火食：吃熟食。
② 吊：慰问。

③ 恶：厌恶，讨厌。

④ 尝：尝试。

⑤ 翂翂翐翐：飞行舒缓的样子。

⑥ 引援而飞：飞必援引同伴，不敢先起。

⑦ 迫胁：紧挤在一起，依偎。

⑧ 绪：秩序。

⑨ 纯纯：专一。常常：平常。

⑩ 削迹：不留痕迹。捐势：捐弃权势。

⑪ 裘褐：指质朴粗陋的衣服。

⑫ 杼栗：指野生果实。

【评析】

本章寓言中所描写的"孔子"，并非历史上真实的孔子，而是作者为表达主旨而虚拟的人物形象。本章揭示"直木先伐，甘井先竭"的道理，说明抛弃功名利禄，做到与人无争，则可以免除祸害。

孔子问子桑雽曰："吾再逐于鲁，伐树于宋，削迹于卫，穷于商、周，围于陈、蔡之间。吾犯此数患，亲交益疏，徒友益散，何与？"子桑雽曰："子独不闻假人之亡①与？林回弃千金之璧，负赤子②而趋。或曰：'为其布③与？赤子之布寡矣；为其累与？赤子之累多矣。弃千金之璧，负赤子而趋，何也？'林回曰：'彼以利合，此以天属④也。'夫以利合者，迫穷祸患害相弃也；以天属者，迫穷祸患害相收也。夫相收之与相弃亦远矣，且'君子之交淡若水，小人之交甘若醴⑤。君子淡以亲，小人甘以绝'。彼无故以合者，则无故以离。"孔子曰："敬闻命矣！"徐行翔佯⑥而归，绝学⑦捐书，弟子无挹⑧于前，其爱益加进。异日，桑雽又曰："舜之将死，迺命⑨禹曰：'汝戒之哉！形莫若缘⑩，情莫若率⑪。'缘则不离，率则不劳。不离不劳，则不求文以待形⑫。不求文以待形，固不待⑬物。"

【注释】

① 亡：逃亡，逃跑。

② 赤子：婴儿。

③ 布：指钱财。

④ 此以天属：背负婴儿而逃是出于天性。

⑤ 醴：醇酒。

⑥ 翔佯：彷徨。

⑦ 绝学：中止了学术活动。

⑧ 挹：减少。

⑨ 遹命：嘱咐。

⑩ 形：行为。莫若：比不了。缘：随顺。

⑪ 率：遵循。

⑫ 文以待形：用文采来粉饰自己的行为。

⑬ 固：故，所以。待：依赖。

【评析】

"君子之交淡若水"本是孔子儒学的内容，但在庄子笔下，孔子对此却不记得了，乃求教于他人。事实并非如此。作者虚构孔子数厄之后，亲朋故友、高足离他远去的故事，说明人与人之间不可以利相交，而应从天性出发，情感淡泊如水。

庄子衣大布①而补之，正緳系履而过②魏王。魏王曰："何先生之惫③邪？"庄子曰："贫也，非惫也。士有道德不能行，惫也；衣弊履穿，贫也，非惫也，此所谓非遭时也。王独不见夫腾猿④乎？其得枏梓豫章⑤也，揽蔓其枝而王长⑥其间，虽羿、蓬蒙不能眄睨⑦也。及其得柘棘枳枸⑧之间也，危行侧视⑨，振动悼栗⑩，此筋骨非有加急而不柔也，处势不便，未足以逞[11]其能也。今处昏上、乱相之间而欲无惫，奚可得邪？此比干之见[12]剖心，征[13]也夫！"

【注释】

① 大布：粗布。

② 縻：腰带、鞋带等。过：拜访。

③ 惫：困顿。

④ 腾猿：善于攀缘跳跃的猴子。

⑤ 得：身处。柟梓豫章：皆好木名。

⑥ 揽：抓住。蔓：攀引。王长：自称君长。

⑦ 羿：技艺高超的射手。蓬蒙：羿的弟子。睢睨：藐视。

⑧ 柘棘枳枸：身上长有刺的恶木名。

⑨ 危行：行动时警惧。侧视：恐惧而不敢正视。

⑩ 振动：指树枝稍有振动。悼栗：因害怕而发抖。

⑪ 逞：表现。

⑫ 见：被。

⑬ 征：征兆。

【评析】

"今处昏上、乱相之间"既是对统治者的斥责，也是当时社会的真实写照。腾猿在柘棘枳枸间危行侧视、振动悼栗之状，是身处乱世的知识分子的写照；而腾猿在柟梓豫章中"揽蔓其枝而王长其间"又寄托了作者的一片殷切之望。

孔子穷于陈、蔡之间，七日不火食。左据[①]槁木，右击槁枝，而歌焱氏之风[②]，有其具而无其数[③]，有其声而无宫角[④]。木声与人声犁然[⑤]，有当[⑥]于人之心。颜回端拱还目而窥[⑦]之。仲尼恐其广己而造大[⑧]也，爱己而造哀也，曰："回，无受天损[⑨]易，无受人益⑩难。无始而非卒也，人与天一也。夫今之歌者其谁乎！"回曰："敢问无受天损易。"仲尼曰："饥渴寒暑，穷桎不行⑪，天地之行也，运物之泄⑫也，言与之偕逝⑬之谓也。为人臣者，不敢去之⑭。执臣之道犹若是，而况乎所以待天乎？""何谓无受人益难？"仲尼曰："始用四达⑮，爵禄并至而不穷。物之所利，乃非己也，吾命其在外者也。君子不为盗，贤人不为窃，吾若取之何哉？故曰：鸟莫知⑯于鹋鹩，目之所不宜处不给视，虽落其实⑰，弃之而走。其畏人也而袭诸⑱人间。社稷⑲存焉尔。""何谓无始而非卒？"仲尼曰："化其万物而不知其禅⑳之者，焉知其所终？焉知其所始？正而待之㉑而已耳。""何谓人与天一邪？"仲尼曰："有㉒人，天也；有天，亦天也。人之不能有天，性也。圣人晏然体逝而终㉓矣！"

【注释】

① 据：握着。

② 风：乐章。

③ 具：歌唱拍打节奏的工具。数：节奏。

④ 无宫角：即五音不全。

⑤ 犁然：分离十分清楚的样子。

⑥ 当：同"挡"。

⑦ 端拱：拱手端正站立。还目而窥：回目而视。

⑧ 广己：宽慰自己。造：达到。大：夸大。

⑨ 天损：自然的伤害。

⑩ 人益：人为的增益，指荣华富贵等。

⑪ 桎：困住，困滞。不行：不通。

⑫ 运物：天道。泄：发动。

⑬ 之：天道。偕逝：同往。

⑭ 去：离开，违背。之：君主或君命。

⑮ 始用：刚开始出仕。四达：处处顺利。

⑯ 知：同"智"。

⑰ 其实：燕子口中的食物。

⑱ 袭诸：依托于。

⑲ 社稷：指燕子巢穴。

⑳ 化其万物：化育万物。禅：传授，传递。

㉑ 正而待之：抱守正道而等待自己的变化。

㉒ 有：统治。

㉓ 晏然：安然。体逝：形体消失。终：终结一生。

【评析】

　　作者借与庄子处境相似的儒家之祖孔子之口阐述了道家的主张，指出"人与天一也"，客观的情势、人道的更进与变化，都受"天道"的主宰。世人只有怀有天性，安顺于"天道"，方能做到与"天"合一。

　　庄周游于雕陵之樊①，睹一异鹊自南方来者。翼广七尺，目大运②寸，感周之颡③，而集④于栗林。庄周曰："此何鸟哉！翼殷不逝⑤，目大不睹⑥。"蹇裳躩步⑦，执弹而留⑧之。睹一蝉方得美荫而忘其身。螳螂执翳⑨而搏之，见得而忘其形。异鹊从而利⑩之，见利而忘其真⑪。庄周怵然⑫曰："噫！物固相累⑬，二类相召⑭也。"捐弹而反走，虞人逐而谇⑮之。庄周反入，三日不庭⑯。蔺且⑰从而问之，"夫子何为顷间甚不庭乎？"庄周曰："吾守形⑱而忘身，观于浊水而迷于清渊。且吾闻诸夫子曰：'入其俗，从其令。'今吾游于雕陵而忘吾身，异鹊感吾颡，游于栗林而忘真。栗林虞人以吾为戮⑲，吾所以不庭也。"

【注释】

① 雕陵：园名。樊：郊野。

② 运：纵，即直径。

③ 感：碰触。颡：额头。

④ 集：栖息。

⑤ 殷：大。逝：往。此句言鸟翅虽大却不能飞得远。

⑥ 睹：看得清楚。

⑦ 蹇裳：提起衣裳。躩步：快步。

⑧ 留：窥伺。

⑨ 执弹：执，同"蛰"。潜伏在树叶后面。

⑩ 利：获利。

⑪ 真：自身，指其"翼殷不逝，目大不睹"之"真"。

⑫ 怵然：警觉的样子。

⑬ 相累：互相牵累。

⑭ 召：招引、吸引。

⑮ 虞人：看守园林的人。谇：责骂。

⑯ 不庭：不出门庭。

⑰ 蔺且：庄子弟子名。

⑱ 形：指追捕异鹊。

⑲ 戮：侮辱。

【评析】

　　后世"螳螂捕蝉，黄雀在后"的成语，其源乃于本章中所讲的寓言。它告诉我们，任何时候都不能见利忘形，否则会后患无穷。

　　阳子之宋，宿于逆旅①。逆旅人有妾二人，其一人美，其一人恶。恶者贵而美者贱。阳子问其故，逆旅小子对曰："其美者自美②，吾不知其美也；其恶者自恶③，吾不知其恶也。"阳子曰："弟子记之：行贤而去自贤④之行，安往而不爱⑤哉！"

【注释】

① 逆旅：旅店。

② 自美：自己以为自己漂亮。

③ 自恶：自己以为自己丑陋。

④ 去：抛弃。自贤：彰显自己的贤明。

⑤ 安往：到什么地方。爱：被喜爱。

【评析】

"其美者自美，吾不知其美也；其恶者自恶，吾不知其恶也。"这是逆旅人对其美、丑二妾作出判断时所依据的标准。故事表明：自我炫耀者终被人贱弃；为人谦卑者才能为人所敬重。

田子方第二十一

　　田子方侍坐于魏文侯，数称①谿工。文侯曰："谿工，子之师邪？"子方曰："非也，无择②之里人也。称道数当③，故无择称之。"文侯曰："然则子无师邪？"子方曰："有。"曰："子之师谁邪？"子方曰："东郭顺子。"文侯曰："然则夫子何故未尝称之？"子方曰："其为人也真④。人貌而天虚⑤，缘而葆真⑥，清而容物⑦。物无道，正容⑧以悟之，使人之意⑨也消。无择何足以称之！"子方出，文侯傥然⑩，终日不言。召前立臣而语之曰："远⑪矣，全德之君子！始吾以圣知之言、仁义之行为至矣。吾闻子方之师，吾形解而不欲动，口钳而不欲言。吾所学者，直土埂⑫耳！夫魏真为我累耳！"

【注释】

① 称：称扬，称颂。
② 无择：田子方之字。
③ 称道：发表言论。当：正确，有道理。
④ 真：指本性纯真。
⑤ 人貌而天虚：虽为常人之貌，但内心保持着自然的本性。
⑥ 缘而葆真：随顺自然，心性保持自然。
⑦ 清而容物：清静无为而包容万物。
⑧ 正容：端正自己的品行。
⑨ 意：邪念。
⑩ 傥然：若有所失的样子。

⑪ 远：深远无穷。

⑫ 直：只是。土埂：粪土和杂草。

【评析】

本章主旨在于称颂"人貌而天虚，缘而葆真，清而容物"的"真人"。作者理想中的得"道"之人就是能"缘而葆真"者。所谓的"缘而葆真"，是指内能保养其纯正之心而外又能随顺万物。

温伯雪子适齐，舍于鲁。鲁人有请见之者，温伯雪子曰："不可。吾闻中国①之君子，明乎礼义而陋于知人心②。吾不欲见也。"至于齐，反舍于鲁，是人也又请见。温伯雪子曰："往也蕲见我，今也又蕲见我，是必有以振③我也。"出而见客，入而叹。明日见客，又入而叹。其仆曰："每见之客也，必入而叹，何耶？"曰："吾固告子矣：中国之民，明乎礼义而陋乎知人心。昔之见我者，进退一④成规、一成矩，从容⑤一若龙、一若虎。其谏我也似子，其道⑥我也似父，是以叹也。"仲尼见之而不言。子路曰："吾子欲见温伯雪子久矣。见之而不言，何邪？"仲尼曰："若夫人者，目击而道存⑦矣，亦不可以容声⑧矣！"

【注释】

① 中国：中原之国，本文中指齐鲁一带。

② 陋：浅薄。知：通晓。人心：人的心性。

③ 振：匡正。

④ 一：或者。

⑤ 从容：举动。

⑥ 道：导。

⑦ 目击：眼睛一看见。道存：拥有"道"。

⑧ 容声：使用语言。

【评析】

"道存"于身的温伯雪子针对儒学的"明乎礼义而陋于知人心"痼疾,讥刺了齐鲁士人拘泥礼仁却不懂人情心地,是对儒家思想的否定。

颜渊问于仲尼曰:"夫子步亦步,夫子趋亦趋,夫子驰亦驰,夫子奔逸绝尘①,而回瞠若②乎后矣!"夫子曰:"回,何谓邪?"曰:"'夫子步亦步'也,夫子言亦言也;'夫子趋亦趋'也,夫子辩亦辩也;'夫子驰亦驰'也,夫子言道,回亦言道也;及'奔逸绝尘而回瞠若乎后'者,夫子不言而信,不比而周③,无器而民滔④乎前,而不知所以然而已矣。"仲尼曰:"恶!可不察与!夫哀莫大于心死,而人死亦次之。日出东方而入于西极⑤,万物莫不比方⑥,有目有趾者,待是而后成功。是出则存,是入则亡。万物亦然,有待也而死,有待也而生。吾一受其成形⑦,而不化以待尽⑧。效物⑨而动,日夜无隙,而不知其所终。薰然⑩其成形,知命不能规⑪乎其前。丘以是日徂⑫。吾终身与汝交一臂而失之⑬,可不哀与?女殆著乎吾所以著⑭也。彼已尽矣,而女求之以为有,是求马于唐肆⑮也。吾服⑯,女也甚忘;女服,吾也亦甚忘。虽然,女奚患焉!虽忘乎故吾,吾有不忘者存。"

【注释】

① 奔逸绝尘:形容跑得很快。
② 瞠若:瞪大眼睛的样子。
③ 比:亲近。周:团结。
④ 无器:无所不通。民滔:同"民蹈",勉力进取。
⑤ 极:尽头。西极,西方。
⑥ 比方:顺乎其道。
⑦ 受其成形:禀受天道赋予的形体。

⑧ 不化：没有变化。待尽：等待衰竭。
⑨ 效：仿效，即随同。物：事物。
⑩ 薰然：自动的样子或自然萌生的样子。
⑪ 规：测度。
⑫ 日徂：天天进取，即天天与道俱往。
⑬ 交一臂而失之：当面错过。
⑭ 殆：大概。著：见到，看到。
⑮ 唐肆：空无的集市。
⑯ 服：思念。

【评析】

本章所论之意，窃取《论语》相关文意并加以扩延与改变，使儒学宗祖孔子一变成为道家学说代言人。它以孔子的现身说法，阐明儒学不值得一学，学道的人只有转学天道。

孔子见老聃，老聃新沐①，方将被发而干，慹然②似非人。孔子便③而待之。少焉见，曰："丘也眩与？其信然④与？向者先生形体掘⑤若槁木，似遗物离人而立于独也。"老聃曰："吾游心于物之初。"孔子曰："何谓邪？"曰："心困焉而不能知，口辟焉而不能言。尝为汝议乎其将⑥：至阴肃肃⑦，至阳赫赫⑧。肃肃出乎天，赫赫发乎地。两者交通成和而物生焉，或为之纪⑨而莫见其形。消息⑩满虚，一晦一明，日改⑪月化，日有所为而莫见其功。生有所乎萌⑫，死有所乎归，始终相反⑬乎无端，而莫知乎其所穷。非是也，且孰为之宗⑭！"孔子曰："请问游是。"老聃曰："夫得是至美至乐也。得至美而游乎至乐，谓之至人。"孔子曰："愿闻其方⑮。"曰："草食之兽，不疾易⑯薮；水生之虫，不疾易水。行小变而不失其大常也，喜怒哀乐不入于胸次。夫天下也者，万物之所一⑰也。得其所一而同焉，则四支百体将为尘垢，而死生终始将为昼夜，而莫之能滑⑱，而况得丧祸福之所介⑲乎！弃隶者若弃泥涂，知身贵于隶也。贵在于我而不失于变⑳。且万化而未始有极㉑也，夫孰足以患心！已为道者㉒解乎此。"孔子曰："夫子德配天地，而犹假㉓至言以修心。古之君子，孰能脱㉔焉！"老聃曰："不然。夫水之于汋㉕也，无为而才自然矣；至人之于德也，不修而物不能离㉖焉。若天之自高，地之自厚，日月之自明，夫何修焉！"孔子出，以告颜回曰："丘之于道也，其犹醯鸡㉗与！微夫子之发吾覆㉘也，吾不知天地之大全也。"

【注释】

① 新沐：刚刚洗完头发。
② 热然：一动不动的样子。
③ 便：安静地。
④ 信然：情况确实如此。
⑤ 掘：竭。
⑥ 将：大概情况。
⑦ 肃肃：寒冷气。
⑧ 赫赫：炎热气。
⑨ 纪：基。
⑩ 息：生息。
⑪ 改：变化。
⑫ 萌：开端。
⑬ 反：反复。
⑭ 宗：主宰。
⑮ 方：道术，道理。
⑯ 疾：怕。易：变换。
⑰ 所一：统一的地方。

⑱ 滑：扰乱。

⑲ 介：界。

⑳ 不失于变：不因为外界的变化而失却自我。

㉑ 极：穷尽。

㉒ 为道者：修道的人。

㉓ 假：借助于。

㉔ 脱：逃跑。

㉕ 汋：水自然涌出的样子。

㉖ 离：指外物离开而不为所累。

㉗ 醯鸡：一种小飞虫的名称，多生于醋、酒瓮或缸中。

㉘ 微：不是，没有。发吾覆：为我打开缸盖。

【评析】

　　纵谈天地古今、横谈人生礼仁之义的孔子，这次在作者笔下成了向老子求道术的学生。应孔子之邀，老子把"道"的初始情状、修悟"道"的要领和过程，以及得"道"后的心境等与"道"之相关问题进行了讲述，令孔子受益匪浅，并有所感悟，显现了儒学不及道学之实。

　　庄子见鲁哀公，哀公曰："鲁多儒士，少为先生方①者。"庄子曰："鲁少儒。"哀公曰："举鲁国而儒服，何谓少乎？"庄子曰："周闻之：儒者冠圜冠②者知天时，履句履③者知地形，绶佩玦者事至而断④。君子有其道者，未必为其服也；为其服者，未必知其道也。公固以为不然，何不号⑤于国中曰：'无此道而为此服者，其罪死！'"于是哀公号之五日，而鲁国无敢儒服者。独有一丈夫，儒服而立乎公门。公即召而问以国事，千转万变而不穷。庄子曰："以鲁国而儒者一人耳，可谓多乎？"

【注释】

① 方：方术，道术。

② 冠圜冠：戴着圆形的帽子。

③ 履句履：穿着方鞋。

④ 绶佩玦：腰系着佩有玉玦的绶带。事至而断：遇事果断。

⑤ 号：发布号令。

【评析】

　　庄子为鲁哀公所献之策，真可谓高明，它戳穿了多少人的西洋镜，使一些所谓的"儒士"现出原形，与"滥竽充数"所说的道理有异曲同工之妙。同时它又向人们说明，某种理论正确与否，并不能从其支持者多少或受欢迎的程度等方面来说明。

　　百里奚爵禄不入于心，故饭①牛而牛肥，使秦穆公忘其贱，与之政也。有虞氏死生不入于心，故足以动人。

　　宋元君将画图，众史②皆至，受揖③而立，舐笔和墨，在外④者半。有一史后至者，儃儃然不趋⑤，受揖不立，因之舍。公使人视之，则解衣般礴臝⑥。君曰："可矣，是真画者也。"

【注释】

① 饭：喂养。

② 史：职官。

③ 受揖：接受揖手之礼。

④ 外：指前来献艺而在门外等候的人。

⑤ 儃儃然：悠闲的样子。趋：小步前行。

⑥ 般礴：即箕坐，两腿叉开而坐。臝：同"裸"。

【评析】

　　本章仍说"道"。第一段说明修"道"时，生死爵禄都不放在心上，力求做到一个"忘"字；第二段说明得"道"者是伪装不出来的，真正的得"道"者处变不惊，任何时候都是坦然自若的。

文王观于臧①，见一丈夫钓，而其钓莫钓②。非持其钓有钓③者也，常钓④也。文王欲举⑤而授之政，而恐大臣父兄之弗安也；欲终而释之⑥，而不忍百姓之无天⑦也。于是旦而属⑧之大夫曰："昔者寡人梦见良人，黑色而颇⑨，乘驳马而偏朱蹄⑩，号⑪曰：'寓⑫而政于臧丈人，庶几乎民有瘳⑬乎！'"诸大夫蹙然曰："先君王也。"文王曰："然则卜之。"诸大夫曰："先君之命，王其无它，又何卜焉！"遂迎臧丈人而授之政。典法无更，偏令⑭无出。三年，文王观于国，则列士坏植散群⑮，长官者不成德⑯，斔斛⑰不敢入于四竟。列士坏植散群，则尚同⑱也；长官者不成德，则同务⑲也，斔斛不敢入于四竟，则诸侯无二心也。文王于是焉以为大师，北面而问曰："政可以及天下乎？"臧丈人昧然⑳而不应，泛然㉑而辞，朝令而夜循㉒，终身无闻。颜渊问于仲尼曰："文王其犹未㉓邪？又何以梦为乎？"仲尼曰："默，汝无言！夫文王尽之也，而又何论刺㉔焉！彼直以循斯须㉕也。"

【注释】

① 臧：地名。
② 莫钓：不是为了钓鱼。
③ 有钓：真的钓鱼。
④ 常钓：假装钓鱼。
⑤ 举：提拔。
⑥ 释之：舍弃他。
⑦ 无天：失去庇荫。
⑧ 旦：早晨。属：同"嘱"，告诉。

⑨ 顿：颊毛。
⑩ 驳马：杂色的马。偏朱蹄：马的一蹄为朱红色。
⑪ 号：告诉，命令。
⑫ 寓：托付。
⑬ 庶几：差不多。有瘳：获得生命。
⑭ 偏令：政令。
⑮ 坏植散群：朋党离散。
⑯ 成德：显露个人功德。
⑰ 斔斛：两种量器名称。
⑱ 尚同：崇尚同一。
⑲ 同务：努力做好共同的事情。
⑳ 昧然：态度不明朗的样子。
㉑ 泛然：浮泛，漫不经心的样子。
㉑ 循：同"遁"，逃遁。
㉓ 未：德未能取信于人。
㉔ 论刺：议论责怪。
㉕ 直：只是。循：随顺。斯须：短暂的时间。

【评析】

　　臧丈人是一个得道之人，他钓鱼是不钓而钓，他治理国家是"无为"而为，结果仅三年而国家大治，表明以"无为"治理国家行之有效。但当文王欲"有为"而推广其政于天下时，臧丈人朝令而夜逃，不愿"有为"。作者再次强调"无为"论。

　　列御寇为伯昏无人射，引之盈贯①，措②杯水其肘上，发之，适矢复沓③，方矢复寓④。当是时，犹象人⑤也。伯昏无人曰："是射之射，非不射之射也。尝与汝登高山，履危石，临百仞之渊，若能射乎？"于是无人遂登高山，履危石，临百仞之渊，背逡巡⑥，足二分垂在外，揖御寇而进之⑦。御寇伏地，汗流至踵。伯昏无人曰："夫至人者，上窥青天，下潜黄泉，挥斥⑧八极，神气不变。今汝怵然有恂目之志⑨，尔于中也殆矣夫！"

【注释】

① 引：拉弓。盈贯：弓已拉满。
② 措：放置。
③ 适：往，去。沓：又，重。
④ 寓：寄托，放置。
⑤ 象人：泥、木雕塑的人像。
⑥ 背逡巡：背对深渊挪步后退。
⑦ 揖：招手。进之：让他前进。
⑧ 挥斥：放纵。
⑨ 恂目：摇晃不定。志：情状。

【评析】

列御寇射技高超。但临数丈深渊时，他却只有"伏地，汗流至踵"的份了，这说明若有生死之虑，再高明的技能也难以发挥出来，更谈不上什么至善至美的"道"的境界了。

肩吾问于孙叔敖曰："子三为令尹而不荣华，三去之而无忧色。吾始也疑子，今视子之鼻间栩栩然①，子之用心独奈何？"孙叔敖曰："吾何以过人哉！吾以其来不可却也，其去不可止也。吾以为得失之非我也，而无忧色而已矣。我何以过人哉！且不知其在彼乎？其在我乎？其在彼邪亡乎我，在我邪亡乎彼。方将踌躇②，方将四顾③，何暇至乎人贵人贱哉！"仲尼闻之曰："古之真人，知者不得说④，美人不得滥⑤，盗人不得劫，伏羲、黄帝不得友。死生亦大矣，而无变乎己，况爵禄乎！若然者，其神经乎大山而无介⑥，入乎渊泉而不濡，处卑细而不惫，充满天地，既⑦以与人己愈有。"

【注释】

① 栩栩然：欢畅的样子。
② 方将：正在。踌躇：从容自得的样子。
③ 四顾：环顾四方。
④ 说：说服。
⑤ 滥：淫。
⑥ 介：阻挡。
⑦ 既：尽。

【评析】

本章中，孙叔敖是一个"古之真人"的形象，他出任令尹三起三落却无丝毫的喜与忧，他也因此受到了仲尼的颂扬。

楚王与凡君坐，少焉，楚王左右曰"凡亡"者三。凡君曰："凡之亡也，不足以丧吾存①。夫凡之亡不足以丧吾存，则楚之存不足以存存②。由是观之，则凡未始亡而楚未始存也。"

【注释】

① 存：心中所存有的"道"。
② 存存：保存"道"。

【评析】

凡君是又一个得"道"者，身为国君，只关心心中之"道"竟连国家的安危都置于身外了，可见他对"道"笃信到何种程度。在凡君看来，国之存亡，不在于其实，而在于心中是否有其存亡之念。这种无视客观事实而只依凭主观判断者，只能是自欺而已！

知北游第二十二

　　知北游于玄水之上，登隐弅之丘，而适遭无为谓焉。知谓无为谓曰："予欲有问乎若：何思何虑则知道？何处何服①则安道？何从何道则得道②？"三问而无为谓不答也。非不答，不知答也。知不得问，反于白水之南，登狐阕之上，而睹狂屈焉。知以之言也问乎狂屈。狂屈曰："唉！予知之，将语若。"中欲言而忘其所欲言。知不得问，反于帝宫，见黄帝而问焉。黄帝曰："无思无虑始知道，无处无服始安道，无从无道始得道。"知问黄帝曰："我与若知之，彼与彼不知也，其孰是邪？"黄帝曰："彼无为谓真是也，狂屈似之，我与汝终不近也。夫'知者不言，言者不知'，故圣人行不言之教。道不可致，德不可至。仁可为也，义可亏③也，礼相伪④也。故曰：'失道而后德，失德而后仁，失仁而后义，失义而后礼。'礼者，道之华⑤而乱之首也。故曰：'为道者日损⑥，损之又损，以至于无为。无为而无不为也。'今已为物也，欲复归根，不亦难乎！其易也其唯大人⑦乎！生也死之徒⑧，死也生之始，孰知其纪⑨！人之生，气之聚也。聚则为生，散则为死。若死生为徒，吾又何患！故万物一也。是其所美⑩者为神奇，其所恶者为臭腐。臭腐复化为神奇，神奇复化为臭腐。故曰：'通天下一气耳。'圣人故贵一。"知谓黄帝曰："吾问无为谓，无为谓不应我，非不我应，不知应我也；吾问狂屈，狂屈中欲告我而不我告，非不我告，中欲告而忘之也；今予问乎若，若知之，奚故不近？"黄帝曰："彼其真是也，以其不知也；此其似之也，以其忘之也；予与若终不近也，以其知之也。"狂屈闻之，以黄帝为知言。

【注释】

① 处：处世。服：行事。

② 从：采取什么准则。道：途径。

③ 亏：议论，谈说。

④ 伪：虚伪，弄虚作假。

⑤ 华：虚饰，虚华。

⑥ 日损：每天捐弃一些人为的因素，如智慧等等。

⑦ 大人：至人，真人。

⑧ 徒：同类。

⑨ 纪：端始。

⑩ 美：喜欢。

【评析】

本章主要是以寓言的形式谈论如何认识"道"的问题。作者认为，求知不如无知，闻不如不闻，言不如欲言，欲言不如不言。无知、不闻、不言才是知"道"的表现，因为"大道"是虚无的，"有为"不如"无为"。

天地有大美①而不言，四时有明法②而不议，万物有成理③而不说。圣人者，原天地之美而达④万物之理。是故至人无为，大圣不作，观于天地之谓也。今彼神明至精，与彼百化⑤。物已死生方圆，莫知其根也。扁然而万物⑥，自古以固存。六合为巨，未离其内；秋豪为小，待之成体；天下莫不沈浮⑦，终身不故⑧；阴阳四时运行，各得其序；惛然⑨若亡而存；油然⑩不形而神；万物畜⑪而不知：此之谓本根，可以观于天矣！

【注释】

① 大美：众多的美德。

② 明法：显明的法则。

③ 成理：自然生成的条理。

④ 原：推究。达：通达，通晓。

⑤ 彼：世间万物。百化：千变万化。

⑥ 扁然而万物：纷纭杂陈的万物。

⑦ 沈浮：同"沉浮"。

⑧ 故：陈旧。

⑨ 惛然：昏昧不清的样子。

⑩ 油然：幽冥不留痕迹的样子。

⑪ 畜：畜养。

【评析】

本章中，庄子通过对自然天地、四时、万物的观察思索和探究，得出"道"存在的永恒性，认为领悟了天地万物的运行、变化，也就领悟到了"道"，达到了至人的境界。

啮缺问道乎被衣，被衣曰："若①正汝形，一②汝视，天和③将至；摄④汝知，一汝度⑤，神将来舍⑥。德将为汝美⑦，道将为汝居⑧。汝瞳焉如新生之犊而无求其故……"言未卒，啮缺睡寐。被衣大说，行歌而去之，曰："形若槁骸，心若死灰，真其实知，不以故自持⑨。媒媒晦晦⑩，无心⑪而不可与谋。彼何人哉！"

【注释】

① 若：你。正：端正。

② 一：专一，纯一。

③ 天和：自然的祥和之气。

④ 摄：收敛。

⑤ 度：态度。

⑥ 神：神明。舍：滞留，居住。

⑦ 美：完美。
⑧ 居：栖息。
⑨ 以故自持：因循守旧。
⑩ 媒媒晦晦：昏暗不明的样子。
⑪ 无心：没有心计。

【评析】

本章通过被衣向啮缺传授"道"的故事，说明虚静无为、无心无知就可以得"道"。

舜问乎丞曰："道可得而有乎？"曰："汝身非汝有也，汝何得有夫道！"舜曰："吾身非吾有也，孰有之哉？"曰："是天地之委形①也；生非汝有，是天地之委和②也；性命非汝有，是天地之委顺③也；子孙非汝有，是天地之委蜕④也。故行不知所往，处不知所持，食不知所味。天地之强阳⑤气也，又胡可得而有邪！"

【注释】

① 委形：托付的形体。
② 和：气。
③ 顺：次序。
④ 蜕：外壳。
⑤ 强阳：运动。

【评析】

本章说明人的一切，如形体、生命等等，都是天地的造化，是由天地所主宰的，人不可支配天地。它忽视了人的主观能动性，显然是不对的。

孔子问于老聃曰："今日晏闲①，敢问至道。"老聃曰："汝齐戒，疏瀹②而心，澡雪③而精神，掊击④而知。夫道，窅然难言哉！将为汝言其崖略⑤：夫昭昭生于冥冥，有伦⑥生于无形，精神生于道，形本生于精，而万物以形相生⑦。故九窍者胎生，八窍者卵生。其⑧来无迹，其往无崖⑨，无门无房⑩，四达之皇皇⑪也。邀⑫于此者，四肢强，思虑恂达⑬，耳目聪明。其用心不劳，其应物无方⑭，天不得不高，地不得不广，日月不得不行，万物不得不昌，此其道与！且夫博之不必知⑮，辩之不必慧，圣人以断⑯之矣！若夫益之而不加益，损之而不加损者，圣人之所保也。渊渊乎其若海，魏魏乎⑰其若山，终则复始也。运量⑱万物而不匮。则君子之道，彼其外与⑲！万物皆往资⑳焉而不匮。此其道与！

"中国有人焉，非阴非阳，处于天地之间，直且㉑为人，将反于宗。自本观之，生者，喑醷㉒物也。虽有寿夭，相去几何？须臾之说也，奚足以为尧、桀之是非！果蓏有理㉓，人伦虽难，所以相齿㉔。圣人遭之而不违，过之而不守。调㉕而应之，德也；偶㉖而应之，道也。帝之所兴，王之所起也。

"人生天地之间，若白驹之过隙，忽然而已。注然勃然㉗，莫不出焉；油然漻然㉘，莫不入焉。已化而生，又化而死。生物哀之，人类悲之。解其天弢㉙，堕其天袭㉚。纷乎宛乎㉛，魂魄将往，乃身从之。乃大归乎！不形之㉜形，形之不形，是人之所同知也，非将至㉝之所务也，此众人之所同论也。彼至则不论，论则不至；明见无值㉞，辩不若默；道不可闻，闻不若塞㉟：此之谓大得㊱。"

【注释】

① 晏闲：安静闲暇。
② 疏瀹：疏通，疏导。

③ 澡雪：洗涤而使洁净。

④ 掊击：打破。

⑤ 崖略：大概，概略。

⑥ 有伦：有形。

⑦ 相生：相互转化。

⑧ 其：指道。

⑨ 崖：边际。

⑩ 无门：没有门径。无房：没有归宿。

⑪ 四达：四通八达。皇皇：往来无穷的样子。

⑫ 邀：顺循。

⑬ 恂达：通达，畅达。

⑭ 无方：无常，即不拘泥于某些方面。

⑮ 知：聪明，智慧。

⑯ 断：断言，定论。

⑰ 魏魏乎：高大的样子。

⑱ 运：运载。量：度量。

⑲ 外：游离于天道之外。与：同"欤"。

⑳ 资：取。

㉑ 直且：暂且。

㉒ 喑醷：气聚结的样子。

㉓ 果蓏：树草的果实。理：纹理。

㉔ 所以：可以。相齿：按次序排列。

㉕ 调：协调，调和。

㉖ 偶：比对。

㉗ 注然：水喷涌而出的样子。勃然：突然。

㉘ 油然：自然而然的样子。漻然：变化的样子。

㉙ 弢：弓的外套。

㉚ 堕：毁坏。袭：包书的布套。

㉛ 纷乎：杂乱的样子。宛乎：回旋屈曲的样子。

㉜ 之：往，到。

㉝ 将至：将要达到的境界。

㉞ 值：达到。

㉟ 塞：塞住耳朵不听。

㊱ 大得：深得大道之理。

【评析】

本章以老子之口道出"道"对万物的产生、发展的支配和主宰作用，并对"道"之"渊渊乎其若海，魏魏乎其若山，终则复始"的特征进行了阐述，说明人之生始于"道"、其死返于"道"的道理，认为不论、不见、不闻、不辩才能真正地进入"道"的境界。

东郭子问于庄子曰："所谓道，恶乎在？"庄子曰："无所不在。"东郭子曰："期而后可①。"庄子曰："在蝼蚁②。"曰："何其下邪？"曰："在稊稗③。"曰："何其愈下邪？"曰："在瓦甓④。"曰："何其愈甚邪？"曰："在屎溺。"东郭子不应。庄子曰："夫子之问也，固不及质⑤。正、获之问于监市履狶⑥也，'每下愈况⑦'。汝唯莫必⑧，无乎逃物。至道若是，大言⑨亦然。周、遍、咸三者，异名同实，其指一也。尝相与游乎无有之宫⑩，同合⑪而论，无所终穷乎！尝相与无为乎！澹而静乎！漠而清乎！调而闲乎！寥⑫已吾志，吾往焉而不知其所至，去而来不知其所止。吾已往来焉而不知其所终，彷徨乎冯闳⑬，大知入焉而不知其所穷。物物者与物无际⑭，而物有际者，所谓物际者也。不际之际，际之不际者⑮也。谓盈虚衰杀，彼为盈虚非盈虚，彼为衰杀非衰杀，彼为本末非本末，彼为积散非积散也。"

【注释】

① 期而后可：必须先指出道确切在哪里，然后才认可。
② 蝼蚁：蝼蛄和蚂蚁。
③ 稊稗：两种杂草名。
④ 甓：砖。
⑤ 固：本来。质：本质，实质。
⑥ 正、获：二职官名。监市：职官名。履：脚踩。狶：大猪。
⑦ 况：状况。全句意越向下检验，越能反映其真实状况。
⑧ 必：必然，指绝对。
⑨ 大言：阐述道的言论。
⑩ 尝：尝试。无有之官：指虚无的境界。
⑪ 同合：混同合一。
⑫ 寥：虚寂。
⑬ 冯闳：虚廓高大的样子。
⑭ 物物者：造物者，指天道。与物无际：和物间没有界限。
⑮ 不际之际，际之不际者：谓界限是相对的，没有绝对的界限存在。

【评析】

　　本章是对《天地》篇所言"道，覆载万物者也"的具体说明。作者指出，"道"虽无处不在、广大无边，但并非远不可及、高不可攀，它具体体现在一切事物之中，纵在屎溺等肮脏卑下处也无不有"道"。从万物皆有"道"这一点说明"物物者与物无际，而物有际者……际之不际者也"。

　　婀荷甘与神农学于老龙吉。神农隐几，阖户昼瞑①。婀荷甘日中奓户②而入，曰："老龙死矣！"神农隐几拥杖③而起，嚗然④放杖而笑，曰："天知予僻陋慢诞⑤，故弃予而死。已矣，夫子无所发予之狂言而死矣夫⑥！"弇堈吊闻之，曰："夫体⑦道者，天下之君子所系焉。今于道，秋豪之端万分未得处一焉，而犹知藏其狂言而死，又况夫体道者乎！视之无形，听之无声，于人之论者，谓之冥冥，所以论道而非道也。"

于是泰清问乎无穷，曰："子知道乎？"无穷曰："吾不知。"又问乎无为，无为曰："吾知道。"曰："子之知道，亦有数⑧乎？"曰："有。"曰："其数若何？"无为曰："吾知道之可以贵、可以贱、可以约、可以散，此吾所以知道之数也。"泰清以之⑨言也问乎无始，曰："若是，则无穷之弗知与无为之知，孰是而孰非乎？"无始曰："不知深矣，知之浅矣；弗知内矣，知之外矣。"于是泰清卬⑩而叹曰："弗知乃知乎，知乃不知乎！孰知不知之知？"无始曰："道不可闻，闻而非也；道不可见，见而非也；道不可言，言而非也！孰知形⑪形之不形乎！道不当名。"无始曰："有问道而应之者，不知道也；虽问道者，亦未闻道。道无问，问无应。无问问之，是问穷也；无应应之，是无内⑫也。以无内待问穷，若是者，外不观乎宇宙，内不知乎大初⑬。是以不过乎昆仑，不游乎太虚。"

光曜问乎无有曰："夫子有乎？其无有乎？"光曜不得问而孰视⑭其状貌：窅然空然⑮。终日视之而不见，听之而不闻，搏⑯之而不得也。光曜曰："至⑰矣，其孰能至此乎！予能有无矣，而未能无无也。及为无有矣，何从至此哉！"

【注释】

① 阖户：关门。瞑：同"眠"。
② 日中：正午。爹户：开门。
③ 拥杖：拄着拐杖。
④ 嚗然：放下拐杖的声音。
⑤ 慢诞：傲慢荒唐。

⑥ 夫子无所发予之狂言而死矣夫：老吉龙死时没有用至言来启发我。

⑦ 体：领悟。

⑧ 数：术数。

⑨ 之：此。

⑩ 卬：同"仰"。

⑪ 形：塑造。

⑫ 内：内容。

⑬ 大初：即"太初"，万物的本初。

⑭ 孰视：仔细观察。

⑮ 窅然：深远的样子。空然：空无的样子。

⑯ 搏：触摸。

⑰ 至：至高无上。

【评析】

本章中，作者借得"道"之人之口道出了"道"不能为世俗之人所认识的超凡特质，指出"道"是超越人的感知范畴的，因而不能被人类所感知，是不能说、不能见、不能问、不能闻的，否则就不是真正意义上的"道"。在得"道"之人看来，顿悟与做到绝对的"无"就是得"道"的境界了。

大马之捶钩①者，年八十矣，而不失豪芒②。大马曰："子巧与！有道与？"曰："臣有守③也。臣之年二十而好捶钩，于物无视也，非钩无察也。"是用之者假④不用者也，以长⑤得其用，而况乎无不用者乎！物孰不资⑥焉！

【注释】

① 捶：锻造。钩：兵器中的一种。

② 豪芒：同"毫芒"，比喻极其精细。

③ 守：恪守。

④ 假：假借。

⑤ 以：因而。长：永远。

⑥ 资：借助。

【评析】

　　大马捶钩与庖丁解牛所说明的道理有几分相似，都是讲行事都要集中精力，修"道"也是如此。

　　冉求问于仲尼曰："未有天地可知邪？"仲尼曰："可。古犹今也。"冉求失问①而退。明日复见，曰："昔者吾问'未有天地可知乎？'夫子曰：'可。古犹今也。'昔日吾昭然②，今日吾昧然③。敢问何谓也？"仲尼曰："昔之昭然也，神者先受之；今之昧然也，且又为不神者求邪！无古无今，无始无终。未有子孙而有孙子可乎？"冉求未对。仲尼曰："已矣，未应④矣！不以生生死⑤，不以死死生⑥。死生有待邪？皆有所一体。有先天地生者物邪？物⑦物者非物，物出不得先物也，犹其有物也。犹其有物也无已⑧！圣人之爱人也终无已者，亦乃取于是者也。"

【注释】

① 失问：停止了提问。

② 昭然：明白的样子。

③ 昧然：昏暗的样子。

④ 未应：不必回答。

⑤ 不以生生死：不能由于生存而生出死亡。

⑥ 不以死死生：不能因为死亡而死掉生存。

⑦ 物：塑造。

⑧ 无已：不会停止。

【评析】

本章所述为道家的统一论。作者认为，从"道"的观点看，古今一体，生死同一，古犹今，生如死，它们都统一于"道"之中。

颜渊问乎仲尼曰："回尝闻诸夫子曰：'无有所将①，无有所迎②。'回敢问其游③。"仲尼曰："古之人外化而内④不化，今之人内化而外不化。与物化者，一⑤不化者也。安化安不化？安与之相靡⑥？必与之莫多。狶韦氏之囿，黄帝之圃，有虞氏之宫，汤、武之室。君子之人，若儒、墨者师，故以是非相鳌⑦也，而况今之人乎！圣人处物不伤物。不伤物者，物亦不能伤也。唯无所伤者，为能与人相将迎。山林与⑧，皋壤与，使我欣欣然而乐与！乐未毕也，哀又继之。哀乐之来，吾不能御，其去弗能止。悲夫，世人直为物逆旅⑨耳！夫知遇而不知所不遇，能能而不能所不能。无知无能者，固人之所不免也。夫务免乎人之所不免⑩者，岂不亦悲哉！至言去⑪言，至为去为。齐⑫知之，所知则浅矣！"

【注释】

① 将：送出。

② 迎：迎进。

③ 游：同"由"，原因。

④ 外化：言行举止随应万物的变化而变化。内：心性。

⑤ 一：乃。

⑥ 靡：伤害。

⑦ 故：过去。鳌：毁伤。

⑧ 与：同"欤"，下同。

⑨ 直：只是。逆旅：旅舍。

⑩ 务：致力于。免：避免。

⑪ 至言：风吹草动的言论。去：抛弃。
⑫ 齐：齐同，等同。

【评析】

　　本章通过孔子与颜渊的对话，进一步阐述为人处世之道，说明自然无为的作用和意义。指出固守无为之道，虚怀若谷，随物应变，就可避免与外界发生冲突，不会招来祸害。

庚桑楚第二十三

老聃之役①有庚桑楚者，偏②得老聃之道，以北居畏垒之山。其臣之画然知③者去之，其妾之挈然④仁者远之。拥肿⑤之与居，鞅掌⑥之为使。居三年，畏垒大壤⑦。畏垒之民相与言曰："庚桑子之始来，吾洒然异⑧之。今吾日计之而不足⑨，岁计之而有余⑩。庶几其圣人乎！子胡不相与尸而祝⑪之，社而稷之乎？"庚桑子闻之，南面而不释然。弟子异之。庚桑子曰："弟子何异于予？夫春气发而百草生，正得秋而万实成。夫春与秋，岂无得而然哉？天道已行矣。吾闻至人，尸居环堵⑫之室，而百姓猖狂⑬不知所如往。今以畏垒之细民⑭，而窃窃焉欲俎豆⑮予于贤人之间，我其杓⑯之人邪？吾是以不释⑰于老聃之言。"弟子曰："不然。夫寻常⑱之沟，巨鱼无所还⑲其体，而鲵鳅为之制⑳；步仞㉑之丘陵，巨兽无所隐其躯，而孽狐为之祥㉒。且夫尊贤授能，先善与利，自古尧、舜以然，而况畏垒之民乎！夫子亦听矣！"庚桑子曰："小子来！夫函车㉓之兽，介㉔而离山，则不免于网罟之患；吞舟之鱼，砀㉕而失水，则蚁能苦之。故鸟兽不厌高，鱼鳖不厌深。夫全其形生之人，藏其身也，不厌深眇㉖而已矣！且夫二子者，又何足以称扬哉！是其于辩㉗也，将妄凿垣墙而殖蓬蒿㉘也，简发而栉㉙，数米而炊，窃窃乎㉚又何足以济世哉！举贤则民相轧，任知则民相盗。之数物㉛者，不足以厚民。民之于利甚勤，子有杀父，臣有杀君；正昼为盗，日中穴阫㉜。吾语女：大乱之本，必生于尧、舜之间，其末㉝存乎千世之后。千世之后，其必有人与人相食者也。"

【注释】

① 役：学徒、弟子。

② 偏：半，指未完全得"道"。

③ 臣：仆役。画然：行为无礼的样子。知：同"智"。

④ 挈然：独特的样子。

⑤ 拥肿：无知的样子。

⑥ 鞅掌：不仁意。

⑦ 壤：同"穰"，丰收。

⑧ 洒然：惊讶的样子。异：奇怪。

⑨ 日计之而不足：按天计算他来后的收获是不足的。

⑩ 岁计之而有余：以年计算则有富余。

⑪ 尸：设立神主位。祝：祝祷。

⑫ 尸居：静处。环堵：狭小。

⑬ 猖狂：肆意妄行。

⑭ 细民：小民。

⑮ 俎豆：供奉，尊奉。

⑯ 杓：标准。

⑰ 不释：不安。

⑱ 寻常：八尺为寻，二寻为常。

⑲ 还：回。

⑳ 为之制：以为合乎标准。

㉑ 步仞：六尺为步，七尺为仞。

㉒ 祥：善。

㉓ 函车：口能含车。

㉔ 介：单独。

㉕ 砀：荡溢。

㉖ 深眇：深远。

㉗ 辩：同"辨"，区别，区分。
㉘ 将妄：岂非，莫非。殖：种植。蓬蒿：草名。
㉙ 简：选择。栉：梳理。
㉚ 窃窃乎：斤斤计较的样子。
㉛ 之：这些。数物：指举贤，任知等事。
㉜ 穴阫：挖墙洞。
㉝ 末：遗流，指其弊端。

【评析】

庚桑楚"偏得老聃之道"，当有人要供奉他时，他却断然拒绝，他的解释是：其一，接受供奉便会扬名于世，这与道家所一贯主张的无功、无名不一致，对"道"是有害的，因此这是极其危险的；其二，举贤任能会导致人食人的出现，贻害后世。因而，只有深藏行迹，才能全身免祸。

南荣趎蹴然①正坐曰："若趎之年者已长矣，将恶乎托业以及②此言邪？"庚桑子曰："全汝形，抱③汝生，无使汝思虑营营④。若此三年，则可以及此言矣！"南荣趎曰："目之与形，吾不知其异也，而盲者不能自见；耳之与形，吾不知其异也，而聋者不能自闻；心之与形，吾不知其异也，而狂者不能自得⑤。形之与形亦辟⑥矣，而物或间⑦之邪？欲相求而不能相得。今谓趎曰：'全汝形，抱汝生，勿使汝思虑营营。'趎勉闻道达耳⑧矣！"庚桑子曰："辞⑨尽矣，曰奔蜂不能化藿蠋⑩，越鸡不能伏鹄卵⑪，鲁鸡⑫固能矣！鸡之与鸡，其德⑬非不同也，有能与不能者，其才固有巨小也。今吾才小，不足以化⑭子。子胡不南见老子！"南荣趎赢粮⑮，七日七夜至老子之所。老子曰："子自楚之所来乎？"南荣趎曰："唯⑯。"老子曰："子何与人偕⑰来之众也？"南荣趎惧然顾其后。老子曰："子不知吾所谓乎?"南荣趎俯而惭,仰而叹,曰:"今者吾忘吾答,因失吾问。"老子曰:"何谓也?"南荣趎曰:"不知乎人谓我朱愚[18],知乎反愁[19]我躯;不仁则害人,仁则反愁我身;不义则伤彼,义则反愁我己。我安逃此而可?此三言者,趎之所患也。愿因[20]楚而问之。"老子曰:"向吾见若眉睫之间,吾因以得汝矣。今汝又言而信之。若规规然[21]若丧父母,揭竿而求诸海也。女亡人[22]哉!惘惘乎[23],汝欲反汝情性而无由入,可怜哉!"南荣趎请入就舍[24],召[25]其所好,去其所恶。十日自愁,复见老子。老子曰:"汝自洒濯[26],熟哉郁郁乎[27]!然而其中津津乎[28]犹有恶也。夫外韄者不可繁[29]而捉,将内揵[30];内韄者不可缪[31]而捉,将外揵;外内韄者,道德不能持,而况放[32]道而行者乎!"南荣趎曰:"里人有病,里人问之,病者能言其病,然其病病者[33]犹未病也。若趎之闻大道,譬犹饮药以加病也。趎愿闻卫生之经[34]而已矣。"老子曰:"卫生之经,能抱一[35]乎!能勿失乎!能无卜筮而知吉凶乎!能止[36]乎!能已[37]乎!能舍诸人而求诸己乎!能翛然[38]乎!能侗然[39]乎!能儿子[40]乎!儿子终日嗥而嗌不嗄[41],和之至也;终日握而手不掜[42],共其德[43]也;终日视而目不瞚[44],偏[45]不在外也。行不知所之,居不知所为,与物委蛇而同其波。是卫生之经已。"南荣趎曰:"然则是至人之德已乎?"曰:"非也。是乃所谓冰解冻释者所能乎。夫至人者,相与交[46]食乎地而交乐乎天,不以人物利害相撄[47],不相与为怪,不相与为谋,不相与为事,翛然而往,侗然而来。是谓卫生之经已。"曰:"然则是至乎?"曰:"未也。吾固告汝曰:'能儿子乎!'儿子动不知所为,行不知所之,身若槁木之枝而心若死灰。若是者,祸亦不至,福亦不来。祸福无有,恶有人灾也!"

【注释】

① 蹴然：惊恐的样子。

② 托业：受业。及：达到。

③ 抱：保。

④ 营营：往来盘旋的样子。

⑤ 自得：自有心得。

⑥ 辟：相互密集。

⑦ 间：间隔，隔阻。

⑧ 勉：勉强。达耳：入耳，意即未入心。

⑨ 辞：我的话。

⑩ 奔蜂：小蜂。藿蠋：青虫名。

⑪ 越鸡：指南方鸡，形体较小。伏：孵。鹄卵：形体较大的鸟蛋。

⑫ 鲁鸡：指北方鸡，形体较大。

⑬ 德：功用。

⑭ 化：教化。

⑮ 赢粮：挑着粮食。

⑯ 唯：答应的声音。

⑰ 偕：俱，同。

⑱ 朱愚：愚昧无知的样子。

⑲ 愁：束敛。

⑳ 因：通过，凭借。

㉑ 规规然：失神的样子。

㉒ 亡人：迷失方向的人。

㉓ 惘惘乎：失意的样子。

㉔ 请入就舍：请求借住在老子家中完成学业。

㉕ 召：招致。

㉖ 洒濯：洗涤。

㉗ 熟：善。郁郁乎：旺盛的样子。

㉘ 津津乎：满溢的样子。

㉙ 外韄：指耳目被外物所束缚。韄：用绳索捆绑。

㉚ 内揵：关闭内心。

㉛ 内韄：内心为外物所束缚。缪：绞结。

㉜ 放：违背，放弃。

㉝ 然：则。病病者：把病当做病的人。

㉞ 卫生之经：养生的原则。

㉟ 抱一：固守纯一之道。

㊱ 止：安分守己。

㊲ 已：不追求既往。

㊳ 翛然：自然超脱的样子。

㊴ 侗然：无所牵挂的样子。

㊵ 儿子：像婴儿一样。

㊶ 嗥：号哭。嗌：咽喉。嗄：声音嘶哑。

㊷ 捖：拳曲。

㊸ 德：德行，本性。

㊹ 瞑：运动。

㊺ 偏：倾注。

㊻ 交：求。下同。

㊼ 撄：扰乱。

【评析】

　　本章通过南荣趎向老子学"道"以及老子向南荣趎讲授学"道"之事，说明学"道"要不计较得失，像初生婴儿那样天真淳朴，无心而为，和光同尘。如是，心无故障，既无福祉之念，又无祸害之虑，才具备学"道"之前提。而患得患失则是学"道"最大的敌人，所以必须捐弃。

宇泰定①者，发乎天光。发乎天光者，人见其人，物见其物。人有修②者，乃今有恒③。有恒者，人舍之，天助之。人之所舍，谓之天民；天之所助，谓之天子。

学者，学其所不能学也；行者，行其所不能行也；辩者，辩其所不能辩也。知止④乎其所不能知，至矣！若有不即⑤是者，天钧⑥败之。备物将⑦以形，藏不虞以生⑧心，敬中以达彼⑨。若是而万恶至者，皆天也，而非人也，不足以滑成⑩，不可内于灵台⑪。灵台者有持⑫，而不知其所持，而不可持者也。不见其诚⑬己而发，每⑭发而不当；业⑮入而不舍，每更⑯为失。为不善乎显明之中者，人得而诛之；为不善乎幽暗之中者，鬼得而诛之。明乎人、明乎鬼者，然后能独行。券⑰内者，行乎无名；券外者，志乎期费⑱。行乎无名者，唯庸有光⑲；志乎期费者，唯贾人⑳也。人见其跂㉑，犹之魁然㉒。与物穷㉓者，物入㉔焉；与物且㉕者，其身之不能容，焉能容人！不能容人者无亲，无亲者尽人㉖。兵莫憯于志㉗，镆铘为下；寇莫大于阴阳，无所逃于天地之间。非阴阳贼㉘之，心则使之也。

道通其分㉙也，其成也毁也。所恶乎分者，其分也以备㉚。所以恶乎备者？其有以备。故出而不反，见其鬼。出而得，是谓得死。灭而有实㉛，鬼之一也。以有形者象无形者而定㉜矣！出无本㉝，入无窍，有实而无乎处，有长而无乎本剽㉞，有所出而无窍者有实。有实而无乎处者，宇也；有长而无本剽者，宙也。有乎生，有乎死；有乎出，有乎入。入出而无见其形，是谓天门。天门者，无有也。万物出乎无有。有不能以有为有，必出乎无有，而无有一㉟无有。圣人藏乎是。

古之人，其知有所至矣。恶乎至？有以为未始有物者，至矣，尽矣，弗可以加矣！其次以为有物矣，将以生为丧也，以死为反也，是以分已。其次曰始无有，既而有生，生俄而死。以无有为首，以生为体，以死为尻。孰知有无死生之一守㊱者，吾与之为友。是三者㊲虽异，公族㊳也。昭、景也，著戴㊴也；甲氏㊵也，著封㊶也：非一也。

【注释】

① 宇：器宇。泰定：安详镇定。
② 修：修养。
③ 有恒：保持永恒。
④ 止：停留。
⑤ 即：若。
⑥ 天钧：自然均平。
⑦ 备：具备。将：顺。
⑧ 不虞：不思。生：养。
⑨ 敬中：敬慎内心。彼：外境。
⑩ 滑成：扰乱既已形成的德行。
⑪ 内：同"纳"，入。灵台：心灵。
⑫ 有持：有所主。
⑬ 诚：真实。
⑭ 每：虽。
⑮ 业：业已，已经。
⑯ 更：变更。
⑰ 券：情意相投无间。
⑱ 期费：敛财。
⑲ 唯庸有光：虽然平常而有天光。
⑳ 贾人：商人。
㉑ 跂：踮起脚后跟张望。
㉒ 魁然：像小山丘一样。

㉓ 穷：同"躬"，亲近。
㉔ 入：归依。
㉕ 且：阻。
㉖ 尽人：全是外人。
㉗ 兵：兵器。憯：伤害。志：意志。
㉘ 贼：伤害。
㉙ 通：贯通。其分：事物的区别。即事物虽有区别，但道贯通于其间，所以万事万物是无差别的，成与毁是同一的。
㉚ 备：完备。
㉛ 实：实体，即形骸。
㉜ 有形者：人。象：效法。无形者：指道。定：安定。
㉝ 本：本源，根源。
㉞ 本剽：始末。
㉟ 一：全部。
㊱ 一守：一体。
㊲ 三者：即三种认识，指"以为未始有物"、"以为有物"和"以无有为首，以生为体，以死为尻"。
㊳ 公族：指昭、屈、景三家，都是楚王的同族。
㊴ 著戴：即世家。
㊵ 甲氏：楚国一同宗姓。
㊶ 著封：即封国。

【评析】

前一章写老子向南荣趎讲述"卫生之经"，可谓循循善诱。本章作者承老子之意，通过"至人之德"的论述而强调如何养生，将养心视为养生之关键，指出只有心境安然，才能保持其真性。为此，作者提出养心的关键在于清静、弃智、虚心、无己和"无有"，并"通其分"，即把一切通而为一，认为这就是养性的最终目的和最高境界。

有生，黬①也，披然曰"移是"②。尝③言"移是"，非所言④也。虽然，不可知者也。腊者之有膍胲⑤，可散而不可散也；观室者周于寝庙⑥，又适其偃⑦焉！为是举"移是"。请尝言"移是"："是"以生为本，以知为师，因以乘⑧是非。果有名实，因以己为质⑨，使人以为己节，因以死偿⑩节。若然者，以用为知，以不用为愚；以彻⑪为名，以穷为辱。"移是"，今之人也，是蜩与学鸠同于同⑫也。

蹍市人⑬之足，则辞以放骜⑭，兄则以妪⑮，大亲⑯则已矣。故曰：至礼有不人⑰，至义不物⑱，至知不谋，至仁无亲⑲，至信辟金⑳。彻志之勃㉑，解心之谬㉒，去德之累，达道之塞。贵富显严名利六者，勃志也；容动色理气意六者，谬心也；恶欲喜怒哀乐六者，累德也；去就取与知能六者，塞道也。此四"六"者不荡胸中则正，正则静，静则明，明则虚，虚则无为而无不为也。

道者，德之钦㉓也；生者，德之光也；性者，生之质也。性之动谓之为，为之伪谓之失。知者，接也；知者，谟㉔也。知者之所不知，犹睨㉕也。动以不得已之谓德，动无非我之谓治，名相反而实相顺也。羿工乎中微而拙乎使人无己誉；圣人工乎天而拙乎人；夫工乎天而俍乎人㉖者，唯全人㉗能之。虽虫能虫，唯虫能天。全人恶天，恶人之天㉘，而况吾天乎人乎！一雀适羿，羿必得之，或也㉙。以天下为之笼，则雀无所逃。是故汤以胞人笼伊尹，秦穆公以五羊之皮笼百里奚。是故非以其所好笼之而可得者，无有也。介者拸画㉚，外非誉也。胥靡登高而不惧，遗死生㉛也。夫复谐不馈㉜而忘人，忘人，因以为天人矣！故敬之而不喜，侮之而不怒者，唯同乎天和者为然。出怒不怒，则怒出于不怒矣；出为无为，则为出于无为矣！欲静则平气，欲神㉝则顺心。有为也㉞欲当，则缘于不得已。不得已之类，圣人之道。

【注释】

① 臘：锅底烟灰。

② 披然：分开的样子。移是：移动"是"（真理）的标准。

③ 尝：尝试。

④ 非所言：用语言不好谈。

⑤ 腊：岁末祭名。脾：牛百叶，即牛胃。胲：牛蹄。

⑥ 周：遍览。寝庙:古代宗庙。

⑦ 适：往，到。偃：厕所。

⑧ 乘：驾驭。

⑨ 质：主，主宰。

⑩ 偿：保全。

⑪ 彻：通达，显达。

⑫ 同于同：同而又同，即完全相同。

⑬ 蹍：踩。市人：集市上行走的人。

⑭ 辞：道歉。放鹜：放肆，傲慢。

⑮ 姁：抚慰。

⑯ 大亲：儿子。

⑰ 不人：不分你我。

⑱ 不物：不分物我。

⑲ 无亲：无所偏爱。

⑳ 辟金：不用金钱做抵押物。

㉑ 彻志之勃：消除意志上的悖乱。勃，乱。

㉒ 谬：同"缪"，束缚。

㉓ 钦：陈设。

㉔ 谟：谋。

㉕ 睨：斜视。

㉖ 佷：善。佷乎人：善于处理人事。

㉗ 全人：圣人。

㉘ 人之天：人为的天道。

㉙ 或也：骗人的说法。

㉚ 介者：一只脚的人。扬画：不拘法度。

㉛ 遗死生：把生死置之度外。

㉜ 复谐不馈：习以为常而不知内愧。

㉝ 神：保全精神。

㉞ 也：而。

【评析】

　　本章所谈，仍为养生之道。社会上的世俗之人常常以己为是，将自己的意志强加给别人，要他人听从于自己。作者指出，正是这些，扰乱了人的心志，妨碍了"道"的修养。因此，必须超然于己之外，举凡生死、毁誉等等，乃至自己也要忘却尽净，顺随于自然之"道"，如此则可达到养生的目的。

徐无鬼第二十四

徐无鬼因女商见魏武侯,武侯劳①之曰:"先生病②矣,苦于山林之劳③,故乃肯见于寡人。"徐无鬼曰:"我则劳于君,君有何劳于我!君将④盈耆欲,长好恶,则性命之情⑤病矣;君将黜耆欲,挈⑥好恶,则耳目病矣。我将劳君,君有何劳于我!"武侯超然⑦不对。少焉,徐无鬼曰:"尝语君吾相狗也:下之质⑧,执饱而止⑨,是狸德也;中之质,若视日⑩;上之质,若亡其一⑪。吾相狗又不若吾相马也。吾相马:直者中绳,曲者中钩,方者中矩,圆者中规。是国马也,而未若天下马也。天下马有成材⑫,若卹若失⑬,若丧其一。若是者,超轶绝尘⑭,不知其所。"武侯大悦而笑。徐无鬼出,女商曰:"先生独何以说吾君乎?吾所以说吾君者,横说⑮之则以《诗》《书》《礼》《乐》,从说则以《金板》《六弢》,奉事而大有功者不可为数,而吾君未尝启齿⑯。今先生何以说吾君?使吾君说⑰若此乎?"徐无鬼曰:"吾直告之吾相狗、马耳。"女商曰:"若是乎?"曰:"子不闻夫越之流人⑱乎?去国数日,见其所知⑲而喜;去国旬月,见所尝见于国中者喜;及期年也,见似人⑳者而喜矣。不亦去人滋久,思人滋深乎?夫逃虚空者,藜藋柱乎鼪鼬㉑之径,良位其空㉒,闻人足音,跫然㉓而喜矣,又况乎昆弟亲戚之謦欬其侧㉔者乎!久矣夫,莫㉕以真人之言謦欬吾君之侧乎!"

徐无鬼见武侯,武侯曰:"先生居山林,食芧栗㉖,厌㉗葱韭,以宾㉘寡人,久矣夫!今老邪?其欲干㉙酒肉之味邪?其寡人亦有社稷之福邪？”徐无鬼曰：“无鬼生于贫贱，未尝敢饮食君之酒肉，将来劳君也。”君曰：“何哉！奚劳寡人？”曰：“劳君之神与形。”武侯曰：“何谓邪？”徐无鬼曰：“天地之养也一[30]，登高不可以为长，居下不可以为短。君独为万乘之主，以苦一国之民，以养耳目鼻口，夫神者不自许[31]也。夫神者，好和而恶奸[32]。夫奸，病也，故劳之。唯君所病之，何也？”武侯曰：“欲见先生久矣！吾欲爱民而为义偃兵[33]，其可乎？”徐无鬼曰：“不可。爱民，害民之始也；为义偃兵，造兵之本也。君自此为之，则殆[34]不成。凡成美[35]，恶器[36]也。君虽为仁义，几且[37]伪哉！形固造形[38]，成固有伐[39]，变[40]固外战。君亦必无盛鹤列于丽谯[41]之间，无徒骥于锱坛[42]之宫，无藏逆于得[43]，无以巧胜人，无以谋胜人，无以战胜人。夫杀人之士民，兼人之土地，以养吾私与吾神者，其战不知孰善？胜之恶乎在？君若勿已[44]矣！修胸中之诚以应天地之情而勿撄。夫民死已脱矣，君将恶乎用夫偃兵哉！”

【注释】

① 劳：慰劳。

② 病：困顿。

③ 劳：指山林隐居劳作生活。

④ 将：若。

⑤ 情：情状。

⑥ 掔：除去。

⑦ 超然：怅然，若有所失的样子。

⑧ 质：品质。

⑨ 执饱而止：吃饱后就会停止活动。

⑩ 若视日：如同抬头望日，喻意气高远。

⑪ 亡其一：忘却自身。

⑫ 成材：与生俱来的材质。

⑬ 邮：飞驰。失：奔流。

⑭ 超轶：超过。绝尘：言奔跑很快。

⑮ 横说：与下文"从（即纵）说"相对，从横的方面说。

⑯ 启齿：笑。

⑰ 说：同"悦"。

⑱ 流人：因罪而被流放的人。

⑲ 知：所熟悉的人。

⑳ 似人：像是自己国家的人。

㉑ 藜藋：二野草名。柱：堵塞。鼪鼬：动物名。

㉒ 良：长时间。位其空：居住在空无人烟的地方。

㉓ 跫然：高兴的样子。

㉔ 謦欬：说笑。侧：身边。

㉕ 莫：没有人。

㉖ 芧栗：橡树果实。

㉗ 厌：饱食。

㉘ 宾：同"摈"，摈弃。

㉙ 干：求。

㉚ 一：齐一。

㉛ 自许：供奉自己。

㉜ 奸：自私。

㉝ 偃：停止。兵：兵器，指战争。

㉞ 殆：必，一定。

㉟ 成美：成就善事。

㊱ 恶器：恶事的形成。

㊲ 几且：差不多接近。

㊳ 形：指仁义的形迹。固：必，一定。造形：产生仁义形迹，即他

人模仿。

㊴ 伐：夸耀。

㊵ 荧：内心妄动。

㊶ 盛：设置。鹤列：指军阵和兵器。丽谯：壮美的高楼。

㊷ 徒：步兵。骥：良马，指骑兵。锱坛：坛名。

㊸ 藏逆于得：在仁义的表面下包藏祸心。

㊹ 勿已：不要这样。

【评析】

文章开篇道出魏武侯"病"得不轻："盈耆欲，长好恶，则性命之情病矣"；若"黜耆欲，掔好恶，则耳目病矣"。内外交困，魏武侯急需诊治。徐无鬼不仅查出了魏武侯的病根，而且为他开了处方，概言之为"忘我"，具体而言就是捐弃好恶之心，泯灭自我，"无为"为上，返璞归真。

黄帝将见大隗①乎具茨之山，方明为御②，昌寓骖乘③，张若、谐朋前马，昆阍、滑稽后车。至于襄城之野④，七圣皆迷，无所问涂⑤。适⑥遇牧马童子，问涂焉，曰："若知具茨之山乎？"曰："然。""若知大隗之所存⑦乎？"曰："然。"黄帝曰："异哉小童！非徒知具茨之山，又知大隗之所存。请问为⑧天下。"小童曰："夫为天下者，亦若此而已矣，又奚事焉！予少而自游于六合之内，予适有瞀病⑨，有长者教予曰：'若乘日之车⑩而游于襄城之野。'今予病少⑪痊，予又且复游于六合之外。夫为天下亦若此而已。予又奚事焉！"黄帝曰："夫为天下者，则诚非吾子之事，虽然，请问为天下。"小童辞。黄帝又问。小童曰："夫为天下者，亦奚以异乎牧马者哉！亦去其害马者⑫而已矣！"黄帝再拜稽首，称"天师"而退。

【注释】

① 大隗：虚拟圣人名，喻指"大道"。
② 方明：虚拟人名，以下昌寓、张若、谐朋、昆阍、滑稽同。御：驾驭马车。
③ 骖乘：车右陪乘。下文"前马""后车"各指马前引导和车后随从。
④ 襄城之野：即广漠之野。
⑤ 涂：即"途"。
⑥ 适：恰好，碰巧。
⑦ 所存：所在的地方。
⑧ 为：治理。
⑨ 瞀病：眼疾。
⑩ 若：你。乘日之车：驾驭太阳这部车。
⑪ 少：稍微。
⑫ 害马者：不符合马的天性的牧马方法。

【评析】

　　黄帝可谓"至圣"矣！但他在去大隗（指大道）的途中却迷了路。一牧马少年指点迷津，"游于六合之外"，并以牧马相喻："去其害马者而已矣！"黄帝顿悟，明白了无心无为、随任自然的治国之道。

　　知士无思虑之变①则不乐；辩士无谈说之序②则不乐；察士无凌谇③之事则不乐：皆囿于物者也。招世之士兴朝④，中民之士荣官⑤，筋力之士矜难⑥，勇敢之士奋患⑦，兵革之士乐战，枯槁之士宿名⑧，法律之士广治，礼教之士敬容⑨，仁义之士贵际⑩。农夫无草莱之事则不比⑪，商贾无市井之事⑫则不比，庶人有旦暮之业则劝⑬，百工有器械之巧则壮⑭。钱财不积则贪者忧，权势不尤则夸者⑮悲，势物之徒⑯乐变。遭⑰时有所用，不能无为也，此皆顺比于岁⑱，不物于易⑲者也。驰⑳其形性，潜㉑之万物，终身不反，悲夫！

【注释】

① 知士：智谋之士。思虑之变：引发思考的变故。

② 辩士：善于辩论的人。序：端绪，缘由。

③ 察士：苛察琐事的人，即吹毛求疵者。凌谇：辱骂。

④ 招世：继世。兴朝：振兴朝廷。

⑤ 中民：得民心。荣官：获得官位。

⑥ 筋力之士：身强力大的人。矜难：济难。

⑦ 奋患：解除痛苦。

⑧ 枯槁：面容憔悴。宿名：谋取名声。

⑨ 敬容：整肃仪容。

⑩ 贵际：注重交际。

⑪ 草莱之事：指农耕之事。比：喜乐。

⑫ 市井之事：指买卖行为。

⑬ 庶人：平民。旦暮之业：一天的事情，指短暂的职业。劝：勤勉，努力。

⑭ 壮：迅速，指效率高。

⑮ 尤：突出。夸者：喜欢炫耀的人。

⑯ 势物之徒：趋炎附势的人。

⑰ 遭：遇到。

⑱ 顺比于岁：依时俯仰。

⑲ 不物于易：各自沉溺于所囿一物，彼此不可相通。

⑳ 驰：放纵。

㉑ 潜：潜心于，醉心于。

【评析】

本章列举了近二十种"驰其形性,潜之万物,终身不反"之人,指出其命运是可悲的,因为他们执著于物而为物所役,其本真之性丧失于物欲之中。

庄子曰:"射者非前期而中①谓之善射,天下皆羿也,可乎?"惠子曰:"可。"庄子曰:"天下非有公是②也,而各是其所是,天下皆尧也,可乎?"惠子曰:"可。"庄子曰:"然则儒墨杨秉四,与夫子为五,果孰是邪?或者若鲁遽者邪?其弟子曰:'我得夫子之道矣!吾能冬爨③鼎而夏造冰矣!'鲁遽曰:'是直以阳召阳、以阴召阴,非吾所谓道也。吾示子乎吾道。'于是乎为之调④瑟,废⑤一于堂,废一于室,鼓宫宫动,鼓角角动,音律同矣!夫或改调一弦,于五音无当⑥也,鼓之,二十五弦皆动,未始异于声而音之君已⑦!且若是⑧者邪!"惠子曰:"今乎儒墨杨秉,且方与我以辩,相拂⑨以辞,相镇⑩以声,而未始吾非也⑪,则奚若矣?"庄子曰:"齐人蹢子于宋⑫者,其命阍也不以完⑬,其求鈃钟也以束缚⑭,其求唐子也而未始出域⑮:有遗类⑯矣!夫楚人寄而蹢⑰阍者,夜半于无人之时而与舟人斗,未始离于岑而足以造于怨⑱也。"

庄子送葬,过惠子之墓,顾⑲谓从者曰:"郢人垩慢⑳其鼻端若蝇翼,使匠人斲㉑之。匠石运斤成风㉒,听而斲之,尽垩而鼻不伤,郢人立不失容。宋元君闻之,召匠石曰:'尝试为寡人为之。'匠石曰:'臣则尝能斲之。虽然,臣之质㉓死久矣。'自夫子之死也,吾无以为质矣,吾无与言之矣!"

【注释】

① 非前期而中:射中的目标不是预定的目标。

② 公是：公认正确的。
③ 爨：烧煮。
④ 调：弹奏。
⑤ 废：放置。
⑥ 无当：不符合。
⑦ 未始异于声而音之君已：调整后的五音和音律原理并没有什么不同，但这根弦上的变调却成为众音之主了。
⑧ 若是：指天下没有公认的真理大概和这个是一样的道理。
⑨ 相拂：相互驳难。
⑩ 相镇：相互压制。
⑪ 未始：不曾。吾非：以吾为非。
⑫ 蹢子于宋：把儿子送到宋国。
⑬ 阍：守门人。完：完全，指形体健全。
⑭ 钘钟：古代一长颈酒器。束缚：捆绑，意恐破损钘钟。
⑮ 求：寻找。唐子：丢失的儿子。域：居住的地方。
⑯ 遗类：忘记同类，即同类相忘。
⑰ 寄：寄居在他人家。蹢：怒责。
⑱ 离：丽，附丽，靠近。岑：崖岸。造于怨：结怨。
⑲ 顾：回头。
⑳ 垩：白土泥。慢：涂抹。
㉑ 斫：砍削。
㉒ 运斤成风：指舞斧头产生风声，言技艺高超。
㉓ 质：对手。

【评析】

　　本章主要批评和讥讽儒墨诸家"各是其所是"的错误。庄子和惠子是一对老辩友，在绝对性和相对性认识方面，二者都承认相对性的存在，但都不承认人们判断是非标准的统一性，即绝对性，因为他们注意到了"各是其所是"现象的存在。庄子主张齐一是非，而惠子则认为任其自然，只要自己的判断是正确的。虽然惠子活着的时候两人争论不休，但惠子死去后，庄子因失去了对手而备感孤独，也反映出二人间的友谊。

管仲有病，桓公问之曰："仲父之病病①矣，可不讳②云，至于大病③，则寡人恶乎属④国而可？"管仲曰："公谁欲与？"公曰："鲍叔牙。"曰："不可。其为人洁廉，善士也；其于不己若者不比⑤之；又一闻人之过，终身不忘。使之治国，上且钩乎⑥君，下且逆乎⑦民。其得罪于君也将弗久矣！"公曰："然则孰可？"对曰："勿已，则隰朋可。其为人也，上忘而下畔⑧，愧不若黄帝，而哀不己若者。以德分人谓之圣，以财分人谓之贤。以贤临人⑨，未有得人者也；以贤下人⑩，未有不得人者也。其于国有不闻也，其于家有不见也。勿已，则隰朋可。"

吴王浮于江，登乎狙⑪之山，众狙见之，恂然⑫弃而走，逃于深蓁⑬。有一狙焉，委蛇攫搔⑭，见⑮巧乎王。王射之，敏给搏捷矢⑯。王命相者趋⑰射之，狙执死⑱。王顾谓其友颜不疑曰："之狙也，伐其巧、恃其便以敖⑲予，以至此殛⑳也。戒之哉！嗟乎！无以汝色骄人哉！"颜不疑归而师董梧，以助㉑其色，去乐辞显，三年而国人称之。

南伯子綦隐几而坐，仰天而嘘。颜成子入见曰："夫子，物之尤㉒也。形固可使若槁骸，心固可使若死灰乎？"曰："吾尝居山穴之中矣。当是时也，田禾㉓一睹我而齐国之众三贺之。我必有之㉔，彼故知之；我必卖之，彼故鬻之。若我而不有之，彼恶得而知之？若我而不卖之，彼恶得而鬻之？嗟乎！我悲人之自丧者㉕，吾又悲夫悲人者㉖，吾又悲夫悲人之悲者㉗，其后而日远㉘矣！"

【注释】

① 病病：第一个"病"为名词，第二个"病"为形容词，即"病重"之意。
② 讳：忌讳。
③ 大病：死。
④ 属：托付。
⑤ 不己若者：不如自己的人。比：亲近。
⑥ 钩乎：拘泥于。
⑦ 逆乎：违背于。
⑧ 上忘：忘却自己的高贵。下畔：对下眷念百姓。
⑨ 临人：居高临下对待人。
⑩ 下人：居人之下对待人。
⑪ 狙：猕猴。
⑫ 恂然：惊慌的样子。
⑬ 蓁：同"榛"，荆棘丛。
⑭ 委蛇：从容的样子。攫搜：抓住树枝腾窜。
⑮ 见：表现，展露。
⑯ 敏给：敏捷。搏：接住，抓住。捷矢：飞箭。
⑰ 相者：陪同左右的人。趋：急。
⑱ 执死：手握着箭死去。
⑲ 伐：与"恃"同义，依仗，仰持。便：灵便。敖：轻视。
⑳ 殪：死。
㉑ 助：同"锄"，铲除。
㉒ 物之尤：人中最杰出的。
㉓ 田禾：人名，齐国国君。
㉔ 之：指在外有影响的名声。
㉕ 自丧者：丧失自我的人。

㉖ 悲人者：为别人而感到悲哀的人。
㉗ 悲人之悲者：为别人的悲哀而悲哀的人。
㉘ 日远：一天比一天远离。

【评析】

　　作者通过本章三个寓言说明：对于治国和保身养性而言，韬光晦迹、清静无为是务必遵循的，否则会遗患于国于己。

　　仲尼之楚，楚王觞①之。孙叔敖执爵②而立。市南宜僚受酒而祭，曰："古之人乎！于此言已③。"曰："丘也闻'不言之言'矣，未之尝言，于此乎言之：市南宜僚弄丸④而两家之难解，孙叔敖甘寝秉羽而郢人投兵⑤，丘愿有喙三尺⑥。"彼之谓不道⑦之道，此之谓不言之辩。故德总乎道之所一⑧，而言休乎知之所不知，至矣。道之所一者，德不能同也。知之所不能知者，辩不能举也。名若儒、墨而凶⑨矣。故海不辞东流，大之至也。圣人并包天地，泽及天下，而不知其谁氏。是故生无爵，死无谥⑩，实⑪不聚，名不立，此之谓大人。狗不以善吠为良，人不以善言为贤，而况为大乎！夫为大不足以为大，而况为德乎！夫大备⑫矣，莫若天地。然奚求焉，而大备矣！知大备者，无求，无失，无弃，不以物易己⑬也。反己而不穷⑭，循古而不摩⑮，大人之诚⑯！

【注释】

① 觞：以宴席相招待。
② 执爵：端起酒器。
③ 于此言已：在这个时候总是要说点话的。
④ 弄丸：古代杂技名。把许多球丸向空中抛扔，用手去接而不使它们落地。
⑤ 甘寝：安寝。秉羽：拿着羽毛扇。投兵：放下兵器，即停止战争。

⑥ 喙：嘴。三尺：不确指，意为长。孔子意思是自己要是有很长的嘴，就不用再说什么话了。

⑦ 道：说，言。

⑧ 总：总归，归结。一：齐一的境界。

⑨ 若：如。凶：招致凶祸。

⑩ 谥：谥号。

⑪ 实：实际，指聚积财物之"实"，与"名"相对。

⑫ 大备：具备一切。

⑬ 易己：改变自己本性。

⑭ 反己：回归本性。不穷：没有穷尽。

⑮ 循古：遵循上古时的"大道"，即尧、舜以前古朴之"道"。摩：减省。

⑯ 大人：至人。诚：真实情况。

【评析】

前已论述过，"道"是"无为无形"的，是"可传而不可受，可得而不可见"的，世人企图通过任何言语来传"道"或学"道"都是不可能领悟其真谛的，"道"只可意会，不可言传。所以，作者在本章中一再强调"无言"，主张人们通过心灵的感悟去领会它。

子綦有八子，陈①诸前，召九方歅②曰："为我相吾子，孰为祥③。"九方歅曰："梱也为祥。"子綦瞿然④喜曰："奚若？"曰："梱也将与国君同食以终其身。"子綦索然⑤出涕曰："吾子何为以至于是极⑥也？"九方歅曰："夫与国君同食，泽及三族，而况父母乎！今夫子闻之而泣，是御⑦福也。子则祥矣，父则不祥。"子綦曰："歅，汝何足以识之，而梱祥邪？尽于酒肉，入于鼻口矣，而何足以知其所自来？吾未尝为牧而牂生于奥⑧，未尝好田而鹑生于宎⑨，若勿怪，何邪？吾所与吾子游者，游于天地，吾与之邀⑩乐于天，吾与之邀食于地。吾不与之为事，不与之为谋，不与之为怪。吾与之乘天地之诚而不以物与之相撄，吾与之一委蛇⑪而不与之为事所宜。今也然有世俗之偿⑫焉！凡有怪征⑬者必有怪行⑭。殆乎！非我与吾子之罪，几⑮天与之也！吾是以泣也。"无几何而使梱之于燕，盗得之于道，全⑯而鬻之则难，不若刖之则易。于是乎刖而鬻之于齐，适当渠公之街⑰，然身食肉而终。

【注释】

① 陈：依次序排列。

② 九方歅：相面人名，亦善相马。

③ 祥：吉祥，有福。

④ 瞿然：惊异的样子。

⑤ 索然：流泪的样子。

⑥ 极：至凶。

⑦ 御：拒绝。

⑧ 牂：母羊。奥：房屋的西南角。

⑨ 好田：喜欢打猎。窔：房屋的东南角。

⑩ 邀：求取。

⑪ 一委蛇：一切任顺自然。

⑫ 偿：酬报。

⑬ 征：征兆。

⑭ 怪行：怪异事情的发生。

⑮ 几：大概，也许。

⑯ 全：身形完好。

⑰ 当：执掌。街：宫中的小门。

【评析】

　　关于祸福的关系，道家宗师老子早就有至理之言。但于一事而论，究竟是祸是福，仁智所见，各有不同。本则寓言中梱的最终结局，相者九方歅以为是福，与其初识所言一致；但其父子綦却认为是祸，而且认为他和其子梱并无过错，因为他们已经做到了一个得"道"人该做的一切，以为既然是上天安排的，就应顺乎天然，任其自然。

啮缺遇许由，曰："子将奚之？"曰："将逃尧。"曰："奚谓邪？"曰："夫尧畜畜然①仁，吾恐其为天下笑。后世其②人与人相食与！夫民不难聚也，爱之则亲，利之则至，誉之则劝，致其所恶则散。爱、利出乎仁义，捐仁义者寡，利仁义者众。夫仁义之行，唯且无诚，且③假乎禽贪者器。是以一人之断制天下，譬之犹一覕④也。夫尧知贤人之利天下也，而不知其贼天下也。夫唯外乎贤者知之矣。"

【注释】

① 畜畜然：勤劳的样子。

② 其：大概。

③ 且：乃。

④ 覕：同"瞥"。意为瞥眼一看，不能看清问题的实质。

【评析】

本章借许由之口，对尧举贤行仁的行为进行斥责。作者指出，仁义是世人渔猎的工具，贤人是残害天下的盗贼。这一论断源于当时社会实际，把一些欺世盗名的所谓"贤人"和"仁义"行径的丑恶之状暴露于世人面前，具有一定的现实意义。

有暖姝①者，有濡需②者，有卷娄③者。所谓暖姝者，学一先生之言，则暖暖姝姝而私自说④也，自以为足矣，而未知未始有物⑤也。是以谓暖姝者也。濡需者，豕虱是也，择疏鬣自以为广宫大囿⑥。奎蹄曲隈⑦，乳间股脚⑧，自以为安室利处，不知屠者之一旦鼓臂布草⑨操烟火，而己与豕俱焦也。此以域⑩进，此以域退，此其所谓濡需者也。卷娄者，舜也。羊肉不慕蚁，蚁慕羊肉，羊肉膻⑪也。舜有膻行⑫，百姓悦之，故三徙成都，至邓之虚⑬而十有万家。尧闻舜之贤，举之童土之地⑭，曰冀得其来之泽⑮。舜举乎童土之地，年齿⑯长矣，聪明衰矣，而不得休归，所谓卷娄者也。是以神人恶众至，众至则不比⑰，不比则不利也。故无所甚亲，无所甚疏，抱德炀和⑱以顺天下，此谓真人。于蚁弃知⑲，于鱼得计⑳，于羊弃意㉑。以目视目，以耳听耳，以心复心。若然者，其平也绳，其变也循㉒。古之真人！以天待之㉓，不以人入㉔天，古之真人！

得之也生，失之也死；得之也死，失之也生。药也，其实堇㉕也，桔梗也，鸡䰞也，豕零也，是时为帝㉖者也，何可胜言！

【注释】

① 暖姝：沾沾自喜，自满的样子。

② 濡需：苟安一时。

③ 卷娄：因操劳过度而腰弯背驼。

④ 说：同"悦"，喜悦，高兴。

⑤ 未始有物：没有学到什么东西。

⑥ 鬣：动物颈部的长毛。囿：苑囿。

⑦ 奎：两股之间。奎蹄：比喻狭小的地方。隈：股间。

⑧ 脚：隙，空隙。

⑨ 鼓臂：振臂。布草：放置柴草。

⑩ 以：根据，随应。域：环境，境域。

⑪ 膻：羊肉的气味。

⑫ 膻行：指有行仁义的行为。

⑬ 虚：同"墟"。
⑭ 举：推举，选拔。童土之地：不生长草木的地方。
⑮ 冀：希望。泽：恩泽，泽惠。
⑯ 年齿：年岁，年纪。
⑰ 比：和乐。
⑱ 抱德：抱守德行。炀和：温和，道家和谐万物的思想境界。
⑲ 于：如。知：智慧。
⑳ 得计：得意，怡然自得。
㉑ 意：意志。
㉒ 循：顺循自然。
㉓ 天：自然之道。之：指人事。
㉔ 入：干预。
㉕ 堇：草药名，乌头。以下"桔梗""鸡癕""豕零"同。
㉖ 时：根据实际情况。帝：君主，指药方中的主药。

【评析】

本章通过对一些有所蒙蔽的人和"真人"间的比较描写，表达了作者对世俗之人的否定和对"真人"理想人生境界的向往。文中有所蒙蔽的人主要有自以为得意的人、贪安于一时的人和终身劳苦的人等等。作者奉劝那些被蒙蔽的人要像"真人"那样，内守心神、顺随自然，从而获得真正的自由。

勾践也以甲楯①三千栖于会稽，唯种②也能知亡之所以存，唯种也不知其身之所以愁。故曰：鸱目有所适③，鹤胫有所节，解④之也悲。故曰：风之过河也有损焉，日之过河也有损焉。请只风与日相与守河，而河以为未始其撄也，恃源而往⑤者也。故水之守土也审⑥，影之守人也审，物之守物⑦也审。故目之于明也殆⑧，耳之于聪也殆，心之于殉⑨也殆，凡能其于府⑩也殆。殆之成也不给⑪改。祸之长也兹萃⑫，其反也缘功⑬，其果也待久。而人以为己宝，不亦悲乎！故有亡国戮民无已，不知问是⑭也。故足之于地也践，虽践，恃其所不蹍而后善博也；人之于知也少，虽少，恃其所不知而后知天之所谓也。知大一⑮，知大阴⑯，知大目⑰，知大均⑱，知大方⑲，知大信⑳，知大定㉑，至矣！大一通之，大阴解之，大目视之，大均缘㉒之，大方体㉓之，大信稽㉔之，大定持㉕之。尽有天㉖，循㉗有照，冥有枢㉘，始有彼㉙。则其解之也似不解之者，其知之也似不知之也，不知而后知之。其问之也，不可以有崖，而不可以无崖。颉滑有实㉚，古今不代，而不可以亏，则可不谓有大扬搉㉛乎！阖不㉜亦问是已，奚惑然为！以不惑解惑，复于不惑，是尚㉝大不惑。

【注释】

① 甲楯：即甲、盾，喻指军队。
② 种：春秋时越国大夫文种，曾帮助越王勾践存越，但后被勾践所杀。
③ 鸱：猫头鹰。适：到，即看得见的地方，犹言也有它看不见的地方，下文"节"同此。
④ 解：割断。
⑤ 往：去，指水向下游川流不息地流淌。
⑥ 审：确定，安定。
⑦ 物：造物者。
⑧ 明：明察。殆：危险。
⑨ 殉：为外物而献身。
⑩ 能：本能，指目、耳等追求明、聪的本能。府：指耳、目等各种器官。
⑪ 不给：不疾，不及时。
⑫ 兹萃：越来越多。

⑬ 反:同"返"。缘功:需要功夫。

⑭ 问是:探究这些祸害的根源。

⑮ 大一:即"太一",指天。

⑯ 大阴:地。

⑰ 大目:任万物各视其所见。

⑱ 大均:任万物各顺其本性无所偏私。

⑲ 大方:让万物各依其自身法则而运行。

⑳ 大信:使万物各得其真实。

㉑ 大定:使万物各守其位而不受干扰。

㉒ 缘:随顺。

㉓ 体:真实地体现万物。

㉔ 稽:考核。

㉕ 持:持守。

㉖ 尽有天:万物的生息,有天的主宰。

㉗ 循:随顺。

㉘ 枢:枢机。

㉙ 始有彼:万物形成之初有对方的存在(即对立)。

㉚ 颉滑:错乱,混淆。实:真实,实理。

㉛ 扬搉:约略,举其大概。

㉜ 阖不:为什么不。

㉝ 尚:差不多,可以。

【评析】

本章仍以论"道"为主旨。作者先论"道"的作用,无事无物不存在"道"的作用,因此事物有所适、有所不适,顺之则存,逆之则危殆。随后,作者谈悟"道"的问题,指出清醒者应大智若愚,以宁静的心态去应对万物的变化,如此则"大不惑",就可以达于"道"。

则阳第二十五

则阳游于楚，夷节言之于王，王未之见。夷节归。彭阳见王果曰："夫子何不谭①我于王？"王果曰："我不若公阅休。"彭阳曰："公阅休奚为②者邪？"曰："冬则擉③鳖于江，夏则休乎山樊④。有过而问者，曰：'此予宅也。'夫夷节已不能⑤，而况我乎！吾又不若夷节。夫夷节之为人也，无德而有知，不自许⑥，以之神其交⑦，固颠冥⑧乎富贵之地。非相助以德，相助消也。夫冻者假衣于春，暍⑨者反冬乎冷风。夫楚王之为人也，形尊而严。其于罪也，无赦如虎。非夫佞人正德⑩，其孰能桡⑪焉。故圣人其穷⑫也，使家人忘其贫；其达也，使王公忘爵禄而化卑⑬；其于物也，与之为娱矣；其于人也，乐物之通而保己⑭焉。故或不言而饮人以和⑮，与人并立而使人化⑯，父子之宜⑰。彼其乎归居⑱，而一闲其所施⑲。其于人心者，若是其远也。故曰'待公阅休'。"

【注释】

① 谭：同"谈"。
② 奚为：干什么，做什么。
③ 擉：刺，扎。
④ 山樊：山脚。
⑤ 不能：不能向楚王推荐。
⑥ 自许：自己赞扬自己。
⑦ 神其交：使自己的交际神秘化。
⑧ 颠冥：沉溺，沉迷。

⑨ 暍：中暑。
⑩ 佞人：能说善辩的人。正德：品德端正的人。
⑪ 桡：扰乱。
⑫ 穷：处境困顿。
⑬ 化卑：化尊贵为谦卑。
⑭ 保己：保全自己的德行。
⑮ 饮人以和：以和顺的态度待人。
⑯ 并立：相处。人化：使人受到感化。
⑰ 宜：适宜，协调。
⑱ 其乎：期盼。归居：返回其所居处的地方。
⑲ 一：尽，全。闲：闲暇，无事。施：行事。

【评析】

本章中，作者推出两类人物：一类是汲汲于世，热心于功名利禄，期盼显于世者，以则阳（即彭阳）和夷节为代表。作者在文中对这类人的行为进行了批判；另一类是秉有自然之性、遨游于天地万物之上者，以王果和公阅休为代表。这类人是作者心中的"真人"，所以作者在文中对其褒扬有加，认为其人格的感化力量是无穷的，因此作者安排则阳等世俗之人耐心地"待公阅休"。

圣人达绸缪①，周尽一体②矣，而不知其然③，性也。复命摇作④而以天为师，人则从而命⑤之也。忧⑥乎知，而所行恒无几时⑦，其有止也，若之何！生而美者，人与之鉴⑧，不告则不知其美于人也。若⑨知之，若不知之，若闻之，若不闻之，其可喜⑩也终无已，人之好之亦无已，性也。圣人之爱人也，人与之名，不告则不知其爱人也。若知之，若不知之，若闻之，若不闻之，其爱人也终无已，人之安⑪之亦无已，性也。旧国旧都，望之畅然⑫。虽使丘陵草木之缗⑬入者十九，犹之畅然，况见见闻闻⑭者也，以十仞之台县众间者也[15]。冉相氏得其环中以随成[16]，与物无终无始，无几无时[17]。日[18]与物化者，一[19]不化也。阖尝[20]舍之！夫师天[21]而不得师天，与物[22]皆殉。其以为事[23]也，若之何！夫圣人未始有天，未始有人，未始有始，未始有物，与世偕行而不替[24]，所行之备而不洫[25]，其合之[26]也，若之何！

汤得其司御[27]，门尹登恒为之傅之。从师而不囿[28]，得其随成。为之司[29]其名，之名嬴法[30]，得其两见[31]。仲尼之尽虑，为之傅之。容成氏曰："除日无岁，无内无外[32]。"

【注释】

① 绸缪：深奥。

② 周尽：周到详尽。一体：指万物一体的道理。

③ 知其然：知道为什么是这样。

④ 复命：静。摇作：动。

⑤ 命：称为，命名。

⑥ 忧：同"沈"，丰富。

⑦ 恒：经常，常常。几：多少。几时：多少时间。

⑧ 与：给予。鉴：镜子。

⑨ 若：好像。

⑩ 可喜：可爱。

⑪ 安：习惯于。

⑫ 畅然：喜悦的样子。

⑬ 缗：蔓延，言草木遮盖。

⑭ 见见：看到了曾经所看到的。闻闻：听到了曾经所听到的。

⑮ 以：似。县：悬。整句意思：一座大的楼台出现在人们面前，是大家共睹的。

⑯ 环中：指事物的关键。随成：随顺自然。

⑰ 几:日期。时:时节。

⑱ 日:天天。

⑲ 一:乃。

⑳ 阖尝:何尝。

㉑ 师天:效法自然。

㉒ 物:指为外物所役者。

㉓ 其:指有心去效法自然者。以为事:以效法自然为业。

㉔ 替:废弃。

㉕ 备:完备。氾:泛滥。

㉖ 合之:与道相合。

㉗ 得其司御:得以统治天下。

㉘ 囿:局限。

㉙ 为之:指门尹登恒为汤的师傅之事。司:承担。

㉚ 赢:同"赢",多余。法:法则,法度。

㉛ 两见:双重的显现,即名和法度。

㉜ 内:自我。外:外物。

【评析】

　　本章所论主题为真性。作者开篇指出"圣人达绸缪,周尽一体矣,而不知其然,性也。"为说明这一问题,作者以"生而美者""旧国旧都"和冉相氏等事为例加以解析。

　　魏莹与田侯牟约,田侯牟背之,魏莹怒,将使人刺之。犀首公孙衍闻而耻之①,曰:"君为万乘②之君也,而以匹夫从仇③。衍请受甲二十万,为君攻之,虏其人民,系其牛马,使其君内热发于背,然后拔其国。忌也出走,然后抶④其背,折其脊。"季子闻而耻之,曰:"筑十仞之城,城者既七仞矣,则又坏之,此胥靡之所苦⑤也。今兵不起七年矣,此王之基也。衍,乱人也,不可听也。"华子闻而丑之，曰："善言伐齐者，乱人也；善言勿伐者，亦乱人也；谓'伐之与不伐乱人也'者，又乱人也。"君曰："然则若何？"曰："君求其道而已矣。"惠之闻之，而见戴晋人。戴晋人曰："有所谓蜗者，君知之乎？"曰："然。""有国于蜗之左角者，曰触氏；有国于蜗之右角者，曰蛮氏。时相与争地而战，伏尸数万，逐北⑥旬有五日而后反。"君曰："噫！其虚言与？"曰："臣请为君实⑦之。君以⑧意在四方上下有穷乎？"君曰："无穷。"曰："知游心于无穷，而反在通达之国⑨，若存若亡乎？"君曰："然。"曰："通达之中有魏，于魏中有梁，于梁中有王，王与蛮氏有辩⑩乎？"君曰："无辩。"客出而君惝然⑪若有亡也。客出，惠子见。君曰："客，大人也，圣人不足以当⑫之。"惠子曰："夫吹管也，犹有嗃⑬也；吹剑首者，吷⑭而已矣。尧、舜，人之所誉也。道尧、舜于戴晋人之前，譬犹一吷也。"

【注释】

① 耻之：以之为耻。

② 万乘：指大国。

③ 从仇：报仇。

④ 抶：鞭打。

⑤ 胥靡：从事苦役的人。苦：感到痛苦。

⑥ 北：军队败逃。

⑦ 实：证实。

⑧ 以：之。

⑨ 通达之国：人迹所达到的地方。

⑩ 辩：同"辨"，区别。

⑪ 惝然：怅惘的样子。

⑫ 当：对等。

⑬ 嗃：吹管的声音，声较大。

⑭ 唤：剑的声音，声较小，如风吹过。

【评析】

　　本章结合讥刺当时诸侯间的战争对"有为"的政治进行了批判。作者指出，从"道"的立场来看，诸如国家间的结盟、缔约、战争等重要的事情，置之于无限广垠的宇宙中，都是极其渺小的，不值得去做。因此，与其"有为"，莫若"无为"。

　　孔子之楚，舍于蚁丘之浆①。其邻有夫妻臣妾登极②者，子路曰："是稯稯③何为者邪？"仲尼曰："是圣人仆④也。是自埋⑤于民，自藏于畔⑥。其声销，其志无穷，其口虽言，其心未尝言。方且与世违，而心不屑与之俱。是陆沉⑦者也，是其市南宜僚邪？"子路请往召之。孔子曰："已矣！彼知丘之著于己⑧也，知丘之适楚也，以丘为必使楚王之召己也。彼且以丘为佞人也。夫若然者，其于佞人也，羞闻其言，而况亲见其身乎！而何以为存⑨？"子路往视之，其室虚矣。

【注释】

① 蚁丘：山名。浆：卖浆人的家。

② 极：高，指蚁丘之顶。

③ 稯稯：聚集的样子。

④ 仆：徒。

⑤ 埋：隐匿。

⑥ 畔：田界。

⑦ 陆沉：身在陆地，无水而沉。指人身在世间而心却隐匿。

⑧ 著：了解。己：自己，指"夫妻臣妾登极者"。

⑨ 存：探望，省视。

【评析】

本章通过孔子之口,赞扬了一位疾俗离世、隐居躬耕的"陆沉者",因为这位隐者有异于其他隐士,他不在乎居处在何处等物质条件,更为重要的是他真正地做到了心灵的虚寂。

长梧封人问①子牢曰:"君为政焉勿卤莽②,治民焉勿灭裂③。昔予为禾,耕而卤莽之,则其实亦卤莽而报予;芸④而灭裂之,其实亦灭裂而报予。予来年变齐⑤,深其耕而熟耰⑥之,其禾蘩以滋⑦,予终年厌飧⑧。"庄子闻之,曰:"今人之治其形,理其心,多有似封人之所谓,遁⑨其天,离其性,灭其情,亡其神,以众为。故卤莽其性者,欲恶之孽⑩,为性萑苇蒹葭⑪,始萌以扶⑫吾形,寻擢⑬吾性。并溃漏发,不择所出⑭,漂疽疥瘫⑮,内热溲膏⑯是也。"

【注释】

① 问:告诉。

② 卤莽:粗疏,不尽心。

③ 灭裂:草率,轻薄。

④ 芸:耘,锄草。

⑤ 来年:次年,第二年。变齐:改变耕作方法。

⑥ 熟:仔细。耰:锄草。

⑦ 蘩、滋:茂盛。

⑧ 厌飧:足食。

⑨ 遁:逃避。

⑩ 欲恶:好坏。孽:萌芽。

⑪ 萑苇蒹葭:植物名称。

⑫ 扶:附。

⑬ 擢:拔,指对人的天性的影响。

⑭ 不择所出：指全身毒疮一起溃烂，一并发作，不择部位，随处冒脓。

⑮ 漂疽：脓疮。疥癕：毒疮。

⑯ 溲膏：小便混浊。

【评析】

长梧封人以自己耕种庄稼的切身经历告诫子牢为政之要，此事为庄子所闻，就此而谈及人的心性修养问题，认为修养身心必须顺应自然。

柏矩学于老聃，曰："请之天下游。"老聃曰："已矣！天下犹是①也。"又请之，老聃曰："汝将何始？"曰："始于齐。"至齐，见辜人②焉，推而强③之，解朝服而幕④之，号天而哭之，曰："子乎⑤！子乎！天下有大灾，子独先离⑥之。曰'莫为盗，莫为杀人'。荣辱立然后睹所病⑦，货财聚然后睹所争。今立人之所病，聚人之所争，穷困人之身，使无休时。欲无至此得乎？古之君人者，以得为在民，以失为在己；以正为在民，以枉为在己。故一形有失其形⑧者，退而自责。今则不然，匿为物而愚不识，大为难而罪不敢，重为任而罚不胜，远其涂而诛不至。民知力竭，则以伪继之。日出多伪，士民安取不伪。夫力不足则伪，知不足则欺，财不足则盗。盗窃之行，于谁责而可乎？"

【注释】

① 天下犹是：天下的情况和这里的情况都一样。

② 辜人：被处肢解刑罚而死的人。

③ 强：使……卧好。

④ 朝服：官服。幕：覆盖。

⑤ 子乎：你呀。

⑥ 离：遭遇。

⑦ 荣辱立：荣辱观念确立。病：指百姓所痛恨的。
⑧ 失其形：因追求荣耀货财而受罚丧命。

【评析】

　　作者通过得"道"人柏矩游齐而遇辜人所发感慨之事，意在指出：由于统治者确立是非荣辱观念，并大肆宣扬，又身体力行地带头积货聚财，率先弄虚作假。上有所行，下有所效，于是天下百姓如影随"行"、顺风而从，莫不追逐名利，结果身遭刑辟。本章对当时统治者伤害人身、逐民为盗的现实予以了揭露。

　　蘧伯玉行年六十而六十化①，未尝不始于是之②，而卒诎③之以非也。未知今之所谓是之非五十九非④也。万物有乎生而莫见其根，有乎出而莫见其门。人皆尊其知之所知，而莫知恃其知之所不知而后知，可不谓大疑乎！已乎！已乎！且无所逃⑤。此所谓"然与然⑥"乎！

　　仲尼问于大史大弢、伯常骞、狶韦曰："夫卫灵公饮酒湛⑦乐，不听国家之政；田猎毕弋⑧，不应诸侯之际⑨。其所以为灵公者何邪？"大弢曰："是因是也⑩。"伯常骞曰："夫灵公有妻三人，同滥⑪而浴。史鳅奉御而进所⑫，搏币而扶翼⑬。其慢若彼⑭之甚也，见贤人若此其肃⑮也，是其所以为灵公也。"狶韦曰："夫灵公也，死，卜葬于故墓，不吉；卜葬于沙丘而吉。掘之数仞，得石椁焉，洗而视之，有铭焉，曰：'不冯其子⑯，灵公夺而里⑰之。'夫灵公之为'灵'也久矣！之二人何足以识之！"

【注释】

① 化：变化，改变。指蘧伯玉对问题的看法经常改变。
② 是之：认为是对的。
③ 卒：最终。诎：同"黜"，贬斥。

④ 非：认为是错的。

⑤ 且：大概。无所逃：人人都无法避免"大疑"。

⑥ 然与然：如此就是如此。

⑦ 湛：沉溺于。

⑧ 田猎毕弋：捕猎禽兽。

⑨ 应：参与，应付。际：诸侯会盟之事。

⑩ 是因是也：根据他的这种行为而确定的。

⑪ 滥：大浴盆。

⑫ 奉御：遵奉命令。所：卫灵公的住所。

⑬ 搏：抓住。币：佩巾。扶翼：搀扶。

⑭ 慢：怠慢，不敬。彼：指灵公与三妻同盆而浴之事。

⑮ 肃：肃敬。

⑯ 不冯其子：意即原来埋葬在这里的死者不要想依靠他的后代而保护自己埋葬在这里。

⑰ 里：埋。

【评析】

　　是非是没有定准的，人有其是，人有其非，因为个体、时间和空间都存在着差异。为说明这一观点，作者举出了卫灵公为什么叫作"灵"，人持己见，各有其理，各有其据，可仍无法判断孰是孰非。因此作者告诫人们不要纠缠人为的是非，而是要随顺自然，否则不能体悟到"大道"。

　　少知问于大公调曰："何谓丘里①之言？"大公调曰："丘里者，合十姓百名②而以为风俗者也。合异以为同，散同以为异。今指马之百体③而不得马，而马系于前者，立其百体而谓之马也。是故丘山积卑而为高，江河合小而为大，大人并私而为公。是以自外入者，有主而不执④；由中出者⑤，有正而不距⑥。四时殊气，天不赐⑦，故岁成；五官殊职，君不私，故国治；文武殊材，大人不赐，故德备；万物殊理，道不私，故无名。无名故无为，无为而无不为。时有终始，世有变化，祸福淳淳⑧，至有所拂者而有所宜⑨，自殉殊面⑩；有所正者有所差⑪，比于大泽⑫，百材皆度⑬；观于大山，木石同坛⑭。此之谓丘里之言。"少知曰："然则谓之道足⑮乎？"大公调曰："不然，今计物之数，不止于万，而期⑯曰万物者，以数之多者号⑰而读之也。是故天地者，形之大者也；阴阳者，气之大者也；道者为之公⑱。因其大以号而读之则可也，已有之矣，乃将得比哉⑲！则若以斯辩，譬犹狗马，其不及远矣。"少知曰："四方之内，六合之里，万物之所生恶起？"大公调曰："阴阳相照相盖相治⑳，四时相代相生相杀㉑。欲恶去就，于是桥㉒起。雌雄片㉓合，于是庸有㉔。安危相易，祸福相生，缓急相摩，聚散相成。此名实之可纪，精微之可志也。随序之相理㉕，桥运之相使，穷则反，终则始。此物之所有，言之所尽，知之所至；极物而已。睹道之人，不随其所废㉖，不原其所起㉗，此议之所止。"少知曰："季真之'莫为'，接子之'或使㉘'。二家之议，孰正㉙于其情？孰偏于其理？"大公调曰："鸡鸣狗吠，是人之所知，虽有大知，不能以言读其所自化㉚，又不能以意其所将为㉛。斯㉜而析之，精至于无伦，大至于不可围。或之使㉝，莫之为㉞，未免于物而终以为过。或使则实，莫为则虚。有名有实，是物之居；无名无实，在物之虚。可言可意，言而愈疏。未生不可忌㉟，已死不可徂㊱。死生非远也，理不可睹㊲。或之使，莫之为，疑之所假㊳。吾观之本，其往无穷；吾求之末，其来无止。无穷无止，言之无也，与物同理。或使、莫为，言之本也。与物终始。道不可有，有不可无。道之为名，所假而行。或使、莫为，在物一曲㊴，夫胡为于大方㊵！言而足㊶，则终日言而尽道；言而不足，则终日言而尽物。道，物之极㊷，言默不足以载㊸。非言非默，议有所极。"

【注释】

① 丘里：乡里。

② 十姓百名：众多不同姓名的人。

③ 百体：各个不同部分。

④ 主：主见。执：固执己见。

⑤ 由中出者：由自己心中发出的言论。

⑥ 有正：虽然是正确的。距：闭，即拒绝他人的言论。

⑦ 赐：私，偏爱。

⑧ 淳淳：流动不止的样子。

⑨ 有所拂：拂，违逆。对某事或某物是违逆的。有所宜：对另一事或另一物是适应的。

⑩ 殉：追逐，追求。面：方向。

⑪ 差：差误，错误。

⑫ 比于大泽：到大泽里去看看。

⑬ 皆：同。度：居。

⑭ 同坛：同地。

⑮ 足：可以。

⑯ 期：限定。

⑰ 号：称。

⑱ 公：主宰。

⑲ 乃将得比哉：没有事物能和"道"相比的。

⑳ 照：感召。盖：冲突。治：补充。

㉑ 代：更替。生：促生。杀：制约。

㉒ 桥：快速，有劲的样子。

㉓ 片：分离，分开。

㉔ 庸有：经常存在的。

㉕ 随序：顺随自然的次序。相理：相济。

㉖ 随：追求。所废：所废止的原因。
㉗ 原：推究。所起：所兴起的原因。
㉘ 或使：有为。
㉙ 正：符合。
㉚ 所自化：所自我化育的原因。
㉛ 意：猜测。将为：将会干什么。
㉜ 斯：分开。
㉝ 或之使：即"或使"的观点。
㉞ 莫之为：即"莫为"的观点。
㉟ 忌：禁止。
㊱ 徂：阻止。
㊲ 理不可睹：道理是讲不清楚的。
㊳ 疑之：指对大"道"疑惑者。假：假借。
㊴ 一曲：一隅。
㊵ 大方：大道。
㊶ 足：圆满。
㊷ 极：终极原因。
㊸ 载：表达。

【评析】

　　本章中，作者借少知和大公调的对话，说明了"道"的本质。作者指出，"道"虽具有同一性，但它又不足以言"道"，因为"道"又体现在万事万物的具体变化、对立的现象中，既是同一的，又是对立的；既是具体的，也是抽象的，是用虚或实、有为或无为、言或不言所无法清楚表达的，它是集虚与实、有为与无为、可说与不可说于一身的。

外物第二十六

外物不可必①，故龙逢诛，比干戮，箕子②狂，恶来③死，桀、纣亡。人主莫不欲其臣之忠，而忠未必信④，故伍员流于江，苌弘⑤死于蜀，藏其血，三年而化为碧。人亲莫不欲其子之孝，而孝未必爱，故孝己忧而曾参⑥悲。木与木相摩则然⑦，金与火相守则流⑧，阴阳错行⑨，则天地大绞⑩，于是乎有雷有霆，水中有火，乃焚大槐。有甚忧两陷⑪而无所逃。螴蜳⑫不得成，心若县于天地之间，慰暋沈屯⑬，利害相摩，生火甚多，众人焚和⑭，月固不胜火⑮，于是乎有僓然而道尽⑯。

【注释】

① 必：一定，肯定，定准。

② 龙逢、比干、箕子：忠臣名。

③ 恶来：奸佞臣名。

④ 信：得到信任。

⑤ 苌弘：周时贤臣，因遭谮而被流放，归蜀后剖腹自杀。蜀人感其忠诚，用盒子把他的血装起来，三年后化为碧玉。

⑥ 孝己：商朝一太子，至孝，因受后母虐待，忧虑而死。曾参：孔子弟子，至孝，却常遭父母打骂，忧伤几死，常悲泣。

⑦ 然：燃。

⑧ 相守：在一起。流：熔化。

⑨ 错行：杂乱运行。

⑩ 绞：同"骇"，惊骇。

⑪ 甚：安乐。两陷：即陷入安乐和忧愁的境地中。
⑫ 螴蜳：不安的样子。
⑬ 慰暋：郁闷的样子。沈：深，潜伏。屯：艰难。
⑭ 众人：指众多的世俗之人。焚和：指陷于利害之中而焚毁了心中淳和之气。
⑮ 月：指人的天生自然本性。火：追求利害而产生的内火。
⑯ 俙然：颓萎的样子。道尽：指天性完全丧失。

【评析】

本章主要论述"外物不可必"的道理，并以忠臣、昏君、孝子等具体的事例来说明。鉴于此，作者指出，凡事皆不可强求，否则会引起乃至激化自身与外界的矛盾，结果轻则伤心害性，重则亡身。

庄周家贫，故往贷粟于监河侯。监河侯曰："诺①。我将得邑金②，将贷子三百金，可乎？"庄周忿然作色③曰："周昨来，有中道而呼者。周顾视，车辙中有鲋鱼焉。周问之曰：'鲋鱼，来，子何为者耶？'对曰：'我，东海之波臣④也。君岂有斗升之水而活我哉！'周曰：'诺。我且南游吴、越之王，激西江之水而迎子，可乎？'鲋鱼忿然作色曰：'吾失我常与，我无所处。吾得斗升之水然活耳。君乃言此，曾不如早索我于枯鱼之肆⑤。'"

【注释】

① 诺：答应的声音，意即"好吧"。
② 邑金：岁终百姓因租大夫或侯的封地而向其土地所有者交付的租金。
③ 作色：改变脸色。
④ 波臣：水界的臣子。
⑤ 枯鱼：干鱼。肆：集市，店铺。

【评析】

对于本章主旨,见仁见智。庄周、鲋鱼因有待于物,而一旦失之,则免不了置身于"枯鱼之肆"的命运。看来,"外物不可必",更不可待。

任公子为大钩巨缁①,五十犗②以为饵,蹲乎会稽,投竿东海,旦旦而钓,期年不得鱼。已而大鱼食之,牵巨钩,馅③没而下,骛扬而奋鬐④,白波若山,海水震荡,声侔⑤鬼神,惮赫⑥千里。任公子得若鱼,离而腊⑦之,自制河以东,苍梧已北,莫不厌⑧若鱼者。已而后世辁才讽说⑨之徒,皆惊而相告也。夫揭竿累⑩,趣灌渎⑪,守鲵鲋⑫,其于得大鱼难矣!饰小说以干县令⑬,其于大达⑭亦远矣。是以未尝闻任氏之风俗⑮,其不可与经于世⑯亦远矣!

【注释】

① 缁:黑绳。

② 犗:公牛。

③ 馅:同"陷"。

④ 骛:急速。奋鬐:扬鳍。

⑤ 侔:相等。

⑥ 惮赫:惊恐。

⑦ 离:剖开。腊:晒干。

⑧ 厌:饱食。

⑨ 辁才:小才。讽说:道听途说。

⑩ 揭:举。累:绳子。

⑪ 趣:去。灌渎:指沟河。

⑫ 鲵鲋:小鱼。

⑬ 小说:浅陋碎屑的言辞。干:求。县令:即赏格,指悬赏所定的

报酬。

⑭ 大达：即飞黄腾达。

⑮ 风俗：风度，气度。

⑯ 经：与"纬"相对。经于世，向下传于世。

【评析】

　　任公子垂钓，精心而为，期年无果；不经意为之，却得大鱼。如此则足以说明"外物不可必"了。最后作者警谕世人：刻意追求名利者，"其于大达亦远矣"！

　　儒以《诗》《礼》发冢①，大儒胪传②曰："东方作③矣，事之何若？"小儒曰："未解裙襦④，口中有珠。""《诗》固有之曰：'青青之麦，生于陵陂⑤。生不布施⑥，死何含珠为？'接⑦其鬓，压其颅⑧，而以金椎控其颐⑨，徐别⑩其颊，无伤口中珠。"

【注释】

① 发冢：盗掘坟墓。

② 胪传：传告。

③ 东方作：太阳升起。

④ 裙襦：衣裙。

⑤ 陵陂：山坡。

⑥ 布施：给人以财物。

⑦ 接：抓住。

⑧ 压其颅：按住他的上颌。

⑨ 椎：敲打用的工具。控：叩打，敲打。颐：下巴。

⑩ 徐别：慢慢分开。

【评析】

　　儒者一方面干着发冢盗珠的见不得人的勾当，一方面却声声不离

《诗》《书》等经书之语。这既揭露了儒者虚伪的面孔，另一方面又说明万物是不定准的，其行其言等未必一致，是不可测的。

　　老莱子之弟子出薪①，遇仲尼，反以告，曰："有人于彼，修上而趋下②，末偻而后耳③，视若营四海，不知其谁氏之子。"老莱子曰："是丘也，召而④来。"仲尼至。曰："丘，去汝躬矜与汝容知⑤，斯为君子矣。"仲尼揖而退，蹙然改容⑥而问曰："业可得进乎？"老莱子曰："夫不忍一世之伤，而骜⑦万世之患，抑固窭⑧邪？亡其略弗及⑨邪？惠以欢为骜⑩，终身之丑⑪，中民之行进焉⑫耳！相引以名，相结以隐⑬。与其誉尧而非桀，不如两忘而闭其所誉。反无非伤⑭也，动无非邪⑮也，圣人踌躇⑯以兴事，以每成功。奈何哉，其载焉终矜⑰尔！"

【注释】

① 薪：即采薪，打柴。

② 修上：上身长。趋下：下身短。

③ 末偻：脊背弯曲。后耳：耳朵向后靠近脑门。

④ 而：即"之"，他。

⑤ 躬矜：浑身存在的骄傲。容知：外表的聪明。

⑥ 蹙然：局促不安的样子。改容：改变脸色。

⑦ 骜：傲慢，即无视"万世之患"。

⑧ 窭：鄙陋。

⑨ 亡其：抑或。略：智略。弗及：达不到。

⑩ 惠：发声词。以欢为骜：骜，同"务"。以满足自己欲望为事。

⑪ 丑：羞耻。

⑫ 中民：中庸之民，平常的人。进焉：进于此。

⑬ 结：交结。隐：私，私利。

⑭ 反：违反事物的本性。伤：招致伤害。

⑮ 动：扰乱本性。邪：产生邪恶。

⑯ 踌躇：从容的样子。

⑰ 其：乃。载：安处。焉：此。终矜：骄傲一辈子。

【评析】

本章借老莱子之口阐述"外物不可必"的思想。作者认为，只有捐除"有为"之心，不以贤能自负，才能学到"道"。

宋元君夜半而梦人被发窥阿门①，曰："予自宰路之渊，予为清江使河伯之所，渔者余且得予。"元君觉，使人占之，曰："此神龟也。"君曰："渔者有余且乎？"左右曰："有。"君曰："令余且会朝②。"明日，余且朝。君曰："渔何得？"对曰："且之网得白龟焉，其圆③五尺。"君曰："献若之龟。"龟至，君再欲杀之，再欲活之。心疑，卜之。曰："杀龟以卜吉。"乃刳龟，七十二钻而无遗筴④。仲尼曰："神龟能见梦于元君，而不能避余且之网；知能七十二钻而无遗筴，不能避刳肠之患。如是则知有所困，神有所不及也。虽有至知，万人谋之。鱼不畏网而畏鹈鹕⑤。去小知而大知明，去善而自善矣。婴儿生，无硕师⑥而能言，与能言者处也。"

【注释】

① 被发：披发。阿门：侧门。

② 会朝：赴朝。

③ 圆：直径。

④ 钻：占卜。遗筴：失策，失算。

⑤ 鹈鹕：善捕鱼的水鸟名。

⑥ 硕师：即所师。

【评析】

神龟为免祸，托梦宋元君，以期获救。神龟认为自己既然可以托梦给宋元君，宋元君必定会关照自己的，但孰料"外物不可必"，宋元君经过几番思索，最后还是把神龟杀了。看来，神龟是栽在不了解"外物不可必"上了，是其运用"小知"的结果。因此作者认为，只有抛弃聪明智慧，随俗自然，才是"大知"。

惠子谓庄子曰："子言无用。"庄子曰："知无用而始① 可与言用矣。夫地非不广且大也，人之所用容足耳，然则厕足而垫之致黄泉②，人尚有用乎？"惠子曰："无用。"庄子曰："然则无用之为用也亦明矣。"

【注释】

① 始：才。
② 厕足：立足。垫：挖掘。黄泉：地下水。

【评析】

惠子与庄子辩论，惠子屡屡钻进庄子为他设好的圈套中，这次，惠子又是如此。通过惠子与自己的配合，庄子阐述了"无用"乃"大用"的道理，借以证明"外物不可必"的命题。

庄子曰"人有能游①，且②得不游乎！人而③不能游，且得游乎！夫流遁④之志，决绝⑤之行，噫，其非至知厚德之任⑥与！覆坠而不反⑦，火驰而不顾⑧。虽相与为君臣，时⑨也。易世而无以相贱。故曰：至人不留行焉。夫尊古而卑今，学者之流也。且以狶韦氏之流观今之世，夫孰能不波⑩！唯至人乃能游于世而不僻⑪，顺人而不失己。彼教不学，承意不彼⑫。目彻⑬为明，耳彻为聪，鼻彻为颤⑭，口彻为甘，心彻为知，知彻为德。凡道不欲壅，壅则哽，哽而不止则跈[15]，跈则众害生。物之有知者恃息[16]。其不殷[17]，非天之罪。天之穿[18]之，日夜无降[19]，人则顾塞其窦[20]。胞有重阆[21]，心有天游。室无空虚，则妇姑勃豀[22]；心无天游，则六凿相攘[23]。大林丘山之善[24]于人也，亦神者不胜[25]。德溢乎名，名溢乎暴，谋稽乎诚[26]，知出乎争[27]，柴生乎守官[28]，事果乎众宜[29]。春雨日时，草木怒生，铫鎒于是乎始修[30]，草木之到[31]植者过半而不知其然。静默可以补病，眦搣可以休老[32]，宁可以止遽[33]。虽然，若是劳者之务也，非佚者之所[34]，未尝过而问焉；圣人之所以駴[35]天下，神人未尝过而问焉；贤人所以駴世，圣人未尝过而问焉；君子所以駴国，贤人未尝过而问焉；小人所以合[36]时，君子未尝过而问焉。

"演门[37]有亲死者，以善毁爵为官师[38]，其党人[39]毁而死者半。尧与许由天下，许由逃之；汤与务光，务光怒之；纪他闻之，帅弟子而踆于窾水[40]，诸侯吊之。三年，申徒狄因以踣河[41]。

"荃[42]者所以在鱼，得鱼而忘荃；蹄[43]者所以在兔，得兔而忘蹄；言者所以在意，得意而忘言。吾安得夫忘言之人而与之言哉！"

【注释】

① 有：如，如果。游：悠然遨游。

② 且：其。

③ 而：如，如果。

④ 流遁：流荡隐遁。

⑤ 决绝：断绝。

⑥ 任：抱负。

⑦ 覆坠：倾覆。反：反悔。

⑧ 火驰：迅速奔跑。顾：回头。

⑨ 时：时势，形势。

⑩ 波：偏差。

⑪ 僻：偏差。

⑫ 不彼：不分彼此。

⑬ 彻：通。

⑭ 颤：鼻通。

⑮ 跈：乖逆，抵触。

⑯ 息：气息。

⑰ 殷：旺盛。

⑱ 穿：通。

⑲ 无降：不停止。

⑳ 顾：反。窦：窍孔。

㉑ 胞：指胸腹腔。重阆：多重空旷之处。

㉒ 妇：儿媳。姑：婆婆。勃豀：争斗。

㉓ 六凿：指喜、怒、哀、乐、爱、恶六情。攘：侵夺。

㉔ 丘山：山林。善：喜好。

㉕ 不胜：无法忍受。

㉖ 稽：考核。諔：急难。谋稽乎諔：通过急难之事可考察一个人的谋略。

㉗ 争：争论。

㉘ 柴：闭塞。守：固执的。

㉙ 果：果决。众宜：众人认为合适。

㉚ 铫鎒：农具名。修：修整。

㉛ 到：同"倒"。

㉜ 眦㧊：按摩眼眶。休老：防止衰老。

㉝ 遽：惶恐。

㉞ 所：可以。

㉟ 駴：同"骇"，惊骇。

㊱ 合：迎合。

㊲ 演门：宋国城门名。

㊳ 以善毁爵为官师：在居丧期间因善于用毁损身体的方式表示哀伤而被封为官师。

㊴ 党人：同乡人。

㊵ 蹲：蹲。蹩水：水名。

㊶ 踣河：投河自杀。

㊷ 筌：通"荃"，竹制的捕鱼器。

㊸ 蹄：捕兔的网器名。

【评析】

　　本章仍论述"外物不可必"的主旨。在本章之首，作者列举了"能游"者和"不能游"者两种人，并对其具体表现进行了描述，指出要做到不"必"外物，必须心神通达、忘却外物、宁静处世、随顺万物，不然则如演门党人等遗下形迹，为后世所耻。

寓言第二十七

寓言十九[1]，重言[2]十七，卮言日出[3]，和以天倪。寓言十九，藉外[4]论之。亲父不为其子媒。亲父誉之，不若非其父者也。非吾罪也，人之罪也。与己同则应，不与己同则反。同于己为是之，异于己为非之。重言十七，所以己言也。是为耆艾[5]，年先[6]矣，而无经纬本末以期[7]年耆者，是非先也。人而无以先[8]人，无人道也。人而无人道，是之谓陈人[9]。卮言日出，和以天倪，因以曼衍，所以穷年。不言则齐[10]，齐与言不齐，言与齐不齐也。故曰："言无言[11]。"言无言：终身言，未尝言；终身不言，未尝不言。有自[12]也而可，有自也而不可；有自也而然[13]，有自也而不然。恶乎然？然于然；恶乎不然？不然于不然。恶乎可？可于可；恶乎不可？不可于不可。物固有所然，物固有所可。无物不然，无物不可。非卮言日出，和以天倪，孰得其久！万物皆种[14]也，以不同形相禅[15]，始卒[16]若环，莫得其伦[17]，是谓天均[18]。天均者，天倪也。

【注释】

① 寓言：寄托的话。十九：十分之九。
② 重言：为人所推重的话。
③ 卮言：支离破碎的话。日出：天天出现。
④ 藉：借。外：他事他物。
⑤ 耆艾：年纪大的人。
⑥ 年先：年长。
⑦ 经纬：条理秩序。本末：事物的始终。期：会合。

⑧ 先：超过。

⑨ 陈人：老朽之人。

⑩ 齐：齐一。不言则齐：不发表言论，则和物理是齐一的。

⑪ 言无言：说不包含自己主观意志的话。

⑫ 自：缘由，根据。

⑬ 然：可以。

⑭ 种：植物的种子。

⑮ 禅：传承，替代。

⑯ 卒：终。

⑰ 伦：端绪，条理。

⑱ 天均：即"天钧"，自然的均平。

【评析】

本章主要交代《庄子》一书的写作体例，说明全书写作手法的特点、作用和为什么使用这些手法等等。

庄子谓惠子曰："孔子行年六十而六十化①。始时所是，卒而非之。未知今之所谓是之非五十九非也。"惠子曰："孔子勤志服知②也。"庄子曰："孔子谢③之矣，而其未之尝言也。孔子云：夫受才乎大本④，复灵⑤以生。鸣而当律⑥，言而当法。利义陈乎前，而好恶是非直⑦服人口而已矣。使人乃以心服而不敢蘁立⑧，定天下之定。已乎⑨！已乎！吾且不得及彼⑩乎！"

【注释】

① 化：指思想一直在变化。

② 勤志服知：博闻强记。

③ 谢：放弃。

④ 大本：太初，即自然。

⑤ 复灵：含藏灵气。
⑥ 鸣：发声。当：符合。律：音律。
⑦ 直：只不过，仅仅。
⑧ 蠢立：对立。
⑨ 已乎：算了。
⑩ 且：大概。彼：孔子。

【评析】

　　作者这里推出儒学宗师孔子，以其现身的说法来阐释顺应自然、反对勤志服知的思想和主张。

　　曾子再仕而心再化①，曰："吾及亲仕②，三釜③而心乐；后仕，三千钟而不洎④，吾心悲。"弟子问于仲尼曰："若参者，可谓无所县其罪⑤乎？"曰："既已县矣！夫无所县者，可以有哀乎？彼视三釜、三千钟，如观雀蚊虻相过乎前⑥也。"

【注释】

① 化：变化。
② 及亲：父母双亲在世时。仕：做官。
③ 三釜：指微乎其微的俸禄。
④ 三千钟：指俸禄丰厚。不洎：不及侍奉双亲。
⑤ 无所县其罪：县，系，牵累。没有被世俗的罗网所牵累。
⑥ 前：眼前，面前。

【评析】

　　得"道"人对一切皆不在意，曾子虽轻禄，但他不曾忘禄、忘亲，作者借此指出，人要摆脱世俗之网，就必须铲除心中悲喜之情。

　　颜成子游谓东郭子綦曰："自吾闻子之言，一年而野①，二年而从[2]，三年而通[3]，四年而物[4]，五年而来[5]，六年而鬼入[6]，七年而天成[7]，八年而不知死、不知生，九年而大妙[8]。生有为，死也。劝公以其私[9]，死也有自[10]也，而生阳[11]也，无自也。而果然乎？恶乎其所适，恶乎其所不适？天有历数，地有人据，吾恶乎求之？莫知其所终，若之何其无命也？莫知其所始，若之何其有命也？有以相应也，若之何其无鬼邪？无以相应也，若之何其有鬼邪？"

【注释】

① 野：质朴。

② 从：随顺世俗。

③ 通：心境通达。

④ 物：通晓物理。

⑤ 来：招人而来。

⑥ 鬼入：鬼神进入内心。

⑦ 天成：与自然合为一体。

⑧ 大妙：天地间的玄妙。

⑨ 劝公：助天道。私：私智。

⑩ 自：原因。

⑪ 生阳：生命力亢盛。

【评析】

颜成子游向东郭子綦讲述了自己领悟"道"的循序渐进过程，指出无为无私、看破生死，是领悟"道"的关键。

众罔两问于景[1]曰："若向[2]也俯而今也仰，向也括而今也被发[3]，向也坐而今也起，向也行而今也止。何也？"景曰："搜搜[4]也，奚稍[5]问也！予有而不知其所以。予，蜩甲也，蛇蜕也，似之而非也。火与日，吾屯⑥也；阴与夜，吾代⑦也。彼，吾所以有待邪，而况乎以无有待者乎！彼来则我与之来，彼往则我与之往，彼强阳⑧则我与之强阳。强阳者，又何以有问乎！"

【注释】

① 罔两：影子外层的淡影，即影子的影子。景：同"影"。
② 若：你。向：从前。
③ 括：束发。被发：披发。
④ 搜搜：很小的样子。
⑤ 奚稍：何须。
⑥ 屯：聚集。
⑦ 代：消失。
⑧ 强阳：运动的样子。

【评析】

我们平时在学习的时候，不仅要做到知其然，而且还要力求知其所以然。但学"道"绝不能这样，否则就与"道"无缘。本章所宣扬的就是"不知其所以"。这里，作者要将人们引进不可知的境界。

阳子居南之①沛，老聃西游于秦。邀②于郊，至于梁而遇老子。老子中道仰天而叹曰："始以汝为可教，今不可也。"阳子居不答。至舍，进盥漱巾栉③，脱屦户外，膝行④而前，曰："向者，弟子欲请夫子，夫子行不闲⑤，是以不敢；今闲矣，请问其故。"老子曰："而睢睢盱盱⑥，而谁与居⑦！大白若辱⑧，盛德⑨若不足。"阳子居蹴然变容曰："敬闻命矣！"其往也，舍者迎将⑩其家，公执席，妻执巾栉，舍者避席，炀者⑪避灶。其反也，舍者与之争席矣！

【注释】

① 之：去，到。

② 邀：邀约，迎候。

③ 进：献奉。盥漱巾栉：指洗漱用具。

④ 膝行：双膝跪地而行。

⑤ 不闲：没有空闲时间。

⑥ 而：你。睢睢盱盱：傲慢跋扈的样子。

⑦ 居：居处。

⑧ 大白：最洁白。辱：污黑。

⑨ 盛德：道德高尚。

⑩ 迎将：迎接。

⑪ 炀者：烤火的人。

【评析】

　　阳子居初涉小"道"便"睢睢盱盱"，遭到老子的训斥。经过老子一番调教，阳子居身上的傲气退去，能与世俗之人打成一片，意味着向"道"又迈进了一步。作者认为，能游于六合之外，为尚；但游于六合之内亦未尝不可，然而要免于伤身，就需融入社会，而傲慢跋扈之气却恰恰是其大敌，因此，必须戒绝。

让王第二十八

尧以天下让许由，许由不受。又让于子州支父，子州支父曰："以我为天子，犹之可也。虽然，我适有幽忧①之病，方且治之，未暇治天下也。"夫天下至重也，而不以害其生，又况他物乎！唯无以天下为者可以托天下也。舜让天下于子州支伯，子州支伯曰："予适有幽忧之病，方且治之，未暇治天下也。"故天下大器也，而不以易生。此有道者之所以异乎俗者也。舜以天下让善卷，善卷曰："余立于宇宙之中，冬日衣皮毛，夏日衣葛絺②。春耕种，形足以劳动；秋收敛，身足以休食③。日出而作，日入而息，逍遥于天地之间，而心意自得。吾何以天下为哉！悲夫，子之不知余也。"遂不受。于是去而入深山，莫知其处。舜以天下让其友石户之农。石户之农曰："捲捲乎④，后⑤之为人，葆力⑥之士也。"以舜之德为未至也。于是夫负妻戴⑦，携子以入于海，终身不反也。

大王亶父居邠，狄人攻之。事之以皮帛而不受，事之以犬马而不受，事之以珠玉而不受。狄人之所求者土地也。大王亶父曰："与人之兄居而杀其弟，与人之父居而杀其子，吾不忍也。子皆勉居⑧矣！为吾臣与为狄人臣奚以异。且吾闻之：不以所用养害所养⑨。"因杖筴而去之。民相连而从之。遂成国于岐山之下。夫大王亶父可谓能尊生矣。能尊生者，虽贵富不以养伤身，虽贫贱不以利累形。今世之人居高官尊爵者，皆重失之。见利轻亡其身，岂不惑哉！

越人三世弑其君，王子搜患之，逃乎丹穴，而越国无君。求王子搜不得，从⑩之丹穴。王子搜不肯出，越人薰之以艾⑪。乘以王舆。王子搜援绥⑫登车，仰天而呼曰："君乎，君乎，独不可以舍我乎！"王子搜非恶为君也，恶为君之患也。若王子搜者，可谓不以国伤生矣！此固越人之所欲得为君也。

韩、魏相与争侵地，子华子见昭僖侯，昭僖侯有忧色。子华子曰："今使天下书铭⑬于君之前，书之言曰：'左手攫之则右手废⑭，右手攫之则左手废。然而攫之者必有天下。'君能攫之乎？"昭僖侯曰："寡人不攫也。"子华子曰："甚善！自是观之，两臂重于天下也。身亦重于两臂。韩之轻于天下亦远矣！今之所争者，其轻于韩又远。君固愁身伤生以忧戚不得⑮也。"僖侯曰："善哉！教寡人者众矣，未尝得闻此言也。"子华子可谓知轻重矣！

鲁君闻颜阖得道之人也，使人以币先⑯焉。颜阖守陋闾⑰，苴布⑱之衣，而自饭⑲牛。鲁君之使者至，颜阖自对之。使者曰："此颜阖之家与？"颜阖对曰："此阖之家也。"使者致币。颜阖对曰："恐听者谬而遗⑳使者罪，不若审㉑之。"使者还，反审之，复来求之，则不得㉒已！故若颜阖者，真恶富贵也。

故曰：道之真㉓以治身，其绪余㉔以为国家，其土苴㉕以治天下。由此观之，帝王之功，圣人之余事也，非所以完身养生也。今世俗之君子，多危身弃生以殉物，岂不悲哉！凡圣人之动作也，必察其所以之㉖与其所以为。今且有人于此，以随侯之珠，弹千仞之雀，世必笑之。是何也？则其所用者重而所要者轻也。夫生者岂特随侯之重哉！

让王第二十八

【注释】

① 适：正好。幽忧：严重的忧劳。
② 葛绨：粗麻布衣。
③ 休食：休息，休养。
④ 捲捲乎：勤苦用力的样子。

⑤ 后：君，指舜。

⑥ 葆力：勤劳用力。

⑦ 夫负妻戴：夫妻二人带着家什。

⑧ 勉居：要百姓在狄人统治下的地方好好地居住下去。

⑨ 所用养：指土地。所养：百姓。

⑩ 从：跟随，追从。

⑪ 艾：艾草。

⑫ 援：拉，拿。绥：车上的绳子。

⑬ 铭：文书。

⑭ 攫：夺取。废：指砍去。

⑮ 不得：得不到土地。

⑯ 以币先：先派人送财礼致意。

⑰ 守陋闾：居住在简陋的巷子里。

⑱ 苴布：麻布。

⑲ 饭：喂。

⑳ 者：之。遗：给予。

㉑ 不若：不如。审：细究。

㉒ 不得：找不到。

㉓ 真：正。

㉔ 绪余：残余。

㉕ 土苴：糟粕。

㉖ 之：往，向往。

【评析】

本章主要宣扬"贵生"的思想。文中通过许由辞绝当天子、大王亶父离邠赴岐、王子搜拒绝当国君等故事，说明生命高于一切，名利富贵以至天下，与生命相比都是微不足道、不足挂齿的。为了富贵权势而危及身心，是一种颠倒是非、本末倒置的表现。将人的生命看得至关重要,与历史上统治者轻视百姓、草菅人命相比,无疑是进步的,具有人道主义精神;然而,将个人生命看得高于一切,显然是个人主义的极端表现,应该摒弃。

子列子穷,容貌有饥色。客有言之于郑子阳者,曰:"列御寇,盖有道之士也,居君之国而穷,君无乃为不好士乎?"郑子阳即令官遗之粟。子列子见使者,再拜而辞。使者去,子列子入,其妻望之而拊心①曰:"妾闻为有道者之妻子,皆得佚乐②。今有饥色,君过而遗先生食,先生不受,岂不命邪?"子列子笑,谓之曰:"君非自知我也,以人之言而遗我粟;至其罪我也,又且以人之言,此吾所以不受也。"其卒③,民果作难④而杀子阳。

楚昭王失国,屠羊说走⑤而从于昭王。昭王反国,将赏从者。及屠羊说。屠羊说曰:"大王失国,说失屠羊。大王反国,说亦反屠羊。臣之爵禄已复矣,又何赏之有。"王曰:"强之⑥。"屠羊说曰:"大王失国,非臣之罪,故不敢伏其诛;大王反国,非臣之功,故不敢当其赏。"王曰:"见⑦之。"屠羊说曰:"楚国之法,必有重赏大功而后得见。今臣之知不足以存国,而勇不足以死寇。吴军入郢,说畏难而避寇,非故随大王也。今大王欲废法毁约而见说,此非臣之所以闻于天下也。"王谓司马子綦曰:"屠羊说居处卑贱而陈义⑧甚高,子綦为我延之以三旌⑨之位。"屠羊说曰:"夫三旌之位,吾知其贵于屠羊之肆也;万钟之禄,吾知其富于屠羊之利也。然岂可以贪爵禄而使吾君有妄施⑩之名乎?说不敢当,愿复反吾屠羊之肆。"遂不受也。

原宪居鲁,环堵⑪之室,茨以生草⑫,蓬户不完⑬,桑以为枢而瓮牖⑭,二室,褐以为塞⑮,上漏下湿,匡坐而弦歌。子贡乘大马,中绀而表⑯素,轩车不容巷⑰,往见原宪。原宪华冠继履⑱,杖藜而应门⑲。子贡曰:"嘻!先生何病?"原宪应之曰:"宪闻之:

'无财谓之贫,学而不能行谓之病。'今宪贫也,非病也。"子贡逡巡[20]而有愧色。原宪笑曰:"夫希世[21]而行,比周[22]而友,学以为人[23],教以为己[24],仁义之慝[25],舆马之饰[26],宪不忍为也。"

曾子居卫,缊袍无表[27],颜色肿哙[28],手足胼胝,三日不举火,十年不制衣。正冠而缨[29]绝,捉衿而肘见[30],纳屦而踵决[31]。曳[32]继而歌《商颂》,声满天地,若出金石[33]。天子不得臣,诸侯不得友。故养志者忘形,养形者忘利,致道者忘心矣。

孔子谓颜回曰:"回,来!家贫居卑,胡不仕乎?"颜回对曰:"不愿仕。回有郭[34]外之田五十亩,足以给飦粥[35];郭内之田十亩,足以为丝麻;鼓琴足以自娱;所学夫子之道者足以自乐也。回不愿仕。"孔子愀然[36]变容,曰:"善哉,回之意!丘闻之:'知足者,不以利自累也;审自得[37]者,失之而不惧;行修于内者,无位而不怍[38]。'丘诵之久矣,今于回而后见之,是丘之得也。"

【注释】

① 望:怨恨,责怪。拊心:拍打胸口。

② 佚乐:安乐。

③ 卒:后来。

④ 作难:发动叛乱。

⑤ 说:屠羊者的名字。走:逃跑。

⑥ 强之:强迫他接受。

⑦ 见:接见。

⑧ 居处:所处的地位。陈义:所说的道理。

⑨ 延:延请,聘请。三旌:指公、侯、伯的爵位。

⑩ 妄施:即滥施,胡乱赏赐。

⑪ 环堵:指居室狭小。

⑫ 茨:盖屋。生草:新生未干的草。

⑬ 蓬户：用蓬草编织的门。完：完好。

⑭ 枢：门窗的转轴。牖：窗子。瓮牖，即破瓮为牖。

⑮ 褐：粗布衣。塞：堵塞牖口。

⑯ 中：内衣。绀：天青色。表：外衣。

⑰ 轩车：高大的车。容巷：巷子可以容纳。

⑱ 华冠：以桦树皮为冠。纵履：无跟之鞋。

⑲ 杖藜：手里拿着用藜的老茎做成的手杖。应门：在门口迎候。

⑳ 逡巡：退却。

㉑ 希世：迎合世俗。

㉒ 比周：结党营私。

㉓ 学以为人：学习本为自己，现在却为了别人。

㉔ 教以为己：教是为了传授知识给别人，现在却为了自己（自己牟取私利）。

㉕ 仁义之慝：依托仁义干些奸恶之事。

㉖ 舆马之饰：粉饰乘坐的车马以炫耀。

㉗ 缊袍：以乱麻为絮的袍子。表：罩衣。

㉘ 肿哙：浮肿。

㉙ 正：端正。缨：帽带。

㉚ 捉衿而肘见：一拉衣襟，肘就露出来。

㉛ 纳屦：穿鞋。踵决：鞋后跟断裂。

㉜ 曳：拖。

㉝ 金石：代指乐器。

㉞ 郭：外城。

㉟ 饘粥：稀粥。

㊱ 愀然：容色改变的样子。

㊲ 审：懂得，明白。自得：自我满足。

㊳ 位：官位，爵位。怍：惭愧，羞愧。

【评析】

本章共讲述了列子、屠羊说、原宪、曾子和颜回等人的故事,借以宣扬作者所谓的"安贫乐道"思想。其中,第一段、第二段为第一层,主要讲安分守贫;后三段为第二层,主要讲乐道之事,谈论人格精神的修养问题。

中山公子牟谓瞻子曰:"身在江海之上,心居乎魏阙①之下,奈何?"瞻子曰:"重生。重生则利轻。"中山公子牟曰:"虽知之,未能自胜②也。"瞻子曰:"不能自胜则从③,神无恶④乎!不能自胜而强不从者,此之谓重伤⑤。重伤之人,无寿类矣!"魏牟,万乘⑥之公子也,其隐岩穴也,难为于布衣⑦之士,虽未至乎道,可谓有其意矣!

【注释】

① 魏阙:代指富贵。
② 自胜:自我克制。
③ 从:同"纵",任其自然。
④ 恶:伤害。
⑤ 重伤:双重伤害。
⑥ 万乘:指大国。
⑦ 难为于:比……难以做到。布衣:平民。

【评析】

作为一个修"道"之人,就要忘却世俗之事;若不能如此也无妨,干脆顺随自然,这最起码能保重生命,否则就会"重伤",既不能"重生",更谈不上什么遨游于"江海之上"了。

孔子穷[1]于陈、蔡之间，七日不火食，藜羹不糁[2]，颜色甚惫，而弦歌于室。颜回择菜[3]，子路、子贡相与言曰："夫子再逐于鲁，削迹于卫，伐树于宋，穷于商周，围于陈蔡。杀夫子者无罪，藉夫子者无禁[4]。弦歌鼓琴，未尝绝[5]音，君子之无耻也若此乎？"颜回无以应，入告孔子。孔子推琴，喟然[6]而叹曰："由与赐，细人[7]也。召而来，吾语之。"子路、子贡入。子路曰："如此者，可谓穷矣！"孔子曰："是何言也！君子通于道之谓通，穷于道之谓穷。今丘抱[8]仁义之道以遭乱世之患，其何穷之为？故内省而不穷于道，临难而不失其德。天寒既至，霜雪既降，吾是以知松柏之茂也。陈蔡之隘[9]，于丘其幸乎。"孔子削然反琴[10]而弦歌，子路扢然执干[11]而舞。子贡曰："吾不知天之高也，地之下也。"古之得道者，穷亦乐，通亦乐，所乐非穷通也。道德于此，则穷通为寒暑风雨之序[12]矣。故许由娱于颍阳，而共伯得乎丘首。

【注释】

① 穷：处境困顿。
② 藜羹：用藜菜做的汤。糁：米粒。不糁，不加米粒。
③ 择菜：采择野菜。
④ 藉：凌辱。禁：禁止，制止。
⑤ 绝：中断，断绝。
⑥ 喟然：叹息的样子。
⑦ 细人：目光短浅的人。
⑧ 抱：胸怀。
⑨ 隘：困厄。
⑩ 削然：拿琴的声音。反琴：取琴再弹。
⑪ 扢然：奋力的样子。干：盾。
⑫ 序：顺序，次序。

【评析】

在道家那里，"穷""通"自有其标准："君子通于道之谓通，穷于道之谓穷。"与世俗的"穷通"观大相径庭，因此道家之人所处的境遇常不被人所理解。本章说明得"道"者不应把"穷""通"放在心上，因为心中有"道"，始终保持"穷亦乐，通亦乐，所乐非穷通也"的精神风貌。

舜以天下让其友北人无择，北人无择曰："异哉，后①之为人也，居于畎亩②之中，而游③尧之门。不若是而已④，又欲以其辱行漫⑤我。吾羞见之。"因自投清泠之渊。

汤将伐桀，因⑥卞随而谋，卞随曰："非吾事也。"汤曰："孰可？"曰："吾不知也。"汤又因瞀光而谋，瞀光曰："非吾事也。"汤曰："孰可？"曰："吾不知也。"汤曰："伊尹何如？"曰："强力忍垢⑦，吾不知其他也。"汤遂与伊尹谋伐桀，克之。以让卞随，卞随辞曰："后之伐桀也谋乎我，必以我为贼也；胜桀而让我，必以我为贪也。吾生乎乱世，而无道之人再来漫我以其辱行，吾不忍数闻也！"乃自投椆水而死。汤又让瞀光，曰："知者谋之，武者遂⑧之，仁者居之，古之道也。吾子胡不立乎？"瞀光辞曰："废上，非义也；杀民，非仁也；人犯其难，我享其利，非廉也。吾闻之曰：'非其义者，不受其禄；无道之世，不践其土。'况尊我乎！吾不忍久见也。"乃负石而自沈于庐水。

昔周之兴，有士二人处于孤竹，曰伯夷、叔齐。二人相谓曰："吾闻西方有人，似有道者，试⑨往观焉。"至于岐阳，武王闻之，使叔旦往见之。与盟曰："加富⑩二等，就官一列⑪。"血牲而埋之⑫。二人相视而笑，曰："嘻，异哉！此非吾所谓道也。昔者神农之有天下也，时祀尽敬而不祈喜⑬；其于人也，忠信尽治而无求焉。乐与政为政，乐与治为治。不以人之坏⑭自成也，不以人之卑自高也，不以遭时⑮自利也。今周见殷之乱而遽为政，上谋而下行货⑯，阻兵⑰而保威，割牲而盟以为信，扬行以说众⑱，杀伐以要利。是推乱以易暴⑲也。吾闻古之士，遭治世不避其任，遇乱世不为苟存。今天下暗⑳，周德衰，其并乎周以涂㉑吾身也，不如避之，以洁吾行。"二子北至于首阳之山，遂饿而死焉。若伯夷、叔齐者，其于富贵也，苟可得已，则必不赖㉒。高节戾行㉓，独乐其志，不事于世。此二士之节㉔也。

【注释】

① 后：君，指舜。
② 畎亩：田野。
③ 游：游历。
④ 不若是而已：不仅仅如此。
⑤ 辱行：肮脏的行为。漫：污辱。
⑥ 因：依赖。
⑦ 强力：勉力。忍垢：忍受耻辱。
⑧ 遂：完成。
⑨ 试：姑且。
⑩ 富：俸禄。
⑪ 就官一列：授官一等。
⑫ 血牲：把牲口的血涂在盟约上。之：指有牲口血的盟约。
⑬ 时祀：按照不同的时令祭祀。祈喜：祈求禄福。
⑭ 坏：坏败。
⑮ 遭时：伺机。
⑯ 上：崇尚。行货：用财物收买人。
⑰ 阻兵：仰仗兵力。
⑱ 扬行以说众：显扬自己的德行以取悦百姓。

⑲ 推乱：推行暴乱。易暴：以暴易暴。
⑳ 暗：昏暗，黑暗。
㉑ 其：与其。并乎周：与周朝相伴依。涂：玷污。
㉒ 则：而，却。必：终。赖：取。
㉓ 戾行：修养德行。
㉔ 节：节操。

【评析】

　　本篇的主旨是"让王"。以上诸章讲述了生命与利禄孰轻孰重的问题，指出"贵生"为上。此章从勿损名节的角度谈论"让王"。本章中，作者通过北人无择、卞随、伯夷、叔齐等人自决以拒君命的故事，指出若在无道之世适遇无道之君，纵然以身殉节也不要参政。显然，本章所论之调与《庄子》一书的论点似不协调，疑为《庄子》后学所为。

盗跖第二十九

孔子与柳下季为友,柳下季之弟名曰盗跖。盗跖从①卒九千人,横行天下,侵暴诸侯。穴室枢②户,驱人牛马,取人妇女。贪得忘亲,不顾父母兄弟,不祭先祖。所过之邑,大国守城,小国入保③,万民苦之。孔子谓柳下季曰:"夫为人父者,必能诏④其子;为人兄者,必能教其弟;若父不能诏其子,兄不能教其弟,则无贵⑤父子、兄弟之亲矣。今先生,世之才士也,弟为盗跖,为天下害,而弗能教也,丘窃为先生羞之。丘请为先生往说⑥之。"柳下季曰:"先生言'为人父者必能诏其子,为人兄者必能教其弟',若子不听父之诏,弟不受兄之教,虽今先生之辩,将奈之何哉?且跖之为人也,心如涌泉⑦,意如飘风⑧,强足以距⑨敌,辩足以饰非。顺其心则喜,逆其心则怒,易辱人以言。先生必无往。"孔子不听,颜回为驭,子贡为右,往见盗跖。

盗跖乃方休卒徒大山之阳,脍人肝而铺⑩之。孔子下车而前,见谒者⑪曰:"鲁人孔丘闻将军高义,敬再拜谒者。"谒者入通。盗跖闻之,大怒,目如明星,发上指冠,曰:"此夫鲁国之巧伪⑫人孔丘非邪?为我告之:尔作言造语⑬,妄称文、武,冠枝木之冠⑭,带死牛之胁⑮,多辞缪⑯说,不耕而食,不织而衣,摇唇鼓舌,擅⑰生是非,以迷天下之主,使天下学士不反其本,妄作孝弟,而徼幸⑱于封侯富贵者也。子之罪大极重,疾走归!不然,我将以子肝益昼⑲铺之膳!"

孔子复通曰:"丘得幸于季,愿望履幕下⑳。"谒者复通。盗跖曰:

"使来前!"孔子趋而进,避席反走[21],再拜盗跖。盗跖大怒,两展[22]其足,案剑瞋目[23],声如乳虎[24],曰:"丘来前!若所言顺吾意则生,逆吾心则死。"

孔子曰:"丘闻之,凡天下有三德:生而长大,美好无双,少长贵贱见而皆说之,此上德也;知维[25]天地,能辩诸物,此中德也;勇悍果敢,聚众率兵,此下德也。凡人有此一德者,足以南面称孤[26]矣。今将军兼此三者,身长八尺二寸,面目有光,唇如激丹[27],齿如齐贝[28],音中黄钟,而名曰'盗跖',丘窃为将军耻不取焉。将军有意听臣,臣请南使吴、越,北使齐、鲁,东使宋、卫,西使晋、楚,使为将军造大城数百里,立数十万户之邑,尊将军为诸侯,与天下更始[29],罢兵休卒,收养昆弟[30],共[31]祭先祖。此圣人才士之行,而天下之愿也。"

盗跖大怒曰:"丘来前!夫可规以利而可谏以言者,皆愚陋恒民[32]之谓耳。今长大美好,人见而悦之者,此吾父母之遗德也,丘虽不吾誉,吾独不自知邪?且吾闻之:好面誉人者,亦好背而毁之。今丘告我以大城众民,是欲规我以利而恒民畜[33]我也,安可久长也!城之大者,莫大乎天下矣。尧、舜有天下,子孙无置锥之地;汤、武立为天子,而后世绝灭。非以其利大故邪?且吾闻之:古者禽兽多而人少,于是民皆巢居以避之。昼拾橡栗,暮栖木上,故命之曰'有巢氏之民'。古者民不知衣服,夏多积薪,冬则炀[34]之,故命之曰'知生之民'。神农之世,卧则居居[35],起则于于[36]。民知其母,不知其父,与麋鹿共处,耕而食,织而衣,无有相害之心。此至德之隆也。然而黄帝不能致德[37],与蚩尤战于涿鹿之野,流血百里。尧、舜作[38],立群臣,汤放其主,武王杀纣。自是之后,以强陵弱,以众暴寡。汤、武以来,皆乱人之徒也。今子修[39]文、武之道,掌天下之辩[40],以教后世。缝衣浅带[41],矫言伪行，以迷惑天下之主，而欲求富贵焉。盗莫大于子，天下何故不谓子为'盗丘'，而乃谓我为'盗跖'？子以甘辞说子路而使从之。使子路去其危冠，解其长剑，而受教于子。天下皆曰：'孔丘能止暴禁非'。其卒[42]之也，子路欲杀卫君而事不成，身菹[43]于卫东门之上，是子教之不至也。子自谓才士圣人邪，则再逐于鲁，削迹于卫，穷于齐，围于陈、蔡，不容身于天下。子教子路菹此患，上无以为身，下无以为人。子之道岂足贵邪？世之所高，莫若黄帝。黄帝尚不能全德，而战于涿鹿之野，流血百里。尧不慈，舜不孝，禹偏枯，汤放其主，武王伐纣，文王拘羑里。此六子者，世之所高也。孰[44]论之，皆以利惑其真而强反其情性[45]，其行乃甚可羞也。世之所谓贤士：伯夷、叔齐。伯夷、叔齐辞孤竹之君，而饿死于首阳之山，骨肉不葬。鲍焦饰行非世，抱木而死。申徒狄谏而不听，负石自投于河，为鱼鳖所食。介子推至忠也，自割其股以食文公。文公后背之，子推怒而去，抱木而燔死。尾生与女子期于梁下，女子不来，水至不去，抱梁柱而死。此六子者，无异于磔犬流豕、操瓢而乞者，皆离名轻死，不念本养寿命者也。世之所谓忠臣者，莫若王子比干、伍子胥。子胥沉江，比干剖心。此二子者，世谓忠臣也，然卒为天下笑。自上观之，至于子胥、比干，皆不足贵也。丘之所以说我者，若告我以鬼事，则我不能知也；若告我以人事者，不过此矣，皆吾所闻知也。今吾告子以人之情：目欲视色，耳欲听声，口欲察味，志气欲盈。人上寿百岁，中寿八十，下寿六十，除病瘦死丧忧患，其中开口而笑者，一月之中不过四五日而已矣。天与地无穷，人死者有时。操有时之具，而托于无穷之间，忽然[46]无异骐骥之驰过隙也。不能说[47]其志意、养其寿命者，皆非通道者也。丘之所言，皆吾之所弃也。亟去走归，无复言之！子之道狂狂汲汲[48]，诈巧虚伪事也，非可以全真也，奚足论哉！"

孔子再拜趋走，出门上车，执辔[49]三失，目芒然[50]无见，色若死灰，据轼低头，不能出气。归到鲁东门外，适遇柳下季。柳下季曰："今者阙然[51]，数日不见，车马有行色[52]，得微[53]往见跖邪？"孔子仰天而叹曰："然！"柳下季曰："跖得无逆汝意若前乎？"孔子曰："然。丘所谓无病而自灸也。疾走料[54]虎头，编虎须，几不免虎口哉！"

【注释】

① 从：率领。

② 穴：挖。枢：凿。

③ 保：同"堡"，城堡。

④ 诏：教。

⑤ 贵：尊崇。

⑥ 说：说服。

⑦ 心如涌泉：意指跖感情易于冲动。

⑧ 意如飘风：意指跖意志飘浮不定。

⑨ 距：同"拒"。

⑩ 脍：切细肉。铺：吃。

⑪ 谒者：通报消息的人。

⑫ 巧伪：巧诈虚伪。

⑬ 作言造语：编造谎言乱语。

⑭ 枝木之冠：冠上众多华丽的装饰像树枝一样繁多。

⑮ 死牛之胁：即死牛皮做的皮带。

⑯ 缪：同"谬"，荒谬。

⑰ 擅：专门。

⑱ 侥幸：获得意外的利益。

⑲ 益：增加。昼：白天。

⑳ 愿望履幕下：谦辞，意即希望进去与跖相见一面。
㉑ 避席：离开席子。反走：向后退走，表示敬意。
㉒ 展：伸直，伸展。
㉓ 案：同"按"。瞋目：瞪大眼睛。
㉔ 乳虎：哺乳期间的母虎，言其凶猛。
㉕ 维：联系，联结。
㉖ 南面称孤：即当天子。
㉗ 激丹：明亮的丹砂。
㉘ 齐贝：排列整齐的贝壳。
㉙ 更始：除旧破新。
㉚ 昆弟：兄弟。
㉛ 共：同"供"。
㉜ 恒民：平常人。
㉝ 畜：畜养。
㉞ 炀：烘烤。
㉟ 居居：安静的样子。
㊱ 于于：悠然自得的样子。
㊲ 致德：达到至德的境界。
㊳ 作：兴起。
㊴ 修：修研，研习。
㊵ 辩：言论，舆论。
㊶ 缝衣浅带：指穿着宽大的儒服。
㊷ 卒：结果。
㊸ 菹：剁成肉酱。
㊹ 孰：同"熟"，详细，仔细。
㊺ 真：本真。反：违反，违背。情性：本性。
㊻ 忽然：速度极快的样子。

293

㊼ 说：使……愉快。

㊽ 狂狂：颠乱的样子。汲汲：诈伪的样子。

㊾ 执：拿，持。辔：马缰绳。

㊿ 芒然：同"茫然"，模糊不清的样子。

㉑ 阕然：闲暇无事的样子。

㉒ 行色：行旅出发前后的神态。

㉓ 得微：莫非。

㉔ 料：触动，撩摸。

【评析】

本章为道家向儒家发出的战斗檄文。本文"盗跖"对儒学进行了此前乃至同时期所不曾有的体无完肤的批判，言辞激烈，气势咄咄逼人，读来酣畅淋漓。全文内容可分两大方面：其一是对"世之所高"者（如尧、舜）和"世之所谓贤士"（如伯夷、叔齐）等所谓的贤圣忠孝之士进行揭露和批判，指出他们与盗贼无甚区别，都是追名逐利之徒。认为在人短暂的一生中，其一切欲望应该得到满足，应活得快活，天年尽享，这是其全身葆真的人生哲学；其二是提出了"至德"之世的理想社会。

必须指出，本章虽然批孔论点确有切中要害之妙，但文中之事多系杜撰，且批判的立场、目的和武器都具有一定的局限性，因此其意义不容过高评估。

子张问于满苟得曰："盍不为行①？无行则不信②，不信则不任③，不任则不利④。故观之名⑤，计⑥之利，而义真⑦是也。若弃名利，反之于心⑧，则夫士之为行，不可一日不为乎！"满苟得曰："无耻者富，多信⑨者显。夫名利之大者，几在无耻而信。故观之名，计之利，而信真是也。若弃名利，反之于心，则夫士之为行，抱其天⑩乎！"子张曰："昔者桀、纣贵为天子，富有天下。今谓臧聚⑪曰：'汝行如桀、纣'，则有怍⑫色，有不服之心者，小人所贱也。仲尼、墨翟，穷为匹夫，今谓宰相曰'子行如仲尼、墨翟'，则变容易色称不足者，士诚贵也。故势为天子，未必贵也；穷为匹夫，未必贱也。贵贱之分，在行之美恶。"满苟得曰："小盗者拘⑬，大盗者为诸侯。诸侯之门，义士存焉。昔者桓公小白杀兄入⑭嫂，而管仲为臣；田成子常杀君窃国，而孔子受币⑮。论则贱之，行则下之，则是言行之情悖战⑯于胸中也，不亦拂⑰乎！故《书》曰：'孰恶孰美，成者为首，不成者为尾。'"子张曰："子不为行，即将疏戚无伦⑱，贵贱无义，长幼无序。五纪六位⑲，将何以为别乎？"满苟得曰："尧杀长子，舜流⑳母弟，疏戚有伦乎？汤放桀，武王杀纣，贵贱有义乎？王季为适㉑，周公杀兄，长幼有序乎？儒者伪辞，墨子兼爱，五纪六位，将有别乎？且子正为名，我正为利。名利之实，不顺于理，不监㉒于道。吾日与子讼于无约㉓，曰'小人殉财，君子殉名，其所以变其情、易其性则异矣；乃至于弃其所为而殉其所不为则一也。'故曰：无为小人，反殉而天㉔；无为君子，从天之理。若枉若直，相而天极㉕。面观四方，与时消息。若是若非，执而圆机㉖。独成而意，与道徘徊。无转㉗而行，无成而义，将失而所为。无赴而富，无殉而成，将弃而天。比干剖心，子胥抉眼，忠之祸也；直躬证㉘父，尾生溺死，信之患也；鲍子立干，申子不自理，廉之害也；孔子不见母，匡子不见父，义之失也。此上世之所传、下世之所语㉙，以为士者正其言，必㉚其行，故服㉛其殃，离㉜其患也。"

【注释】

① 行：德行。

② 信：被别人依赖。

③ 任：被任用。

④ 利:获利。

⑤ 观之名:从名的角度去观察。

⑥ 计:考虑。

⑦ 义:同"宜",符合。义真:符合真理。

⑧ 反之于心:反求于心。

⑨ 信:同"伸",伸张,申明。

⑩ 抱:守持。天:天然的本性。

⑪ 臧聚:奴婢的贱称。

⑫ 怍:羞愧。

⑬ 拘:被抓获。

⑭ 入:纳,娶。

⑮ 受币:接受礼物。

⑯ 悖战:交战。

⑰ 拂:违逆。

⑱ 伦:伦常。

⑲ 五纪:祖、父、己、子、孙。六位:君臣、父子、夫妇。

⑳ 流:流放。下文"放"同。

㉑ 王季:即周文王父季历,排行为三,故称季。古代王位相传,以长子为首,季历无继位资格,但其父周太王立其为太子,所以文中将其作为长幼无序的一例。適:同"嫡",即嫡长子。

㉒ 监:同"鉴",明,见。

㉓ 讼:争论。无约:人名。

㉔ 殉:同"徇",追求。而:尔,你。天:天性。

㉕ 相:视,效法。天极:自然的准则。

㉖ 执:执守,把握。圆机:即"天机",天赋聪明。

㉗ 转:同"专"。

㉘ 直躬:人名。证:检举。

㉙ 语：谈论。

㉚ 必：固执。

㉛ 服：承担，承受。

㉜ 离：同"罹"，遭受。

【评析】

本章中，作者设计了两个很特别的人物：一个是曾"学干禄"的子张——孔子的高足；另一个叫满苟得，他的名字含有"苟且贪得，以满其心"之意，是个"求利之人"。二人都有追求名利的愿望和要求，但二人皆各怀己之"道"义。子张主张"见得思义"，面对利，需虑之以"义"；而满苟得则以为要获取名利，一要弃羞耻之心，二要自我吹捧。满苟得认为，标榜"仁义"的主张的所为与己无异，即君子、小人为名、为利皆一路货色，不值得学，而是要依循天理，与"道"并存。

无足问于知和曰："人卒未有不兴名就①利者。彼富则人归之，归则下之②，下则贵之。夫见下贵者，所以长生安体乐意③之道也。今子独无意④焉，知不足邪？意⑤知而力不能行邪？故推正不妄⑥邪？"知和曰："今夫此人，以为与己同时而生，同乡而处者，以为夫绝俗过世之士焉，是专无主正⑦，所以览⑧古今之时、是非之分也。与俗化世⑨，去至重⑩，弃至尊⑪，以为其所为也。此其所以论长生安体乐意之道，不亦远乎！惨怛⑫之疾，恬愉⑬之安，不监⑭于体；怵惕⑮之恐，欣㦃⑯之喜，不监于心。知为为而不知所以为⑰。是以贵为天子，富有天下，而不免于患也。"无足曰："夫富之于人，无所不利。穷美究势⑱，至人之所不得逮⑲，贤人之所不能及。侠人之勇力而以为威强⑳，秉㉑人之知谋以为明察，因㉒人之德以为贤良，非享国而严若㉓君父。且夫声色、滋味、权势之于人，心不待㉔学而乐之，体不待象而安㉕之。夫欲恶避就，固不待师，此人之性也。天下虽非㉖我，孰能辞之！”知和曰：“知者之为，故动以百姓㉗，不违其度㉘，是以足而不争，无以为故不求㉙。不足故求之，争四处㉚而不自以为贪；有余故辞之，弃天下而不自以为廉。廉贪之实，非以迫外也，反监之度。势为天子，而不以贵骄人；富有天下，而不以财戏㉛人。计其患㉜，虑其反㉝，以为害于性，故辞而不受也，非以要㉞名誉也。尧、舜为帝而雍㉟，非仁天下也，不以美害生也；善卷、许由得帝而不受，非虚㊱辞让也，不以事害己。此皆就其利、辞其害，而天下称贤焉，则可以有之㊲，彼非以兴名誉也。”无足曰：“必持㊳其名，苦体绝甘，约养以持生㊴，则亦久病长厄而不死者也。”知和曰：“平㊵为福，有余为害者，物莫不然，而财其甚者也。今富人，耳营钟鼓管籥㊶之声，口嗛于刍豢醪醴㊷之味，以感㊸其意，遗忘其业，可谓乱㊹矣；侅溺于冯气㊺，若负重行而上陂㊻，可谓苦矣；贪财而取慰㊼，贪权而取竭㊽，静居则溺㊾，体泽㊿则冯，可谓疾矣；为欲富就利，故满若堵(51)耳而不知避，且冯(52)而不舍，可谓辱矣；财积而无用，服膺而不舍(53)，满心戚醮(54)，求益而不止，可谓忧矣；内则疑劫请之贼(55)，外(56)则畏寇盗之害，内周楼疏(57)，外不敢独行，可谓畏矣。此六者，天下之至害也，皆遗忘而不知察。及其患至，求尽性竭财单以反一日之无故(58)而不可得也。故观之名则不见，求之利则不得。缭意绝体(59)而争此，不亦惑乎！”

【注释】

① 人卒：众人。兴：尊尚。就：趋附。

② 下之：对他卑下。

③ 乐意：精神愉快。

④ 意：欲望，兴趣。

⑤ 意：抑，抑或。

⑥ 故：同“顾”，岂，难道。推正：推求正理。妄：妄行，指追求

名利。

⑦ 专无主正：一点都没主见。

⑧ 览：看，观察。

⑨ 与俗化世：附和世俗，与之同化。

⑩ 至重：指生命。

⑪ 至尊：指大道。

⑫ 惨怛：悲痛，忧伤。

⑬ 恬愉：安逸，快乐。

⑭ 监：同"鉴"，明察。

⑮ 怵惕：戒惧，警惧。

⑯ 欣懽：欢欣，欢喜。

⑰ 知为为：知道做什么。所以为：为什么这样做。

⑱ 穷美究势：名利权势无所不有。

⑲ 逮：及。

⑳ 侠：同"挟"，挟持。威强：威力。

㉑ 秉：把握，掌握。

㉒ 因：依靠，凭借。

㉓ 享国：拥有国家。严若：即"俨若"，好像。

㉔ 不待：用不着，不用。

㉕ 象：效仿，模仿。安：安适。

㉖ 非：非议，谴责。

㉗ 动以百姓：按照百姓的意愿行动。

㉘ 度：法度，准则。

㉙ 无以为故不求：无所作为，所以也不外求什么。

㉚ 争四处：到处争夺。

㉛ 戏：侮辱。

㉜ 计其患：考虑着富贵会带来祸患。

㉝ 虑其反：思考着物极必反的后果。

㉞ 要：邀，博取。

㉟ 雍：和谐。

㊱ 虚：假意。

㊲ 可以有之：以上几人或治天下，或辞天下，皆出于真性，世人称之为贤人，他们可以当然地享有这名称。

㊳ 持：持守。

㊴ 约养：节约生活物资。持生：维护其生命。

㊵ 平：恰如其分。

㊶ 营：围绕，萦绕。钟鼓管籥：各种乐器名。

㊷ 嗛：满足，快意。刍豢：指肉食。醪醴：美酒。

㊸ 感：同“撼”，摇动。

㊹ 乱：昏乱，糊涂。

㊺ 侅：噎。溺：陷于危难或不好的境地。冯气：盛气。

㊻ 陂：山坡。

㊼ 取慰：慰，同“蔚”，病。招来疾病。

㊽ 竭：败灭。

㊾ 静居：闲居。溺：身体沉溺于安逸。

㊿ 体泽：指身体肥胖有光泽。

(51) 堵：墙。

(52) 冯：依。

(53) 服膺：牢记在心中。舍：舍弃，放弃。

(54) 戚醮：烦恼。

(55) 内：在家中。疑：担心，害怕。劫请：强夺和索财。贼：祸害。

(56) 外：外出。

(57) 周：环绕。楼：建造在高处的建筑物，古代城墙上和宫殿四角多有楼，用于防备、瞭望。疏：陈列，陈布。

㊽ 单：但，只，仅仅。反：同"返"。无故：无事。
㊾ 缭：缠绕。缭意，即心中始终不忘名利。绝体：舍弃生命。

【评析】

  针对"人卒未有不兴名就利者"这一情况，本章论证了不知足、无限追求名利的弊端，指出这不仅不能让人的身心得到真正的愉悦，享受天年，而且还可导致更大的灾祸。因此主张与世无争，知足常乐，保养心性，才能"长生安体乐意"。

说剑第三十

昔赵文王喜剑，剑士夹门①而客三千余人，日夜相击于前，死伤者岁百余人。好之不厌。如是三年，国衰。诸侯谋之。太子悝患之，募②左右曰："孰能说王之意止剑士者，赐之千金。"左右曰："庄子当能。"太子乃使人以千金奉庄子。庄子弗受，与使者俱往见太子，曰："太子何以教周，赐周千金？"太子曰："闻夫子明圣，谨奉千金以币③从者。夫子弗受，悝尚何敢言。"庄子曰："闻太子所欲用周者，欲绝王之喜好也。使臣上说大王而逆④王意，下不当⑤太子，则身刑而死，周尚安所事金乎？使臣上说大王，下当太子，赵国何求而不得也！"太子曰："然。吾王所见唯剑士也。"庄子曰："诺。周善为剑。"太子曰："然吾王所见剑士，皆蓬头突鬓⑥，垂冠⑦，曼胡之缨⑧，短后之衣⑨，瞋目而语难，王乃说之。今夫子必儒服而见王，事必大逆。"庄子曰："请治剑服。"治剑服三日，乃见太子。太子乃与见王。王脱白刃⑩待之。庄子入殿门不趋，见王不拜。王曰："子欲何以教寡人，使太子先？"曰："臣闻大王喜剑，故以剑见王。"王曰："子之剑何能禁制⑪？"曰："臣之剑十步一人，千里不留行。"王大悦之，曰："天下无敌矣。"庄子曰："夫为剑者，示之以虚⑫，开⑬之以利，后之以发，先之以至。愿得试之。"王曰："夫子休，就舍待命，令设戏⑭请夫子。"王乃校⑮剑士七日，死伤者六十余人，得五六人，使奉剑于殿下，乃召庄子。王曰："今日试使士敦剑⑯。"庄子曰："望之久矣！"王曰："夫子所御杖⑰，长短何如？"曰："臣之所奉⑱皆可。然臣有三剑，唯王所用。请先言而后试。"王曰：

"愿闻三剑。"曰:"有天子剑,有诸侯剑,有庶人剑。"王曰:"天子之剑何如?"曰:"天子之剑,以燕、石城为锋,齐、岱为锷[19],晋、卫为脊[20],周、宋为镡[21],韩、魏为夹[22],包以四夷,裹以四时,绕以渤海,带以常山,制以五行,论以刑德,开以阴阳,持以春夏,行以秋冬。此剑直之无前,举之无上,案之无下,运之无旁。上决浮云,下绝地纪[23]。此剑一用,匡[24]诸侯,天下服矣。此天子之剑也。"文王芒然[25]自失,曰:"诸侯之剑何如?"曰:"诸侯之剑,以知勇士为锋,以清廉士为锷,以贤良士为脊,以忠圣士为镡,以豪桀士为夹。此剑直之亦无前,举之亦无上,案之亦无下,运之亦无旁。上法圆天,以顺三光;下法方地,以顺四时;中和民意,以安四乡[26]。此剑一用,如雷霆之震也,四封[27]之内,无不宾服[28]而听从君命者矣。此诸侯之剑也。"王曰:"庶人之剑何如?"曰:"庶人之剑,蓬头突鬓,垂冠,曼胡之缨,短后之衣,瞋目而语难,相击于前,上斩颈领,下决肝肺。此庶人之剑,无异于斗鸡,一旦命已绝矣,无所用于国事。今大王有天子之位而好庶人之剑,臣窃为大王薄[29]之。"王乃牵而上殿,宰人[30]上食,王三环[31]之。庄子曰:"大王安坐定气,剑事已毕奏[32]矣!"于是文王不出宫三月,剑士皆服毙[33]其处也。

【注释】

① 夹门:指剑士蜂拥而至,侧立门而入。

② 募:招募,征求。

③ 币:赠送。

④ 逆:违逆。

⑤ 当:称意,合乎。

⑥ 蓬头:头发乱如蓬草。突鬓:两鬓突起。

⑦ 垂冠:帽子低垂。

⑧ 曼胡之缨：帽带盘系在颈脖之间。
⑨ 短后之衣：便于格斗的衣服，衣后襟较短。
⑩ 脱：拔剑出鞘。白刃：指剑。
⑪ 何能禁制：能制服什么。
⑫ 示：显露。虚：空虚无备，即破绽，漏洞。
⑬ 开：引诱。
⑭ 戏：比试剑术的擂台。
⑮ 校：考校。
⑯ 敦剑：对剑。
⑰ 御：用。杖：指剑。
⑱ 所奉：所持，所用。
⑲ 锷：剑刃。
⑳ 脊：剑背。
㉑ 镡：剑柄末端人手持握以下的部分。
㉒ 夹：剑把。
㉓ 地纪：维系大地的绳子。
㉔ 匡：匡正。
㉕ 芒然：同"茫然"。
㉖ 四乡：四方。
㉗ 四封：四境。
㉘ 宾服：归服，臣服。
㉙ 薄：鄙视。
㉚ 宰人：宫中负责膳食的人。
㉛ 环：围绕。文王听了庄子的话，十分惭愧，绕饭桌转了三圈而不能自食。
㉜ 毕奏：陈奏完毕。
㉝ 服毙：自杀。

【评析】

本篇命题，与杂篇多不相同，以意命题为"说剑"，意为谈谈为剑之道，基本上概括了全篇的内容。

在本篇中，庄子向赵文王讲述了天子之剑、诸侯之剑和庶人之剑及其作用，天子之剑象征统一天下，诸侯之剑寓意称霸四方，而庶人之剑则代表胸无大志、沉溺享乐。通过这三剑的阐述，表达了作者的基本立场，劝慰赵文王以国家、天下为重，放弃游乐小道而寄心于国家之大道。这种主张显然与庄子的一贯主张相抵牾，当为他人所作，古今学者对其已有颇多的探讨，基本认为它是战国时期纵横家的作品，只是由于文中有庄周的言论，因而在流传过程中，好事者将本篇移入《庄子》一书中。

渔父第三十一

孔子游乎缁帷①之林,休坐乎杏坛②之上。弟子读书,孔子弦歌鼓琴。奏曲未半,有渔父者,下船而来,须眉交③白,被发揄袂④,行原⑤以上,距陆⑥而止,左手据膝,右手持颐以听。曲终而招子贡、子路二人俱对。客⑦指孔子曰:"彼何为者也?"子路对曰:"鲁之君子也。"客问其族。子路对曰:"族孔氏。"客曰:"孔氏者何治⑧也?"子路未应,子贡对曰:"孔氏者,性服⑨忠信,身行仁义,饰礼乐,选人伦⑩。上以忠于世主,下以化于齐民⑪,将以利天下。此孔氏之所治也。"又问曰:"有土之君与?"子贡曰:"非也。""侯王之佐与?"子贡曰:"非也。"客乃笑而还行,言曰:"仁则仁矣,恐不免其身。苦心劳形以危其真。呜呼!远哉,其分⑫于道也!"

子贡还,报孔子。孔子推琴而起,曰:"其圣人与!"乃下求之,至于泽畔,方将杖拏⑬而引其船,顾见孔子,还乡⑭而立。孔子反走⑮,再拜而进。客曰:"子将何求?"孔子曰:"曩者先生有绪言⑯而去,丘不肖,未知所谓,窃待于下风⑰,幸闻咳唾之音⑱,以卒相⑲丘也。"客曰:"嘻!甚矣,子之好学也!"孔子再拜而起,曰:"丘少而修学,以至于今,六十九岁矣,无所得闻至教⑳,敢不虚心!"客曰:"同类相从,同声相应,固天之理也。吾请释吾之所有而经子之所以㉑。子之所以者,人事也。天子诸侯大夫庶人,此四者自正㉒,治之美也;四者离位而乱莫大焉。官治其职,人忧其事,乃无所陵㉓。故田荒室露,衣食不足,征赋不属㉔,妻妾不和，长少无序，庶人之忧也；能不胜任，官事不治，行不清白，群下荒怠，功美[25]不有，爵禄不持[26]，大夫之忧也；廷无忠臣，国家昏乱，工技不巧，贡职不美[27]，春秋后伦[28]，不顺天子[29]，诸侯之忧也；阴阳不和，寒暑不时，以伤庶物，诸侯暴乱，擅相攘伐[30]，以残民人，礼乐不节[31]，财用穷匮，人伦不饬，百姓淫乱，天子有司[32]之忧也。今子既上无君侯有司之势，而下无大臣职事之官，而擅饰礼乐，选人伦，以化齐民，不泰[33]多事乎？且人有八疵[34]，事有四患，不可不察也。非其事而事之，谓之摠[35]；莫之顾而进[36]之，谓之佞[37]；希意[38]道言，谓之谄；不择是非而言，谓之谀；好言人之恶，谓之谗；析交[39]离亲，谓之贼；称誉诈伪，以败恶人[40]，谓之慝[41]；不择善否[42]，两容颊适[43]，偷拔[44]其所欲，谓之险[45]。此八疵者，外以乱人，内以伤身，君子不友[46]，明君不臣。所谓四患者：好经[47]大事，变更易常[48]，以挂[49]功名，谓之叨[50]；专知擅事，侵人自用，谓之贪；见过不更，闻谏愈甚，谓之很[51]；人同于己则可，不同于己，虽善不善，谓之矜[52]。此四患也。能去八疵，无行四患，而始可教已。”

孔子愀然而叹，再拜而起，曰：“丘再逐于鲁，削迹于卫，伐树于宋，围于陈、蔡。丘不知所失，而离[53]此四谤者何也？”客凄然变容[54]曰：“甚矣，子之难悟也！人有畏影恶迹而去之走者，举足愈数而迹愈多，走愈疾而影不离身，自以为尚迟，疾走不休，绝力[55]而死。不知处阴以休影，处静以息迹，愚亦甚矣！子审仁义之间，察同异之际，观动静之变，适受与[56]之度，理好恶之情，和喜怒之节，而几于不免矣。谨修而身，慎守其真，还以物与人，则无所累矣。今不修之身而求之人，不亦外乎！”

孔子愀然曰：“请问何谓真？”客曰：“真者，精诚[57]之至也。不精不诚，不能动人。故强哭者，虽悲不哀，强怒者，虽严不威，强亲者，虽笑不和。真悲无声而哀，真怒未发而威，真亲未笑而和。真在内者，神动于外，是所以贵真也。其用于人理也，事亲则慈孝，事君则忠贞，饮酒则欢乐，处丧则悲哀。忠贞以功[58]为主，饮酒以乐为主，处丧以哀为主，事亲以适[59]为主。功成之美，无一其迹矣；事亲以适，不论所以矣；饮酒以乐，不选其具[60]矣；处丧以哀，无问其礼矣。礼者，世俗之所为也；真者，所以受于天也，自然不可易也。故圣人法天贵真，不拘于俗。愚者反此。不能法天而恤[61]于人，不知贵真，禄禄而受变于俗，故不足。惜哉，子之蚤湛于伪[62]而晚闻大道也！"

孔子再拜而起曰："今者丘得遇也，若天幸[63]然。先生不羞而比之服役[64]而身教之。敢问舍所在，请因受业而卒学大道。"客曰："吾闻之：可与往者，与之至于妙道；不可与往者，不知其道。慎勿与之，身乃无咎。子勉之，吾去子矣！吾去子矣！"乃刺船[65]而去，延缘[66]苇间。

颜渊还车，子路授绥，孔子不顾，待水波定，不闻拏音[67]而后敢乘。子路旁车而问曰："由得为役[68]久矣，未尝见夫子遇人如此其威[69]也。万乘之主，千乘之君，见夫子未尝不分庭伉礼[70]，夫子犹有倨敖[71]之容。今渔父杖拏逆立，而夫子曲要磬折[72]，言拜而应，得无太甚乎！门人皆怪夫子矣，渔父何以得此乎！"孔子伏轼而叹，曰："甚矣，由之难化也！湛于礼义有间[73]矣，而朴鄙[74]之心至今未去。进，吾语汝：夫遇长不敬，失礼也；见贤不尊，不仁也。彼非至人，不能下人。下人不精，不得其真，故长伤身。惜哉！不仁之于人也，祸莫大焉，而由独擅[75]之。且道者，万物之所由[76]也。庶物[77]失之者死，得之者生。为事逆之则败，顺之则成。故道之所在，圣人尊之。今渔父之于道，可谓有矣，吾敢不敬乎！"

【注释】

① 缁帷：森林名。由于树木茂密，阴沉蔽日，叶枝垂条，犹如帷幕，故称。

② 杏坛：传说孔子聚徒讲学的地方，并非实指。

③ 交：全，皆。

④ 揄袂：拖着长袖。

⑤ 原：原野。

⑥ 距陆：到杏坛边。

⑦ 客：客人，指渔父。

⑧ 何治：即"何为"。

⑨ 性：天性，天生。服：执守。

⑩ 选：整饬。人伦：人间伦理道德规范。

⑪ 化：教化。齐民：平民。

⑫ 分：离。

⑬ 杖拏：拿着桨。

⑭ 还乡：转身。

⑮ 反走：向后退步，表示尊敬。

⑯ 曩者：刚才。绪言：开头的话。

⑰ 窃：私自。下风：在卑下的地方，谦辞。

⑱ 幸：表示愿望，即希望。咳唾之音：教诲之辞。

⑲ 卒：终。相：帮助。

⑳ 至教：最高的教诲。

㉑ 所有：所了解的，所知道的。经：分析。所以：所作所为。

㉒ 自正：摆正了自己的位置，即各在其位，各谋其政。

㉓ 陵：凌乱，乱。

㉔ 不属：即不连，不继。

㉕ 功美：功绩和美名。

㉖ 持：保持。

㉗ 贡：地方向国家交纳的赋税。不美：不好。

㉘ 春秋：指岁时的祭祀。后伦：次序排在后面。

㉙ 不顺天子：让天子不满意。

㉚ 擅相攘伐：擅自交相征伐。

㉛ 不节：没有节制。

㉜ 有司：国家有关职能部门。

㉝ 泰：同"太"。

㉞ 疵：缺点，过失。

㉟ 揔：包揽。

㊱ 顾：看。进：进言。

㊲ 佞：巧言谄媚。由于没有洞察清楚而妄加进言，所以人们称之为"佞"。

㊳ 希意：顺着别人的意思。

㊴ 析交：离间朋友。

㊵ 恶人：自己所讨厌的人。

㊶ 慝：奸邪。

㊷ 善否：善恶。

㊸ 两容：善恶都能容纳。颊适：和颜悦色。

㊹ 偷：苟且。拔：取。

㊺ 险：阴险。

㊻ 友：以之为友。下文"臣"同此用法。

㊼ 经：经理，从事。

㊽ 变更易常：改变常规。

㊾ 挂：彰显。

㊿ 叨：贪婪。

㉛ 很：违逆。

(52) 矜：自负贤能。

(53) 离：同“罹”，遭遇。

(54) 凄然：悲哀的样子。变容：改变脸色。

(55) 绝力：筋疲力尽。

(56) 适：调整到恰当的程度。与：授，给予。

(57) 精诚：真诚。

(58) 功：功业。

(59) 适：安适，适其意。

(60) 具：盛酒食的器具。

(61) 恤：体恤，爱怜。

(62) 蚤：早。湛：沉溺。伪：人为。

(63) 幸：遇。天幸：侥天之幸，即天赐的幸运。

(64) 不羞：不以……为羞。比：当做。服役：学生。

(65) 刺船：撑船。

(66) 延缘：顺延，循行。

(67) 拏音：桨声。

(68) 为役：侍奉老师。

(69) 威：敬畏。

(70) 分庭伉礼：即“分庭抗礼”，双方平等对待。

(71) 倨敖：骄傲。

(72) 逆立：迎面而立。曲要：弯腰。磬折：弯腰如磬，表示恭敬。

(73) 有间：时间很长。

(74) 朴鄙：质朴简约。

(75) 擅：拥有。

(76) 由：由来。

(77) 庶物：万物。

【评析】

本篇题名为"渔父",一则因为他是文中的主人公,二则由于文中的内容、思想是借渔父之口说出来的。全篇可分为两大部分,其一是对孔子"擅饰礼乐,选人伦,以化齐民"行为的评鹫,认为他不在其位而谋其政,是"多事"的愚蠢之举,以为这是孔子时时心力交瘁、距离大道日远的根本原因。因此要孔子远离政治,不在其位,不谋其政。从这一点看,渔父并非是一个真正的得"道"者,而是一个失意的儒者。表面上他不关心时事,实际上心系世俗,他的"天子诸侯大夫庶人,此四者自正,治之美也"一节宏论,表明他是精通政治之道的;其二是他提出"法天贵真"的思想,主张效法天然,崇尚真情实感,"真者,精诚之至也。不精不诚,不能动人"。把"真"用在人事上,"事亲则慈孝,事君则忠贞,饮酒则欢乐,处丧则悲哀"。可见,这里的"法天贵真"主张与庄子所力倡的取法天地思想具有相当大的距离。忠、孝等世俗之论的融入,表明此篇中的"渔父"是一个融儒、道于一身的杂家。

列御寇第三十二

　　列御寇之①齐，中道而反，遇伯昏瞀人。伯昏瞀人曰："奚方②而反？"曰："吾惊焉。"曰："恶乎惊？"曰："吾尝食于十浆而五浆先馈③。"伯昏瞀人曰："若是则汝何为惊已？"曰："夫内诚不解④，形谍成光⑤，以外镇⑥人心，使人轻乎贵老，而鳖⑦其所患。夫浆人特⑧为食羹之货，无多余之赢⑨，其为利也薄，其为权也轻，而犹若是，而况于万乘之主⑩乎！身劳于国而知尽于事。彼将任我以事，而效我以功。吾是以惊。"伯昏瞀人曰："善哉观乎！女处⑪已，人将保⑫汝矣！"无几何而往，则户外之屦满矣。伯昏瞀人北面而立，敦杖蹙⑬之乎颐。立有间，不言而出。宾者以告列子，列子提屦，跣⑭而走，暨⑮于门，曰："先生既来，曾不发药⑯乎？"曰："已矣，吾固告汝曰：人将保汝。果保汝矣！非汝能使人保汝，而汝不能使人无保汝也，而焉用之感豫出异⑰也？必且有感，摇而本性，又无谓⑱也。与汝游者，又莫汝告也。彼所小言⑲，尽人毒⑳也。莫觉莫悟，何相孰㉑也。巧者劳而知者忧，无能者无所求，饱食而敖游，汎㉒若不系之舟，虚而敖游者也！"

　　郑人缓也，呻吟㉓裘氏之地。祇㉔三年而缓为儒。河润九里，泽及三族，使其弟墨㉕。儒、墨相与辩，其父助翟。十年而缓自杀。其父梦之曰："使而子为墨者，予也，阖胡尝视其良㉖？既为秋柏之实㉗矣。"夫造物者之报人也，不报其人而报其人之天㉘，彼故使彼㉙。夫人以己为有以异于人，以贱其亲。齐人之井饮者相捽㉚也。故曰：今之世皆缓也。自是有德者以不知㉛也，而况有道者乎！古者谓之遁天之刑。圣人安其所安[32]，不安其所不安[33]；众人安其所不安，不安其所安。

庄子曰："知道易，勿言难。知而不言，所以之天[34]也。知而言之，所以之人[35]也。古之人，天而不人[36]。"朱泙漫学屠龙于支离益，单[37]千金之家，三年技成而无所用其巧。圣人以必不必[38]，故无兵；众人以不必必[39]之，故多兵。顺于兵，故行有求。兵，恃之则亡。小夫[40]之知，不离苞苴竿牍[41]，敝精神乎蹇浅[42]，而欲兼济道物[43]，太一形虚[44]。若是者，迷惑于宇宙，形累不知太初[45]。彼至人者，归精神乎无始，而甘冥[46]乎无何有之乡。水流乎无形，发泄乎太清。悲哉乎！汝为知在毫毛而不知大宁[47]。"

【注释】

① 之：往，去。

② 奚方：即"何为"。

③ 浆：饮料。馈：敬送。

④ 内：内心。诚：真诚。解：同"懈"。

⑤ 形谍成光：容色神采发光。

⑥ 镇：安抚。

⑦ 鉴：调和。

⑧ 特：仅，只是。

⑨ 赢：经营项目。

⑩ 万乘之主：即一国之君。

⑪ 处：退隐。

⑫ 保：归附。

⑬ 敦杖：竖着拐杖。蹙：接近，靠近。

⑭ 跣：光着脚。

⑮ 暨：及，到。

⑯ 发药：比喻提出忠告之言。

⑰ 而：你。之：使众人归附自己。感豫：感到快乐。出异：显示自己与众不同。

⑱ 无谓：无意义。

⑲ 小言：不符合"道"的言论。

⑳ 人毒：毒害人的东西。

㉑ 孰：明审，即看清小言的危害。

㉒ 汎：同"泛"，飘荡不定的样子。

㉓ 呻吟：读书。

㉔ 祇：只。

㉕ 墨：学习墨家学说。

㉖ 阖胡尝视其良：为什么看不到我的好处呢。

㉗ 秋柏之实：意即其弟成为墨家弟子，就像秋天柏树结成的果实一样。

㉘ 天：自然的天性。

㉙ 彼故使彼：那人有什么天性，就让他学习什么。

㉚ 捽：抵触，冲突。

㉛ 自是：自以为是。不知：不明智。

㉜ 所安：自然之理。

㉝ 所不安：人为。

㉞ 之天：通向自然。

㉟ 之人：通向人为。

㊱ 天：取法天。人：取法人。

㊲ 单：同"殚"，尽。

㊳ 以必不必：把必然看做不必然。

㊴ 以不必必：把不必然看做必然。

㊵ 小夫：小人。

㊶ 苞苴竿牍：指代礼物互赠和书信的往来。

㊷ 敝：疲惫，耗尽。蹇浅：浅鄙小事。

㊸ 兼济：兼通，并通。道物：无形的大道和有形的事物。

㊹ 太一形虚：混同有形与无形。

㊺ 太初：道的本源。

㊻ 甘冥：安静地躺着。

㊼ 大宁：即"太宁"，虚寂宁静的世界。

【评析】

　　该章通过伯昏瞀人教训列子、郑人缓之事及有关论述，说明顺应自然、保持内心虚静的必要性，以及违背自然、喜好名利等的严重危害性。

　　宋人有曹商者，为宋王使秦。其往也，得车数乘。王①说之，益车百乘。反于宋，见庄子，曰："夫处穷闾陋巷②，困窘织屦，槁项黄馘③者，商之所短④也；一悟万乘之主而从⑤车百乘者，商之所长也。"庄子曰："秦王有病召医。破痈溃痤⑥者得车一乘，舐痔⑦者得车五乘，所治愈下⑧，得车愈多。子岂治其痔邪？何得车之多也？子行矣！"

【注释】

① 王：指秦王。

② 穷闾陋巷：狭小而破陋的巷子。

③ 槁项：头颈干瘦。黄馘：面容蜡黄。

④ 短：不擅长。

⑤ 悟：晤，见到，遇到。从：跟随，随从。

⑥ 痈、痤：热毒肿，类似小疮、疖子等。

⑦ 舐痔：舔痔疮。

⑧ 下：卑下。

【评析】

作者认为，执著于外物有悖于自然，丧失真性，不足取。因此，对曹商以肮脏的勾当获取的富贵进行了彻底的否定。

鲁哀公问乎颜阖曰："吾以仲尼为贞干①，国其有瘳②乎？"曰："殆哉圾③乎！仲尼方且饰羽而画④，从事华辞⑤。以支为旨⑥，忍性以视⑦民，而不知不信⑧。受乎心⑨，宰乎神⑩，夫何足以上民⑪！彼宜女与予、颐与误而可矣⑫！今使民离实学伪，非所以视民也。为后世虑，不若休之⑬。难治⑭也！"施于人而不忘，非天布⑮也，商贾不齿⑯。虽以⑰事齿之，神者弗齿。为外刑⑱者，金与木⑲也；为内刑⑳者，动与过㉑也。宵人㉒之离外刑者，金木讯㉓之；离内刑者，阴阳食㉔之。夫免乎外内之刑者，唯真人能之。

孔子曰："凡人心险㉕于山川，难于知天。天犹有春秋冬夏旦暮之期，人者厚貌深情㉖。故有貌愿而益㉗，有长若不肖㉘，有顺懁㉙而达，有坚而缦㉚，有缓而钎㉛。故其就义若渴者，其去义若热。故君子远使之而观其忠，近使之而观其敬，烦使之而观其能，卒然问焉而观其知，急与之期而观其信，委之以财而观其仁，告之以危而观其节，醉之以酒而观其侧，杂之以处㉜而观其色。九徵至㉝，不肖人得矣。"

正考父一命而伛㉞，再命而偻，三命而俯，循墙㉟而走，孰敢不轨㊱！如而夫㊲者，一命而吕钜㊳，再命而于车上儛㊴，三命而名诸父㊵。孰协唐许㊶？贼莫大乎德有心而心有睫㊷，及其有睫也而内视，内视而败矣！凶德有五㊸，中德㊹为首。何谓中德？中德也者，有以自好也而吡㊺其所不为者也。穷有八极㊻，达有三必㊼，形有六府。美、髯、长、大、壮、丽、勇、敢，八者俱过人也，因以是穷；缘循㊽、偃佒㊾、困畏不若人㊿，三者俱通，达；知慧外通(51)，勇动多怨㊾，仁义多责㊿，六者所以相刑㊿也。达生之情者傀㊿，达于知者肖㊿，达大命者随㊿，达小命者遭㊿。

【注释】

① 贞干：即"桢干"，栋梁，治国的骨干。

② 瘳：病愈，指国家有希望。

③ 殆、圾：危险。

④ 饰羽而画：指繁文缛节。

⑤ 华辞：花言巧语。

⑥ 支：指事物的次要部分。旨：宗，根本意旨。

⑦ 忍性：矫饰本性。视：同"示"。

⑧ 信：诚实。

⑨ 受乎心：被自我内心意识所控制。

⑩ 宰乎神：被神所主宰。

⑪ 上民：统治人民。

⑫ 彼宜女与予、颐与误而可矣：对于百姓，应该仁爱与赈济他们，让他们得到安养和感到快乐，然后才行。

⑬ 休：停止，罢了。之：指以仲尼为国家栋梁之事。

⑭ 难治：指孔子不可能把国家治理好。

⑮ 天布：符合天道的布施。

⑯ 不齿：即不足挂齿，表示鄙视。

⑰ 以：因为，由于。

⑱ 外刑：指对人肉体的惩罚。

⑲ 金：金属所制工具，如刀斧等。木：指木质刑具，如桎梏等。

⑳ 内刑：指精神惩罚。

㉑ 动与过：内心的躁动和失当的行为。

㉒ 宵人：小人。

㉓ 讯：拷问。

㉔ 阴阳：天地阴阳之气。食：侵蚀，消耗。

㉕ 险：险恶。

㉖ 厚貌深情：指人善于掩饰，难以看透其外貌和猜透其心迹。

㉗ 愿：朴实，善良。益：同"溢"，骄傲，自满。

㉘ 长：尊贵。不肖：不正派。

㉙ 顺：谨慎。慓：性情乖戾。

㉚ 缦：缓慢，疏慢。

㉛ 忏：同"悍"，急。

㉜ 杂之以处：男女杂混居住。

㉝ 徵：考察。至：完备，具备。

㉞ 命：赐爵位。伛：曲背。下文"偻""俯"分别为弯腰和俯地之意。

㉟ 循墙：沿着墙根。

㊱ 轨：遵守法度。

㊲ 而夫：不确指，有些人。

㊳ 吕钜：骄傲。

㊴ 僻：手舞足蹈。

㊵ 诸父：叔父。名诸父，直呼叔父的名字。

㊶ 协：同。唐许：尧、许由。

㊷ 德有心：有心为德。睫：眼睛。

㊸ 五：指心、耳、鼻、眼、舌五器官。由其本能而引起的欲望称凶。

㊹ 中德：即心德。

㊺ 自好：自以为己好，即自以为是。呲：诋毁。

㊻ 穷：穷困。极：极端。

㊼ 达：通达。必：必要条件。

㊽ 缘循：顺应他物。

㊾ 偃佒：俯仰随人。

(50) 困畏：懦弱。不若人：不如别人。

(51) 外通：外显。

(52) 怨：结怨。

(53) 责：责难。

(54) 刑：残害。

(55) 达生：通达性命。情：情理。傀：伟大。

(56) 肖：小，渺小。

(57) 大命：天命。随：顺从外物。

(58) 小命：人命。遭：安于所遭，即随遇而安。

【评析】

本章前一部分批判仲尼浮华邀功，得意忘形，怀私心，持成见，授人以虚伪之术，致使人的本性受到伤害，说明孔子的思想非但不能用于治国，纵是用于修身也是十分危险的。作者借此说明一切行为务必出乎真性，不然是不会有预期结果的。后一部分进一步地谈论如何处世的问题。文中所谓“穷有八极，达有三必，形有六府”诸论，显系道家主张；但其中所云九种观人法，则又为儒家学说的内容，因此，属道、儒结合的产物。

人有见宋王者，锡①车十乘。以其十乘骄稚②庄子。庄子曰：“河上有家贫恃纬萧③而食者，其子没④于渊，得千金之珠。其父谓其子曰：‘取石来，锻⑤之！夫千金之珠，必在九重之渊而骊龙⑥颔之下。子能得珠者，必遭其睡也。使骊龙而寤，子尚奚微⑦之有哉！’今宋国之深，非直九重之渊也；宋王之猛，非直骊龙也。子能得车者，必遭其睡也；使宋王而寤，子为齑粉⑧夫。”

或⑨聘于庄子，庄子应其使曰：“子见夫牺牛⑩乎？衣以文绣⑪，食以刍叔⑫。及其牵而入于大庙，虽欲为孤犊⑬，其可得乎！”

【注释】

① 锡：同"赐"。

② 稚：小，蔑视。

③ 纬萧：即编织。

④ 没：沉入，潜入。

⑤ 锻：打碎。

⑥ 骊龙：黑龙。

⑦ 徼：微，侥幸。

⑧ 齑粉：粉末。

⑨ 或：有人。

⑩ 牺牛：祭祀所用的牛。

⑪ 衣：穿。文绣：绣有花纹的衣制品。

⑫ 食：吃。刍叔：指精细的饲料。

⑬ 孤犊：无所依靠的小牛犊。

【评析】

本章主要讲鄙夷世俗功名富贵的处世原则。作者借庄子之口指出，被国君看重、宠爱，必有祸临身；富贵禄爵，貌似尊贵，实则是君主的"牺牲品"。

庄子将死，弟子欲厚葬之。庄子曰："吾以天地为棺椁①，以日月为连璧②，星辰为珠玑，万物为赍送③。吾葬具岂不备邪？何以加此！"弟子曰："吾恐乌鸢之食夫子也。"庄子曰："在上为乌鸢食，在下为蝼蚁食，夺彼与此，何其偏也。"以不平平④，其平也不平；以不徵⑤徵，其徵也不徵。明者唯为之使⑥，神者⑦徵之。夫明之不胜神也久矣，而愚者恃其所见入于人⑧，其功外⑨也，不亦悲夫！

【注释】

① 棺椁：古代葬死者以内为棺，外棺为椁。
② 连璧：宝玉并连。
③ 赍送：即随葬品。
④ 以不平平：由于不均平来使之均平。下句"以不徵徵"用法同。
⑤ 徵：征验。
⑥ 明者：自以为聪明的人。为之使：为外物所役使。
⑦ 神者：任其天性者。
⑧ 入于人：沉溺于人事。
⑨ 功外：在追求外物上花费工夫。

【评析】

　　庄子修"道"至矣！他对于死，够豁达的了；对于葬，他更具真知灼见："以天地为棺椁，以日月为连璧，星辰为珠玑，万物为赍送。"不为外物所役，万物何不为我所有？人生之事、生死之事，无不为庄子看破。

天下第三十三

天下之治方术①者多矣，皆以其有为不可加②矣！古之所谓道术者，果恶乎在？曰："无乎不在。"曰："神何由降？明何由出？""圣有所生，王有所成，皆原于一③。"不离于宗④，谓之天人；不离于精⑤，谓之神人；不离于真⑥，谓之至人。以天为宗，以德为本，以道为门⑦，兆⑧于变化，谓之圣人；以仁为恩，以义为理，以礼为行，以乐为和，薰然⑨慈仁，谓之君子；以法为分⑩，以名为表⑪，以参为验⑫，以稽为决⑬，其数一二三四是也，百官以此相齿⑭；以事为常，以衣食为主，蕃息畜藏，老弱孤寡为意，皆有以养，民之理也。古之人其备⑮乎！配神明⑯，醇⑰天地，育万物，和天下，泽及百姓，明于本数⑱，系于末度⑲，六通四辟⑳，小大精粗，其运㉑无乎不在。其明而在数度者，旧法世传之史尚多有之；其在于《诗》《书》《礼》《乐》者，邹鲁之士、缙绅先生多能明之。《诗》以道志，《书》以道事，《礼》以道行，《乐》以道和，《易》以道阴阳，《春秋》以道名分。其数散于天下而设于中国者，百家之学时或称而道之。

天下大乱，贤圣不明㉒，道德不一。天下多得一察㉓焉以自好。譬如耳目鼻口，皆有所明，不能相通。犹百家众技也，皆有所长，时有所用。虽然，不该㉔不遍，一曲㉕之士也。判㉖天地之美，析万物之理，察古人之全㉗。寡能备于天地之美，称神明之容㉘。是故内圣外王之道，暗而不明，郁㉙而不发，天下之人各为其所欲焉以自为方㉚。悲夫！百家往而不反，必不合矣！后世之学者，不幸不见天地之纯、古人之大体。道术将为天下裂。

【注释】

① 治：研究、从事。方术：即一方之学术。道术为反映天道之术，是普遍运用、包含万象的；与之相对，方术则是运用于局部的，适用于某一方面。

② 有：主张。不可加：无以复加，即顶峰。

③ 一：即"道"。

④ 宗：根本，即"道"。

⑤ 精：淳纯不杂。

⑥ 真：朴实不伪。

⑦ 门：万物产生、归宿的途径。

⑧ 兆：预见。

⑨ 薰然：温和的样子。

⑩ 分：定分，判别。

⑪ 名：声名，名号。表：标志。

⑫ 参：比较，参校。验：征验，验证。

⑬ 稽：考核。决：决断。

⑭ 齿：排列顺序。

⑮ 古之人其备：古代得道之人全都具备。

⑯ 配神明：与自然合为一体。

⑰ 醇：效法。

⑱ 本数：道术。

⑲ 末度：礼义法度等。

⑳ 六通：方位上无所不通。四辟：时间上（春夏秋冬）无所不通。

㉑ 其运：道的运行。

㉒ 不明：隐匿。

㉓ 一察：一孔之见。

㉔ 该：同"赅"，完备。

㉕ 一曲：一隅。

㉖ 判：分，析。

㉗ 察：同"杀"，离散。

㉘ 称：符合。容：情状。

㉙ 郁：滞塞。

㉚ 为：修治。方：道术。

【评析】

　　本章为全篇的总论部分，对古代的道术及其流传等情况进行了说明，并间接地表达了写作的意图。从内容看，本章虽多为道家思想，但儒学的因子在文中亦时有展现。

　　不侈①于后世，不靡②于万物，不晖③于数度，以绳墨自矫④，而备世之急。古之道术有在于是⑤者，墨翟、禽滑釐闻其风而说⑥之。为之大⑦过，已之大顺⑧。作为《非乐》，命之曰《节用》。生不歌，死无服。墨子泛爱兼利⑨而非斗，其道不怒⑩。又好学而博，不异⑪，不与先王同，毁古之礼乐。黄帝有《咸池》，尧有《大章》，舜有《大韶》，禹有《大夏》，汤有《大濩》，文王有《辟雍》之乐，武王、周公作《武》。古之丧礼，贵贱有仪，上下有等。天子棺椁七重，诸侯五重，大夫三重，士再重。今墨子独生不歌，死不服，桐棺三寸而无椁，以为法式⑫。以此教人，恐⑬不爱人；以此自行，固不爱己。未败⑭墨子道。虽然，歌而非歌，哭而非哭，乐而非乐，是果类乎⑮？其生也勤，其死也薄，其道大觳⑯。使人忧，使人悲，其行难为也。恐其不可以为圣人之道，反天下之心。天下不堪。墨子虽独能任，奈天下何！离于天下，其去王也远矣！墨子称道曰："昔禹之湮⑰洪水，决江河而通四夷九州也。名山三百，支川三千，小者无数。禹亲自操橐耜而九杂⑱天下之川,腓无胈[19],胫[20]无毛,沐甚雨[21],栉疾风[22],置[23]万国。禹,大圣也,而形劳天下也如此。"使后世之墨者,多以裘褐为衣,以跂蹻为服[24],日夜不休,以自苦为极,曰:"不能如此,非禹之道也,不足谓墨。"相里勤之弟子,五侯之徒,南方之墨者苦获、已齿、邓陵子之属,俱诵《墨经》,而倍谲[25]不同,相谓别墨[26]。以坚白同异之辩相訾[27],以觭偶不仵之辞相应[28],以巨子为圣人。皆愿为之尸[29],冀得为[30]其后世,至今不决。墨翟、禽滑釐之意则是,其行则非也。将使后世之墨者,必自苦以腓无胈、胫无毛相进[31]而已矣。乱之上也,治之下也。虽然,墨子真天下之好也,将求之不得也,虽枯槁不舍也,才士[32]也夫!

【注释】

① 侈:推重。

② 靡:损害。

③ 晖:光彩照耀,意即不被其迷惑。

④ 绳墨:规矩,章程。自矫:自我约束。

⑤ 在于是:有这一方面内容的倾向。

⑥ 风:风声,风气。说:同"悦",喜欢。

⑦ 大:太。

⑧ 已:止。大顺:根据德、礼、信等法则而达到的安定境界。

⑨ 兼利:利益均等。

⑩ 不怒:不互相发怒。

⑪ 异:标新立异。

⑫ 法式:制度。

⑬ 恐:恐怕,大概。

⑭ 败:影响,损害。

⑮ 是果类乎:这符合人之常情吗?

⑯ 大：太。觳：刻薄。

⑰ 湮：堵塞。

⑱ 橐：装土的工具。耜：掘土的工具。九杂：会同，汇合。

⑲ 腓：小腿肚子。胈：细毛。

⑳ 胫：小腿。

㉑ 甚雨：大雨。

㉒ 栉：梳头。栉疾风：以疾风来梳头，比喻顶冒大风。

㉓ 置：安置。

㉔ 跂：木制鞋。蹻：草鞋。服：用。

㉕ 倍谲：相互对立。

㉖ 相谓：互相称谓。别墨：别支墨学。

㉗ 訾：诋毁。

㉘ 觭偶：即奇偶。不仵：不同。应：应答。

㉙ 尸：主，首领。

㉚ 为：助。

㉛ 相进：相互争胜。

㉜ 才士：有才学的人。

【评析】

　　本章是对墨学的评品，其评价是："墨翟、禽滑釐之意则是，其行则非也。"所是者，为其"意"即思想，所非者，为其矫枉过正的行为。作者指出，墨家"不侈于后世，不靡于万物"的俭朴思想、"以绳墨自矫，而备世之急"的自律意识和匡世的使命感等，都继承了古代的道术，其用心是良好的，是值得肯定的；但其中的一些主张有悖于人情，如非乐、节用等过于苛刻，因脱离现实，不仅距古之道术甚远，而且也难以实现。本章对墨家学派的评价相对较公允，是十分难得的。

　　不累①于俗，不饰②于物，不苟③于人，不忮④于众，愿天下之安宁以活民命，人我之养[5]，毕足[6]而止，以此白心[7]。古之道术有在于是者，宋钘、尹文闻其风而悦之。作为华山之冠以自表[8]，接万物以别宥为始[9]。语心之容[10]，命之曰"心之行"。以聏[11]合欢，以调[12]海内。请欲置之以为主。见侮不辱，救[13]民之斗，禁攻寝兵[14]，救世之战。以此周行天下，上说下教。虽天下不取[15]，强聒而不舍[16]者也。故曰：上下见厌而强见[17]也。虽然，其为人太多，其自为太少，曰："请欲固[18]置五升之饭足矣。"先生恐不得饱，弟子虽饥，不忘天下，日夜不休。曰："我必得活哉！"图傲[19]乎救世之士哉！曰："君子不为苛察[20]，不以身假物[21]。"以为无益于天下者，明之不如已也。以禁攻寝兵为外[22]，以情欲寡浅为内[23]。其小大精粗，其行适至是而止[24]。

【注释】

① 累：牵累，拖累。

② 饰：矫饰。

③ 苟：苛，苛求。

④ 忮：违逆。

⑤ 养：供养，指生活必需品。

⑥ 毕足：全部满足。

⑦ 白心：表白心迹。

⑧ 华山之冠：模仿华山之形而上下均平的帽子，以示均平。表：标志。

⑨ 接：应接。别宥：区别界限。始：根本。

⑩ 容：同"庸"，作用。

⑪ 聏：温和。

⑫ 调：协调。

⑬ 救：阻止。

⑭ 寝兵：息兵。

⑮ 取：听取，采纳。
⑯ 强聒：喋喋不休。舍：止。
⑰ 见厌：遭厌。强见：硬要表现。
⑱ 固：同"姑"，姑且。
⑲ 图傲：伟大，高大。
⑳ 苛察：苛刻烦琐，显示精明。
㉑ 假物：被物所役。
㉒ 外：外部行动。
㉓ 内：内部行动。
㉔ 行：行为。适：仅仅，只不过。至是：如此。而止：而已。

【评析】

本章是评论宋钘、尹文学派的。根据文中所述，可知：其一：宋、尹思想基本一致；其二，宋、尹学派思想又有浓厚的墨学色彩；其三，也是最关键的一点，即该学派与道家极其相近，主张随俗顺人，淡情寡欲，因此，作者对之评价较高。但该学派有其固有的不足，所以，作者称之仍为一隅之见。

公而不党①，易而无私②，决然无主③，趣物而不两④，不顾于虑⑤，不谋于知，于物无择⑥，与之俱往。古之道术有在于是者，彭蒙、田骈、慎到闻其风而悦之。齐万物以为首⑦，曰："天能覆之而不能载之，地能载之而不能覆之，大道能包之而不能辩之。"知万物皆有所可，有所不可。故曰："选则不遍，教则不至，道则无遗者矣。"是故慎到弃知去己，而缘不得已。泠汰⑧于物，以为道理。曰："知不知，将薄知而后邻伤⑨之者也。"諔髁无任⑩，而笑天下之尚贤也；纵脱无行⑪，而非天下之大圣；椎拍輐断⑫，与物宛转⑬；舍是与非，苟可以免。不师⑭知虑，不知前后，魏然⑮而已矣。推而后行，曳而后往，若飘风之还，若羽之旋，若磨石之隧⑯，全⑰而无非，动静无过,未尝有罪。是何故?夫无知之物,无建己[18]之患,无用知之累,动静不离于理,是以终身无誉。故曰:"至于若无知之物而已,无用贤圣。夫块[19]不失道。"豪桀相与笑之曰:"慎到之道,非生人之行,而至死人之理。"适得怪焉。田骈亦然,学于彭蒙,得不教焉。彭蒙之师曰:"古之道人,至于莫之是、莫之非而已矣。其风窢然[20],恶可而言。"常反人[21],不见观[22],而不免于鲵断。其所谓道非道,而所言之韪[23]不免于非。彭蒙、田骈、慎到不知道。虽然,概[24]乎皆尝有闻者也。

【注释】

① 公:公正。党:结朋党。

② 易:平易。私:偏私。

③ 决:决断事物。主:主见。

④ 趣物:随物同往。不两:不生两意。

⑤ 不顾:不有。虑:思虑。

⑥ 择:判断,选择。

⑦ 首:主要论点。

⑧ 泠汰:任其自然。

⑨ 薄:近。邻伤:毁伤。

⑩ 谋髁:不正的样子。无任:无所专任。

⑪ 纵脱:纵恣脱略,放荡不羁。无行:没有仁义德行。

⑫ 椎拍輐断:用椎拍合,圆转截断。意思是能适应万物,不露棱角。

⑬ 宛转:变化。

⑭ 师:效法。

⑮ 魏然:不动的样子。

⑯ 隧:运转。

⑰ 全:本性淳全。

⑱ 建己：树立自己的名声。

⑲ 块：像土块一样淳朴。

⑳ 窞然：迅速的样子。

㉑ 反人：违反人之常情。

㉒ 见观：被重视。

㉓ 题：是。

㉔ 概：概略，梗概。

【评析】

本章评述彭蒙、田骈、慎到学派。司马迁在《史记·孟荀列传》中说："慎到、田骈皆学黄老道法之术。"可见，该学派与庄子学派在渊源上具有相同之处。文中作者对该学派"齐万物""弃知去己，而缘不得已"等主张予以肯定，并言"尝有闻者也"。但由于该学派主张尚未脱离世俗，与庄子学派有一定差距，所以庄子称其"不知道"，于"道"而言，是个外行。

以本①为精，以物②为粗，以有积为不足，澹然独与神明居③。古之道术有在于是者，关尹、老聃闻其风而悦之，建之以常无有④，主之以太一⑤。以濡弱谦下为表⑥，以空虚不毁⑦万物为实。关尹曰："在己无居⑧，形物自著⑨。"其动若水，其静若镜，其应若响。芴乎若亡⑩，寂乎若清。同焉者和，得焉者失。未尝先人而常随人。老聃曰："知其雄，守其雌，为天下溪；知其白，守其辱⑪，为天下谷。"人皆取先，己独取后，曰受天下之垢⑫；人皆取实，己独取虚，无藏也故有余，岿然⑬而有余。其行身⑭也，徐而不费⑮，无为也而笑巧⑯。人皆求福，己独曲全⑰，曰苟免于咎。以深为根，以约为纪⑱，曰坚则毁矣，锐则挫矣。常宽容于物，不削⑲于人。虽未至于极，关尹、老聃乎，古之博大真人哉！

【注释】

① 本：无为妙道。

② 物：有为事物。

③ 澹然：宁静的样子。与神明居：与自然天道相处。

④ 建之以常无有：他们以常无和常有为两个概念作为建立自己学说的基础。

⑤ 主：主宰。太一：道。

⑥ 濡弱：柔弱。谦下：谦恭卑下。表：外表。

⑦ 空虚：内心空虚。毁：伤。

⑧ 无居：不存。

⑨ 形物：有形的外物。著：彰显。

⑩ 芴乎：恍惚的样子。亡：同"无"。

⑪ 辱：污浊。

⑫ 垢：辱。

⑬ 岿然：屹立的样子。

⑭ 行身：修身行事。

⑮ 徐：舒缓的样子。费：费损精神。

⑯ 巧：指有为者。

⑰ 曲全：委曲求全。

⑱ 纪：基。

⑲ 削：苛刻。

【评析】

　　本章评述关尹、老聃学派。作者在对该学说进行评价时，对其虚怀若谷、容物让人、委曲求全等进行了褒扬，称之为"古之博大真人"。实际上，这种评价不够全面，这是由作者的立场所决定的。因为学派渊源的关系，作者对老聃学派有所偏爱，以己之好恶而取舍，自然难免偏失。

寂漠无形①，变化无常，死与？生与？天地并②与？神明往与？芒乎何之③？忽乎何适④？万物毕罗⑤，莫足以归。古之道术有在于是者，庄周闻其风而悦之。以谬悠⑥之说，荒唐⑦之言，无端崖⑧之辞，时恣纵而不傥⑨，不以觭见⑩之也。以天下为沈浊⑪，不可与庄⑫语。以卮言为曼衍，以重言为真，以寓言为广。独与天地精神往来，而不敖倪于万物。不谴是非，以与世俗处。其书虽瑰玮而连犿⑬无伤也，其辞虽参差而諔诡⑭可观。彼其充实⑮，不可以已。上与造物者游，而下与外死生、无终始者为友⑯。其于本⑰也，弘大而辟⑱，深闳而肆⑲；其于宗⑳也，可谓稠适而上遂㉑矣。虽然，其应于化而解于物㉒也，其理不竭，其来不蜕㉓，芒乎昧乎㉔，未之尽㉕者。

【注释】

① 无形：不显露行迹。

② 并：共存。

③ 芒乎：茫然的样子。之：往，去。

④ 忽乎：恍惚的样子。适：往，去。

⑤ 毕：全部。罗：网罗。

⑥ 谬悠：虚空悠远。

⑦ 荒唐：漫无边际。

⑧ 端崖：边际。

⑨ 恣纵：自任。傥：直言。

⑩ 觭见：一端之言。

⑪ 沈浊：即沉浊，污浊。

⑫ 庄：端庄，严肃。

⑬ 瑰玮：珍奇，美好。连犿：宛转的样子。

⑭ 参差：长短不一。諔诡：奇异。

⑮ 彼其充实：指庄子之书内容充实。
⑯ 外：超脱。无：不知。
⑰ 本：道。
⑱ 辟：透辟。
⑲ 深闳：深广。肆：豪放。
⑳ 宗：道的宗旨。
㉑ 稠适：稠，同"调"。调和，妥帖。上遂：上达天道。
㉒ 应于化：顺应自然变化。解于物：从物役中解脱出来。
㉓ 不蜕：不离大道。
㉔ 芒：同"茫"，昏昧。昧：昏暗。此句意为庄子的学说幽远深邃。
㉕ 尽：穷尽。

【评析】

　　本章评析庄周学派。作者以富有激情的文笔对庄子之人之文做了生动形象的描述，其间洋溢着赞颂、溢美之词。作者指出，庄周学派是天"道"的体现，臻于天人的境界，体现了庄周后学对庄周道德文章的深刻了解和无限的敬重。

　　惠施多方①，其书五车，其道舛驳②，其言也不中③。历物之意④，曰："至大无外，谓之大一；至小无内，谓之小一。无厚，不可积也，其大千里。天与地卑⑤，山与泽平。日方中方睨⑥，物方生方死。大同而与小同异，此之谓小同异；万物毕⑦同毕异，此之谓大同异。南方无穷而有穷。今日适越而昔来。连环可解也。我知天之中央，燕之北、越之南是也。泛爱万物，天地一体也。"惠施以此为大，观于天下而晓⑧辩者，天下之辩者相与乐之。卵有毛。鸡有三足。郢有天下。犬可以为羊。马有卵。丁子⑨有尾。火不热。山出口。轮不蹍地。目不见。指不至⑩。至不绝⑪。龟长于蛇。矩不方，规不可以为圆。凿不围枘。飞鸟之景未尝动也。

镞矢之疾而有不行不止之时。狗非犬。黄马骊牛三。白狗黑。孤驹未尝有母。一尺之棰，日取其半，万世不竭。辩者以此与惠施相应，终身无穷。桓团、公孙龙辩者之徒，饰人之心，易人之意，能胜人之口，不能服人之心，辩者之囿也。惠施日以其知与之辩，特与天下之辩者为怪，此其柢⑫也。然惠施之口谈，自以为最贤，曰："天地其壮乎，施存雄而无术⑬。"南方有倚人⑭焉，曰黄缭，问天地所以不坠不陷，风雨雷霆之故。惠施不辞⑮而应，不虑而对，遍为万物说。说而不休，多而无已，犹以为寡，益之以怪，以反人为实，而欲以胜人为名，是以与众不适⑯也。弱于德，强于物，其涂隩⑰矣。由天地之道观惠施之能，其犹一蚊一虻之劳者也。其于物也何庸⑱！夫充一⑲尚可，曰愈贵道⑳，几矣！惠施不能以此自宁，散于万物而不厌，卒以善辩为名。惜乎！惠施之才，骀荡而不得㉑，逐㉒万物而不反，是穷响㉓以声，形与影竞走也，悲夫！

【注释】

① 多方：博学。

② 舛驳：驳杂不纯。

③ 不中：即无当，不符合大道。

④ 历：观察。意：理。

⑤ 卑：低下。

⑥ 睨：斜。

⑦ 毕：全部，尽。

⑧ 观：显示。晓：使天下明白。

⑨ 丁子：即蝌蚪。

⑩ 指不至：概念跟不上事物。

⑪ 至不绝：概念即使跟上事物，也不能穷尽事物。

⑫ 柢：概略，大概。

⑬ 施存雄而无术：惠施虽有雄心而无相应的道术。

⑭ 倚人：即畸人。

⑮ 辞：谦让。

⑯ 适：合。

⑰ 隩：道术深奥。

⑱ 庸：同"用"，作用。

⑲ 充一：算作一家道术。

⑳ 愈贵道：胜过和高过大道。

㉑ 骀荡：放荡。不得：在正道方面毫无所得。

㉒ 逐：追逐。

㉓ 穷响：息止回声。

【评析】

　　本章评析名家学派——惠施学派。作者重点介绍了以惠施为代表的名家学派及其辩论的命题，由于不满于惠施学派不修内德、专逐外物从而损害了"内圣外王"之道，作者在文中对惠施及其学派进行激烈的批判，认为其理论是最片面、最狭隘的奇谈怪论。固然，惠施学派的命题有不少是形而上的诡辩，但必须看到其中所存有的"合理的内核"——辩证法的因子及其合理的逻辑推理，这是中华民族传统文化中的瑰宝，不宜弃之。

主要参考文献

[1] 曹础基：《庄子浅注》，中华书局 1982 年版。

[2] 陈鼓应：《庄子今注今译》，中华书局 1983 年版。

[3] 方勇、陆永品：《庄子诠评》，巴蜀书社 1998 年版。

[4] 胡远濬：《庄子诠诂》，黄山书社 1996 年版。

[5] 刘韶军、陈业新：《道家逸品》，长江文艺出版社 1997 年版。

[6] 刘文典：《庄子补正》，云南人民出版社 1980 年版。

[7] 王世舜：《庄子注释》，齐鲁书社 1998 年版。

[8] 王孝鱼：《庄子内篇新解》，岳麓书社 1983 年版。

[9] 吴林伯：《庄子新解》，京华出版社 1998 年版。

[10] 杨柳桥：《庄子译诂》，上海古籍出版社 1991 年版。

[11] 姚汉荣、孙小力、林建福：《庄子直解》，复旦大学出版社 2000 年版。

[12] 张耿光：《庄子全译》，贵州人民出版社 1991 年版。

[13] 张默生、张翰勋：《庄子新释》，齐鲁书社 1993 年版。

[14] 钟泰：《庄子发微》，上海古籍出版社 1988 年版。

[15] 周启成：《庄子鬳斋口义校注》，中华书局 1997 年点校本。

[16] 朱季海：《庄子故言》，中华书局 1987 年版。

图书在版编目（CIP）数据

庄子 / (战国) 庄子著 ; 陈业新评析.
-- 武汉 : 崇文书局, 2020.6
（崇文国学普及文库）
ISBN 978-7-5403-5862-4

Ⅰ. ①庄…
Ⅱ. ①庄… ②陈…
Ⅲ. ①道家 ②《庄子》—研究
Ⅳ. ① B223.55

中国版本图书馆 CIP 数据核字 (2020) 第 064185 号

庄子

责任编辑	胡　英
装帧设计	刘嘉鹏　甘淑媛
出版发行	长江出版传媒　崇文书局
业务电话	027-87293001
印　　刷	武汉市首壹印务有限公司
版　　次	2020年6月第1版
印　　次	2020年6月第1次印刷
开　　本	880×1230　1/32
印　　张	11
定　　价	38.80元

本书如有印装质量问题，可向承印厂调换

本作品之出版权（含电子版权）、发行权、改编权、翻译权等著作权以及本作品装帧设计的著作权均受我国著作权法及有关国际版权公约保护。任何非经我社许可的仿制、改编、转载、印刷、销售、传播之行为，我社将追究其法律责任。

版权所有，侵权必究。